华中师范大学政治学一流学科建设成果文库·桂子山政治哲学论坛文集

COLLECTED WORKS OF THE SECOND GUIZISHAN POLITICAL PHILOSOPHY FORUM (2023)

政治哲学
与中国式现代化

第二届桂子山政治哲学论坛（2023）文集

华中师范大学政治学部政治哲学研究中心　编

熊富标　李婉芝　**主编**

社会科学文献出版社
SOCIAL SCIENCES ACADEMIC PRESS (CHINA)

《政治哲学与中国式现代化

——第二届桂子山政治哲学论坛（2023）文集》

编　委　会

编者前言

　　"中国式现代化"的概念和战略，从理论上突破了单一和线性的西式现代化思维定势，在实践上改变了西方世界以资本为中心、以对外扩张掠夺为路径的现代化道路。这一概念一经提出，便成为中西方现代化理论和实践的重大创新。更为重要的是，我们越来越清晰地认识到：中国式现代化既是被历史证明了的"走得通、行得稳"的民族复兴之路，也将作为坐标和方向为全面建成社会主义现代化强国的伟大征程所坚守。

　　因而，从中国经验、中国实践、中国道路、文明新形态等视角研究中国式现代化，便成为理论界的热门话题。在这一过程中，有着悠久历史和深厚理论根基的政治哲学不可缺场。中国式现代化无论是理论基础、价值共识还是实践路径都需要从政治哲学的视角来回应和解答，而它也为中国政治哲学学科体系的建构提供了根本遵循和宏大愿景。但事实上，以政治哲学探讨中国式现代化的学术交流平台并不多见，这也是第二届桂子山政治哲学论坛以"政治哲学与中国式现代化"为研讨主题的动力和初衷。

　　其实，一年前，首届桂子山政治哲学论坛便把"中国式现代化的哲学理据"作为会议主题，这也反映出华中师范大学政治学部政治哲学研究中心成立的学术使命和强烈的现实关切，即以博大精深的政治哲学去研究和分析中国政治现实、政治行为和政治理论热点问题，以期为构建中国特色政治哲学话语体系做出一点贡献。除每年定期举办的桂子山政治哲学论坛外，该中心推出的《政治哲学研究》集刊与即将推出的《中西方政治哲学通史》（20卷本）等学术品牌，也为国内政治哲学研究提供了探讨学理问题、推出特色成果、进行学术交流的阵地和平台。

这些阵地和平台也得到了广大学术同人的支持和认可。如第二届桂子山政治哲学论坛就因众多专家、学者和青年学人的支持而大放异彩，来自清华大学、中国人民大学、南京大学、武汉大学等高校的近百位师生代表参加了此次大会。冯俊、孙伟平、吴根友、江畅等学术大家、名家的主旨报告，以及李义天、刘玮、韩玉胜、冯书生、谭安奎等学界青年翘楚的大会报告，加上《哲学动态》《政治学研究》《江汉论坛》《湖北大学学报》等期刊编审的引领与交流，充分体现了论坛主题来源的开放性、活动层次的多样性和交流讨论的深入性等特点。

本次论坛收到参会论文90多篇，论文总页数近1000页。围绕"政治哲学与中国式现代化"这一主题，40多人发表了大会主旨报告、分论坛交流汇报或优秀论文报告。各位学者从政治哲学理论意蕴、中西方政治哲学资源、中国式现代化的理论和实践逻辑、中国式现代化的道德解读，以及民主、法治、价值、技术等多个视角进行了深入探讨。

首先，聚焦中国式现代化的政治哲学意蕴。如华中师范大学政治学部江畅教授认为，"社会中所有人的全面而自由的发展"是中国式现代化的终极价值取向。武汉大学文明对话高等研究院院长吴根友教授提出，中国式现代化的哲学的精神实质是马克思主义中国化的具体表现，它是一个关于具有古老文明传统的现代中国以一种合适的方式实现现代化的真理性表述，为推进中国的现代化提供了精神纲领。清华大学马克思主义学院李义天教授则认为，要面对当代中国的社会结构和基本问题开展政治哲学研究，需要从政治和非政治之间的辩证联系之中去反思政治的特殊性，让政治活动回归其根基。

其次，探讨中国式现代化的中西方哲学资源。湖北省人大常委会委员、华中科技大学喻立平教授强调，要想实现中国式现代化，必须深深植根于中华优秀传统文化，吸收借鉴一切人类优秀文明成果。中国人民大学哲学院刘玮教授则从《理想国》与《礼法》的比较出发，论述了中国式现代化在法律、道德和生活上的要求。南京大学哲学系韩玉胜教授认为，"殷亡周兴"这一政治事件促成了中国早期政治哲学的人文转向，对后世政治哲学产生了深远影响。王雯雯和安宇洋同学则分析了《黄帝四经》和邹容家书中的政治理性和现代化转型问题。

最后，关注中国式现代化的具体实践路径。上海大学孙伟平教授提出，我们要建设基于信息化、智能化的中国式现代化。中山大学政治与公共事务管理学院院长谭安奎教授则认为，现代社会正义的实现必须从形式化的正义观念过渡到实质性的、平等主义的正义。中国社会科学院哲学研究所冯书生副编审认为，需要关注城乡伦理状况的变化和衔接，推动基层治理时空语境中公民伦理精神的可能跃迁。梁红教授、欧阳火亮博士、王培培博士等则从美好生活方式、数字政府、运气平等主义等维度讨论中国式现代化的建设路径问题。

总之，本次论坛在多样的活动、多层次的交流中擦出了思想的火花，再由思想火花形成燎原之势，打造了一场关于政治哲学和中国式现代化的思想盛宴。正因如此，论坛文集编委会选取部分优秀论文（遗憾的是，部分优秀参会论文因为作者已投递其他刊物而未能收录），汇编成《政治哲学与中国式现代化——第二届桂子山政治哲学论坛（2023）文集》。论坛文集的出版既得到了各位作者的支持和授权，也得到华中师范大学政治学一流学科建设经费的资助，以及社会科学文献出版社的大力支持，在此深表感谢。

2023 年 12 月，习近平总书记在中央经济工作会议上提出了新的重大命题："必须把推进中国式现代化作为最大的政治。"① 由此观之，在大力推进中国式现代化的进程中，政治哲学研究必须迎势而上、因时而新。因为中国式现代化既是中国政治知识体系的新概念、新范畴，也为构建中国特色政治哲学学科体系提供新命题和新场域。我们愿同全国学术同人一道以更加强烈的历史主动精神，从政治哲学学科视角推动中国式现代化的理论探索和实践研究。

熊富标

2023 年 12 月

---

① 《中央经济工作会议在北京举行》，《人民日报》2023 年 12 月 13 日。

目　录

中国式现代化与政治哲学

现代化理论与实践

研究生论坛

中国式现代化的政治意蕴和发展路径

夏旭晖[*]

（南京工业大学应急治理与政策研究院、
江苏省战略与发展研究中心，南京）

摘　要： 社会主义道路越走越宽，中国式现代化蓬勃发展，彰显了社会主义高度政治文明，凸显了我国特有的制度优越性和道路正确性，极大拓宽了人类文明发展的新路径。

要科学把握唯物辩证法和方法论意义，坚持实事求是，坚持独立自主，从我国政治发展道路出发，从我国历史传统文化出发，深刻领悟推进中国式现代化的本质内涵，准确把握中国式现代化的根本要求和根本原则。坚持党的领导是中国式现代化的根本保证，坚持社会主义制度是中国式现代化的根本原则，坚持以人民为中心是中国式现代化的根本立场，坚持共同富裕是中国式现代化的本质特征，坚持和平文明协调发展是中国式现代化的根本要求。推进中国式现代化，是当代中国共产党人的奋斗目标和责任担当，是时代赋予的神圣使命和无限荣光。要掌握历史主动，坚持改革开放，系统协调推进，增强斗争本领，防范重大风险。

关键词： 中国式现代化；政治意蕴；政治发展

---

* 夏旭晖，南京工业大学应急治理与政策研究院研究员，江苏省战略与发展研究中心副研究员。

一 中国式现代化的政治要义

时代是思想之母，实践是理论之源。习近平总书记在以当代世界马克思主义思潮及其影响为主题的中央政治局集体学习时指出："从世界社会主义 500 年的大视野来看，我们依然处在马克思主义所指明的历史时代。"① 党的二十大报告指出："科学社会主义在二十一世纪的中国焕发出新的蓬勃生机，中国式现代化为人类实现现代化提供了新的选择。"② 党全面推进中国特色社会主义现代化事业，坚持马克思主义中国化时代化，为中国式现代化的理论创设奠定了坚实基础。新时代以习近平同志为核心的党中央把握世界发展大势，冷静观察中西政治思潮交融激荡的现状趋势，坚持从本国国情文化和政治发展逻辑出发，科学统筹治国理政全面布局，带领全国人民勠力同心、不懈奋斗取得了历史性成就。社会主义道路越走越宽，中国式现代化蓬勃发展，彰显了社会主义高度政治文明，凸显了我国特有的制度优越性和道路正确性，极大拓宽了人类文明发展的新路径。

（一）中国式现代化昭示了社会主义政治建设成就

从 1840 年鸦片战争开始，西方文明以其坚船利炮打开了近代中国的大门，中华文明遭遇了空前浩劫。国家主权被肆意践踏，国家任人宰割。中国人在屈辱中深思国家和民族的前途命运，面对列强的殖民侵略，不得不急切地睁眼看世界，探寻富国强兵的现代化之道。洋务运动、变法维新、资产阶级改良、资产阶级革命的失败告诉我们，照搬西方现代化模式无法解决中国的问题。在民族危亡的时刻，中国共产党登上了历史舞台。

在中国共产党的坚强领导下，无数仁人志士力挽狂澜、救国图强、振兴中华，展开艰苦卓绝、不屈不挠的斗争，创造了可歌可泣的丰功伟绩。

---

① 《习近平谈治国理政》第 2 卷，外文出版社，2017，第 66 页。
② 习近平：《高举中国特色社会主义伟大旗帜 为全面建设社会主义现代化国家而团结奋斗——在中国共产党第二十次全国代表大会上的报告》，人民出版社，2022，第 16 页。

党带领人民团结奋斗、风雨同舟，推进革命、建设、改革的伟大实践，实现了国家从积贫积弱走向繁荣昌盛的沧桑巨变。中国式现代化一直是中国共产党人奋斗探索的时代课题，是中国人民矢志不移追求的理想目标。我国历经几代人的艰苦努力，历史性地消除了绝对贫困问题，打赢了脱贫攻坚战，如期全面建成小康社会，取得了举世瞩目的成就，创造了世界减贫史上的奇迹，书写了人类文明发展史上的壮丽史诗，迈上了全面建设社会主义现代化国家新征程。我国从传统的农业文明国家迈向现代工业文明国家，综合国力大幅提升，经济总量稳居世界第二，中等收入群体超 4 亿人，人民生活相对殷实富足。要坚持和完善中国特色社会主义制度，不断推进国家治理体系和治理能力现代化；坚持和完善人民代表大会制度，着力发展全过程人民民主，扩大有序政治参与，充分保障人民当家作主的权利。

在经济社会全面发展的基础之上，处在新的时代关口，我们既要深入总结实现第一个百年奋斗目标为国家谋富强、为民族谋复兴、为人民谋幸福的现代化宝贵经验，更要朝着第二个百年奋斗目标开拓奋进，科学把握现代化建设规律，清晰描绘未来现代化的崭新图景，深刻回答"建设什么样的社会主义现代化、怎样建设社会主义现代化"的时代之问，以宽广的理论视野和敏锐的战略眼光探索政治发展道路，着力应对风高浪急、惊涛骇浪的风险挑战，推动政治建设纵深发展。

（二）中国式现代化彰显了社会主义政治理论光辉

中国式现代化理论是新时代坚持党的全面领导所取得发展成就经验的理论总结和理论创新，为科学社会主义贡献了思想成果，闪耀着马克思主义的真理光芒，照亮了中国特色社会主义伟大道路，彰显了社会主义政治文明强大生命力和强大理论自信。中国式现代化理论是马克思主义基本原理同中国近现代发展实践相结合的伟大产物，是马克思主义时代化中国化的智慧结晶，丰富了中国特色社会主义理论体系。

在世界正经历百年大变局的今天，世界社会主义运动在曲折中前进，逐渐从低潮走向振兴，机遇与挑战并存；世界步入动荡变革期，冷战思维根深蒂固，霸权主义和强权政治愈演愈烈，资本主义国家对社会主义国家的遏制打压变本加厉，两种制度、两种力量的较量没有停歇。西方霸权裹挟亚非拉发展中国家，强行推广西方现代化模式，殖民扩张和掠夺干涉大行其道，给发展中国家带来持续动荡和深重灾难，扰动着脆弱的世界现代化进程。资本主义国家内部的治理危机、政治极化、阶层固化，以及贫富差距扩大、种族歧视严重、党派政治倾轧、社会病态偏执，暴露出资本主义制度中剥削压迫引发的固有弊端和西方现代化模式的缺陷不足。

现代化不是西方国家独有的专利，社会主义国家同样可以追求现代化。中国反对将自身发展模式强加于人的行径，反对任何政治胁迫。我们坚持科学理论和发展实际相结合，独立自主推进理论创新和实践创新，更好地指导发展实践，在全球发展中独树一帜，体现了科学社会主义的巨大说服力和巨大真理力量。中国现代化建设事业劈波斩浪勇毅前行，焕发出巨大的生机活力，彰显了保持战略自主和坚定道路自信的显著优势，印证了科学社会主义理论的真理属性和典范意义。中国模式、中国道路不断为世界所理解熟知并获得普遍认可认同，中国式现代化理论应运而生，为全球发展注入了强劲动力，极大地鼓舞了广大发展中国家独立探索本国发展道路的信心。

（三）中国式现代化创造了人类文明新形态

长期以来，西方社会以其先发优势垄断了现代化话语权。西方理论界据此将西方现代化经验模式设定为人类社会通往现代化的唯一模式，将西方价值塑造成"普世价值"，标榜成绝对的政治正确，以至于一些人在西方意识形态的渗透下模糊了价值判断，丧失了理论自信和文化自信，西方文明优越论甚嚣尘上。西方现代化理论以其话语优势，鼓吹构建有利于维护西方利益的全球秩序，却对资本主义原始积累的罪恶和侵略掠夺史实加以掩盖回避。美国政治学者塞缪尔·亨廷顿也承认："现代化并不一定意味着西方化，世界正在从根本上变得更加现代化和更少西方化。"①

从历史视角看，西方现代化充满暴力血腥。资本原始积累十分残酷，资产阶级对内采取暴力手段使生产者与生产资料相分离，掠夺农民和小生

---

① 〔美〕塞缪尔·亨廷顿：《文明的冲突与世界秩序的重建》，周琪等译，新华出版社，2002，第70页。

产者的土地，通过"圈地运动"使农民远离土地，实现财富迅速集中于少数人，为规模化集中生产创造条件；对外发动殖民战争，通过奴隶贸易、鸦片输出积累财富，勒索战败国赔款，划分势力范围，奴役第三世界人民。发展中国家沦为资本主义列强推行经济全球化和现代化战略的商品倾销市场和原材料市场。从当代视角看，西方为转嫁国内尖锐的阶级矛盾，通过对外战争掠夺巨额资源财富；以军事实力为后盾，利用其垄断优势，维护西方主导的世界经济政治格局，从而确保对发展中国家和地区的控制；建立了一整套国际经济体系制度，利用布雷顿森林体系和全球性组织维持其优势地位。西方霸权操纵舆论机器，自恃武力强大，肆意改变其他国家发展道路，实施干涉主义策略，侵犯他国主权，煽动他国内乱，挑起区域冲突，热衷于拱火浇油大搞制裁，无助于缓和地区冲突局势，其染指之处生灵涂炭、人民饱受煎熬屠戮、社会持续动荡。当今世界并不太平，冷战思维回潮，强权政治逆流涌动，霸权主义愈演愈烈，全球性挑战层出不穷。

以习近平同志为核心的党中央洞察时局审时度势，饱含对人类前途命运的深厚情怀，深切思索人类文明的发展方向，提出了中国式现代化重要理论。中国式现代化取得的巨大成就表明：人类文明并不只有一种模式，现代化的道路不止一条，现代化也不是单选题，各国人民有权基于自身的发展实际和历史文化选择适合自己的发展道路。中国式现代化既造福本国人民，也造福世界人民，为世界和平发展创造了新机遇。中国式现代化根植于中华优秀传统文化，立足本国国情，尊重不同的文明差异，吸收一切人类优秀文明成果，反对恃强凌弱、零和博弈、封锁围堵，鼓励和平发展、互利共赢、开放合作，展现了不同于西方现代化的新图景，打破了"现代化＝西方化"的迷思，为世界发展提供了中国方案和道路选择，代表了人类进步的方向，塑造了全新的文明形态。

二 中国式现代化的原则和立场

党的二十大报告指出："从现在起，中国共产党的中心任务就是团结带领全国各族人民全面建成社会主义现代化强国、实现第二个百年奋斗目标，以中国式现代化全面推进中华民族伟大复兴。"① 要认真学习贯彻党的二十大精神，把握唯物辩证法和方法论意义，坚持实事求是，坚持独立自主，从我国政治发展道路出发，从我国历史传统文化出发，深刻领悟推进中国式现代化的本质内涵，准确把握中国式现代化的根本要求和根本原则，奋力谱写社会主义现代化强国建设新篇章。

（一）坚持党的领导是中国式现代化的根本保证

中国共产党是执政党，是中国特色社会主义事业的领导核心。党的执政地位不是与生俱来的，是中国共产党人牺牲奋斗得来的。党的百年征程，就是追求现代化宏图伟业、实现国家富强民族振兴的牺牲史奉献史。改革开放以来，我国用几十年时间走完西方几百年才完成的工业化历程，同步推进工业化、信息化、城镇化、农业现代化，任务之繁重艰巨世所罕见。中国共产党始终是中国人民最可靠的主心骨，是汇聚亿万人民磅礴伟力、推进现代化伟大事业的坚强领导核心。坚持党的集中统一领导是社会主义事业取得成功的根本保证，是统揽全局协调各方战胜一切艰难险阻且任何时候都必须牢牢坚持的制胜法宝。只有坚持党的领导，才能维护安定团结的发展大局，才能保证现代化发展的社会主义方向。

（二）坚持社会主义制度是中国式现代化的根本原则

中国式现代化是社会主义现代化，而不是别的什么现代化。社会主义是中国式现代化的鲜明底色，是中国式现代化的特有优势所在，体现了中国式现代化的内在性质和发展方向。高举中国特色社会主义伟大旗帜，坚持科学社会主义基本原则，这是中国式现代化的根本特征。中国特色社会主义制度是被实践证明符合我国国情并能持续推动发展进步的科学制度，是推进中国式现代化的根本政治基础和根本制度保障，我们绝不因外部干涉、杂音干扰而改弦更张，更不因外部形势严峻复杂而有丝毫动摇。中国人民要把命运牢牢掌握在自己手里，既不走故步自封闭关自守的老路，也

---

① 习近平：《高举中国特色社会主义伟大旗帜　为全面建设社会主义现代化国家而团结奋斗——在中国共产党第二十次全国代表大会上的报告》，人民出版社，2022，第 21 页。

不走卑躬屈膝崇洋媚外的邪路。在新时代，要以习近平新时代中国特色社会主义思想为指导，坚持把"两个确立""两个维护"作为最高政治原则和根本政治规矩。

（三）坚持以人民为中心是中国式现代化的根本立场

古人云："为君之道，必先存百姓。"党领导人民凝心聚力踔厉奋发推进中国式现代化，就是为了让人民过上好日子，实现人民对美好生活的向往。为人民谋幸福是党的初心所在，坚持以人民为中心是一切工作的出发点和落脚点。中国共产党之所以能从建党之初只有 50 多名党员的小党，发展壮大到今天拥有超过 9000 万党员的世界最大执政党，就在于党始终把人民放在心中的最高位置，顺应民心民意，心系百姓，为民造福，一切为了人民、一切依靠人民。中国式现代化是人口规模庞大、追求全民共同富裕的现代化。党承载着 14 亿多人口迈入现代化的殷殷期望，不断增进民生福祉、持续提高人民生活水平是共产党人书写为民情怀的真实写照。推进中国式现代化，就是要将伟大梦想的美好愿景转化为生动现实的幸福生活，让人民共享繁荣富强的盛世荣光。

（四）坚持共同富裕是中国式现代化的本质特征

荀子曰："节用以礼，裕民以政。"（《荀子·富国》）早在两千多年前，古人就有爱民富民、造福百姓的思想。共同富裕是社会主义的本质要求，是中国式现代化区别于西方现代化的显著特征。共同富裕不是同步富裕，不是平均主义，更不是劫富济贫，不是顾此失彼、两个极端的富裕，是先富带动后富的过程。中国始终致力于解决发展不平衡不充分的问题，深刻汲取西方现代化建设经验教训，逐步缩小区域差距、城乡差距、收入差距，不让一个人掉队，不让一个民族落下，促进发展成果普遍惠及全体人民。全面建成小康社会是中国坚持共同富裕目标的重要努力成果，实现了 9800 多万农村人口全部脱贫[①]。同时，要继续巩固拓展脱贫攻坚成果，

[①] 《彪炳史册的人间奇迹——党的十八大以来我国脱贫攻坚成就举世瞩目》，2022 年 9 月 14 日，中国政府网，https://www.gov.cn/xinwen/2022-09/14/content_5709678.htm。

加快同乡村振兴有效衔接，克服松劲歇脚、疲劳懈怠、懒惰厌战的思想，拧紧发条，压实责任，补齐短板，深化整改，加快富民增收步伐。

（五）坚持和平文明协调发展是中国式现代化的根本要求

中国式现代化促进和平发展、讲信修睦、协和万邦，致力于维护世界和平，推动构建人类命运共同体。中华民族曾经饱受战火蹂躏，深深懂得和平来之不易，更加珍视和平发展的局面。中华民族是热爱和平、诚信友善的民族，中国人民向来崇尚以和为贵、和衷共济，"和合"思想深度融入蕴含中华民族精神的文化基因。中国式现代化致力于促进人类文明进步，尊重文明的多样性，弘扬人类共同价值，坚持交流互鉴融合创新，着力贡献中国方案。中国式现代化坚持物质文明和精神文明协调发展，坚持人与自然和谐共生，努力实现全面均衡可持续发展，统筹推进"五位一体"总体布局，协调推进四个全面战略布局。坚持以人的现代化为核心，实现人与自然的和谐共生，坚决摒弃物质至上、竭泽而渔、先污染后治理、先发展后保护的错误思想，坚定生态优先、绿色发展价值取向，实现经济发展和生态保护辩证统一，建设人类美好的共同家园。

三 推进中国式现代化的发展路径

站在新的历史起点，中国式现代化展现了新时代宏大理论叙述，是以习近平同志为核心的党中央的思想智慧结晶，指引着光明未来的前进方向，擘画了民族复兴的宏伟蓝图。把握科学社会主义的政治理论维度，坚持不懈推进中国式现代化，是当代中国共产党人的奋斗目标和责任担当，是时代赋予的神圣使命和无限荣光。要切实增强政治领悟力、政治判断力、政治执行力，牢固树立正确的政绩观，坚持一张蓝图绘到底，全面统筹协调，重点聚焦发力，以时不我待的紧迫意识和持之以恒的韧劲，扎实推进每一项工作落到实处。

（一）掌握历史主动

一是顺应历史规律。要从党的百年奋斗史中汲取经验智慧，运用唯物史观指导社会实践，从人类社会历史长河中把握历史规律，顺应历史大势，保持历史耐心，弘扬优秀历史传统文化，深化对党的执政规律、社会主义发展规律、人类社会发展规律的认识。中国式现代化是伟大而长期的事业，需要一代代人接续奋斗、驰而不息、久久为功。要坚定历史自信，在百年变局中保持高度的历史清醒，增强历史责任感，永葆"赶考"初心，沉着面对大党的独有难题，推动中国式现代化行稳致远。二是坚持思想引领。要坚持习近平新时代中国特色社会主义思想指导，忠诚拥戴核心，感悟思想伟力，加强理论武装，坚定理想信念，增强政治意识，锤炼党性修养，紧密团结在以习近平同志为核心的党中央周围，以忠诚担当践行初心使命，勇立潮头，昂扬奋进，持续推进中国式现代化系统工程。三是增强战略主动。面对充满不确定性的外部因素，要加强中国式现代化的战略研判和谋划布局，增强紧迫感和责任感，下好先手棋，打好主动仗，摆脱"等靠要"思想惰性，克服路径依赖，勇敢探索，敢于涉险滩，敢啃硬骨头。要着眼长远，立足当下，巩固发展基础，稳定发展预期，增强战斗力和凝聚力，于危机中寻找新机，于变局中开拓新局。四是把握发展主动。要立足于以自己的力量为战略基点，科学认识当前实际，努力形塑相对和谐稳定的国际国内环境，强化硬实力和软实力，善于驾驭复杂局势，主动应变求变，趋利避害科学应对，拓展发展空间和增强发展动力。

（二）坚持改革开放

改革开放是迈向繁荣发展的根本出路。当今世界产业高度协同，人员密切往来，世界各国人民利益高度交汇融合。只有坚持改革，才能不断增强发展动力，才能不断开拓新发展路径。只有坚持开放，才能不断提升竞争力。要在传承我国优秀传统文化中，吸收借鉴他国的先进文明，在继承中创新，在创新中发展。一是坚持改革开放不动摇不停步。封闭守旧必然落后，开放步伐不可停歇。有效对冲逆全球化的负面思潮和贸易保护主义的负面效应，要以深化开放应对封闭排他，以深化协作应对脱钩断链，以更加开放的视野构建社会主义市场经济体制，以更加开放的胸襟参与全球化竞争。二是坚持改革开放的正确方向。坚定制度自信，坚持根本政治制度，切实维护人民利益。破除影响生产力发展的体制机制障碍，充分调动亿万人民群众的积极性和创造性，推进对外开放走深走实。深化经贸合作，借鉴吸收先进技术管理经验，扩大国际朋友圈，提升开放新能级。团结互助互利共赢，对话协商促进合作，共同构筑维护国际和平稳定的坚实屏障，齐心协力应对全球性的困难挑战。三是坚持打造优质的营商环境。以提升国内营商环境的确定性应对外部环境的不确定性，着力提升软实力建设，营造稳定公平透明可预期的创新创业、投资兴业优质环境，塑造我国营商环境的国际品牌形象。对标国际先进标准，对接国际经贸规则体系，健全国际化法治化的制度环境，推动经济治理能力现代化和公共服务均等化，按照一视同仁的原则，维护市场公平竞争秩序。四是坚持扩大高水平开放。对接全球经济一体化大趋势，加快构建高水平开放型经济新体制，主动参与制定国际经贸规则。开展深层次合作交流，推进高水平开放平台建设，健全投资促进体系，打造吸引外资的强磁场。优化国际市场布局，引导外贸新业态发展，发挥国际国内两个市场、两种资源的联动效应，主动融入全球产业链供应链，积极参与国际竞争，以开放倒逼产业转型升级，以合作促进资源要素互补，激活开发开放新潜能。

（三）系统协调推进

党的二十大报告提出，全面建成社会主义现代化强国分两步走："从二〇二〇年到二〇三五年基本实现社会主义现代化；从二〇三五年到本世纪中叶把我国建成富强民主文明和谐美丽的社会主义现代化强国。"① 蓝图已经绘就，目标已经明确。一是继续完善顶层设计。深入学习贯彻习近平总书记关于中国式现代化的重要论述，深刻认识中国式现代化的重大理论意义、根本特征要求、科学本质内涵、重要辩证关系，将党和国家推进中国式现代化的总体部署落实到各领域实践中，继续完善各行业各条线的顶层设计，注重相关领域的整体协同、分域推进。二是锚定目标任务

---

① 习近平：《高举中国特色社会主义伟大旗帜 为全面建设社会主义现代化国家而团结奋斗——在中国共产党第二十次全国代表大会上的报告》，人民出版社，2022，第24页。

不放松。持续抓好落实，结合各地发展实际，对标对表认清差距，拟定施工方案有序推进施工图，压实职能部门责任。坚持系统观念推进中国式现代化系统工程，围绕党的中心任务和未来五年的重大部署，紧紧抓住发展这个第一要务，创新思路举措，全面综合施策，整体协调推进，重点发力突破，难点聚焦攻克，以干一件成一件的稳健作风压茬式完成目标任务。三是贯彻新发展理念。牢固树立新发展理念，引领高质量发展，加快构建新发展格局，持续稳固经济实力基础，锻造科技基础实力，提升国家生存力和综合竞争力。着力解决发展不平衡不充分的突出矛盾，突破发展瓶颈和体制机制阻滞，不断释放经济发展活力，增强发展的动能，提升发展的平衡性和协调性。增强自主创新能力，大力实施创新驱动发展战略，大胆探索，聚力创新，把关键核心技术掌握在自己手里，着力推进科技自立自强。

（四）增强斗争本领

中国式现代化是一项探索性开创性的伟大事业，前进的道路上必然会遇到各种各样的艰难险阻，必须增强忧患意识，勇于斗争，善于斗争，通过顽强斗争打开新局面。一是锤炼干部队伍。当前，我国改革发展步入深水区、重要战略机遇期，同时不可预料因素增多，"黑天鹅""灰犀牛"事件时有发生，要在解决问题、化解矛盾的过程中经受考验锻炼队伍，铸就铮铮铁骨、顽强意志、必胜信心。要在关键时刻拉得出、顶得上、立得住，在复杂的斗争中冲锋在前、屹立一线。二是强化党建引领。发挥好党建引领作用，建设党支部战斗堡垒。抓住干部建设的牛鼻子，抓好领导班子"关键少数"建设，树立领导干部表率作用和"头雁意识"，以上率下传导正面能量和责任压力。正风肃纪推进作风建设，保持党员的先进性和纯洁性，强化制度权威性，增强制度刚性约束，不断提高组织建设，维护党中央的集中统一领导。加强党员的思想政治教育，有效提升政治判断力、政治领悟力、政治执行力，提高思想政治工作的凝聚力和感召力。三是直面风雨挑战。"功崇惟志，业广惟勤。"要发扬中国共产党人不怕苦、不怕累的奉献精神，从容应对惊涛骇浪，越是艰险越向前，发扬先锋模范作用，以钉钉子精神真抓实干迎难而上，锲而不舍，砥砺前行。切实解决人民群众关心的急迫问题、发展过程中的突出问题、现代矛盾中的难点问题、世界变局中的重大问题，织密民生保障网，推进社会治理体系和治理能力现代化，同时在基层党建、处突维稳、创新发展、乡村振兴等领域展现作为、锻造本领、建功立业。四是筑牢思想阵地。在推进中国式现代化的过程中会遇到各种风险挑战，也要面对西方舆论的各种造谣抹黑误导，要坚定政治立场，筑牢理想信念之基，补足精神信仰之钙，守好思想阵地，掌握思想舆论斗争艺术和斗争策略，冷静分析西方舆论的险恶用心，充分揭露其虚伪面目。摆脱西方话语陷阱，不能随之起舞，但也要学会与狼共舞，切实维护我国正当发展权益。在大是大非的问题面前要敢于斗争，不含糊不骑墙，坚持政治本色，坚守政治底线，明辨是非，激浊扬清，持续净化清朗舆论环境。

（五）防范重大风险

《左传》有言，"居安思危，思则有备，有备无患"。要防微杜渐，防患于未然，坚持安全发展引领科学发展。一是守住安全底线。深入学习贯彻习近平总书记关于防范化解重大风险的重要论述，统筹发展与安全关系，坚决捍卫政治安全，增强发展的安全性和稳定性，防范化解各类重大风险挑战，尤其要守住不发生系统性风险的底线。坚持底线思维，把情况估计得更充分，把困难评估得更全面，从严从紧防范，既要见微知著，更要有备无患。加强风险研判、预警监测，优化信息报送、应急指挥，畅通安全管理的中枢神经和末梢感知，推进靠前指挥、协调联动，统筹应急资源调配，提升安全处突应急能力，守护群众的安全感和幸福感，保障社会安定和人民安宁。二是完善风险预案。克服麻痹轻敌意识，绷紧安全发展这根弦，以时时放不下心的政治责任感，增强风险意识，筑牢思想防线，未雨绸缪，细之又细，慎之又慎，把风险考验估计得更加充分一些，把预案应对想得更加周全一些，把平时应急演练做得更加到位一些，努力把各类风险挑战控制在萌芽状态。坚持问题导向、实战导向，充分吸取各类安全事故经验教训，落实各类安全措施，堵住安全发展和风险防控跑冒滴漏现象，及时查漏补缺消除隐患。三是扎牢安全"篱笆"。以发展的眼光夯实抵御风险的坚实基础，将安全发展的理念贯彻于工作全过程，建立常态化制度措施，构建安全发展的多重防线，强化人防物防技防，着力提升精准防控和安全应急工作水平。坚持积极防范和主动化解两条主线，落实目标分解责任到人，从补短板、强弱项方面科学精准发力，列出问题清单，建立整改台账，着力弥补安全生产欠账、环保治污欠账、社会治理欠账、城市改造欠账等集中突出隐患，持续跟踪督促落实，简单问题立行立改，复杂问题逐项整改，长期问题分步解决。

中国式现代化蕴含的一元多线论现代化范式

郭海龙*

[中央党史和文献研究院（中央编译局），北京]

摘　要: 源于罗荣渠先生《现代化新论》的中国式现代化蕴含的一元多线论现代化范式，立足于一元二象性原理，通过"一元"（质）与"多线"（量）之间的辩证关系细化了马克思主义基本原理，并克服了西方现代化范式中机械一元论、二元对立论和多元主义的内在缺陷。在一元多线论现代化范式下，中国式现代化吸取了东西方现代化的经验教训，兼顾了"统一"与"多样"，使科学社会主义焕发出前所未有的生机活力；对国际关系层面的基本价值观、国际交往观、全球格局观进行梳理，拓展了中国式现代化的国际视野。在该范式下，中国式现代化将发挥重大战略价值：既坚持科学社会主义原则（一元），通过跨越"卡夫丁峡谷"促进世界社会主义复兴和人类事业进步；又继承本来、吸收外来、把握未来，博采众长、为我所用（多线），塑造人类文明新形态。

关键词: 中国式现代化；一元多线论现代化范式；一元二象性；跨越"卡夫丁峡谷"；人类文明新形态

近代以来，实现现代化是世界各国特别是发展中国家孜孜以求的目

---

* 郭海龙，中央党史和文献研究院（中央编译局）助理研究员。

标，"现今世界历史发展的核心问题"①。中国式现代化以马克思主义为指导思想，蕴含着人类社会现代化的新范式，即一元多线论现代化范式。该范式在内部构造和国际视野方面兼顾了"统一"与"多样"，具有重要的战略价值。

引言　正确解读中国式现代化需要一元多线论现代化范式

中国式现代化的历史起点是 19 世纪至 20 世纪晚清三场革新运动（洋务运动、戊戌变法、清末新政），逻辑起点是 1917～1920 年孙中山所著的《建国方略》，现实起点是 1954 年 9 月周恩来首次提出的"四个现代化"。新中国开启的中国式现代化，是中华民族伟大复兴的具体方式和总抓手，与中国特色社会主义是一体两面，二者共同致力于中华民族伟大复兴。在国外，法国历史学家布罗代尔曾对新中国开启的现代化进程作出高度评价：实践证明，"中国的实验"取得了无与伦比的、令人信服的成功——它在1945 年还造不出摩托车，但现在以相同的科学技术条件在不同的社会经济关系中发挥着不同的作用，马上能够制造原子弹了，"在非常短的时间里，这一活着的最古老的文明就变成了所有欠发达国家中最年轻、最活跃的力量"②。在建党百年之际，党的十九届六中全会通过的《中共中央关于党的百年奋斗重大成就和历史经验的决议》指出，要"以中国式现代化推进中华民族伟大复兴"，这一表述表明中国式现代化与中华民族伟大复兴，具有理论上的同构性、历史上的一致性、实践上的契合性与价值上的同源性。"中国式现代化"概念的出现，说明我们需要且有资格、有底气在现代化发展、现代化建设、现代化模式、现代化道路上拥有发言权和话语权，即通过建构并深入阐释"中国式现代化"，使之升华为具有世界影响力、学术阐释力与实践拓展力的理论范式。一元多线论现代化范式，就是这种努力的结果。

---

①　王伟光：《马克思主义中国化的当代理论成果——学习习近平总书记系列重要讲话精神》，《中国社会科学》2015 年第 10 期。

②　〔法〕布罗代尔：《文明史纲》，肖昶等译，广西师范大学出版社，2003，第 215 页。

（一）相关"范式"的分歧

中国式现代化体现了何种现代化范式，存在一定的分歧。

一方面，在一元现代性、多元现代性的基础上，相关学者提出了中国式现代化的复合现代性范式。该范式强调，现代性是不同时空和主体的现代性要素在不同维度上的有机组合与交融互构。①"它既认为现代性要素具有多样性、变动性特征，又主张社会核心价值的引领性特征；既承认现代性实现路径的多样性，又主张传统基因预设的方式规定性；既认为现代性作为一项未竟事业的开放性与创新性，又强调现代性生成发展的条件性与阶段性。总体来看，复合现代性以经济社会变迁的复杂性为认识论基础，否定西方现代性的唯一必然性，认为现代性会在特定场景和土壤中生长出差异性，现代性的实现路径与实现顺序具有多维性、多动性、多层级性甚或交叉重复性面相，从而现代性的构建不应受制于向外模仿的形式追赶，而更应深耕于向内挖掘的自觉转化。"新时代中国现代化呈现"时空压缩"性与任务多重性相叠加、国家自主性与人民主体性相契合、后发追赶性与前瞻反思性相同步、要素综合性与结构复合性相交融的复合现代性范式特征。推进新时代中国现代化，应立足新时代经济社会发展的新形势和新特征。②

另一方面，在批判一元现代性、多元现代性、反思现代性、复杂现代性、复合现代性的基础上，有学者提出了新现代性范式。陈玉斌认为，应从关系性向度、总体性向度、时间性向度、空间性向度、制度性向度、价值性向度提炼出新现代性的理论范式，从中国式现代化新道路的独特表征以及所具有的中国实际、中国风格、中国价值的属性论证新现代性的全新类型，从社会主义逻辑、文明超越逻辑、初心使命逻辑把握新现代性的叙事逻辑。只有从这三个逻辑出发，才能全面论证中国式现代化新道路的合理性，才能科学把握中国式现代化新道路新在何处。③

---

① 张振波、金太军：《复合现代性：中国现代性范式及其政治秩序图景》，《文史哲》2020年第 3 期。
② 袁红英：《新时代中国现代化的理论范式、框架体系与实践方略》，《改革》2021 年第 5 期。
③ 陈玉斌：《论中国式现代化新道路的新现代性理论范式》，《社会主义研究》2022 年第 2 期。

（二）评析与辨正

上述两种"范式"，可贵之处在于善于抓住时代发展的新特征，进行新的理论探索，表现出了理论勇气；不足之处是对作为科学哲学术语的范式理解不够深刻，一定程度上出现了滥用该概念的现象。

在范式学说的提出者美国著名科学哲学家托马斯·库恩（Thomas Kuhn）看来，范式是一种对本体论、认识论和方法论的基本推定，是科学家集团所共同接受的一组假说、理论、准则和方法的总和，即框架体系，并在心理上形成科学家的共同信念。根据这一标准，上述两种"范式"在范式的本质（本体论、认识论和方法论）层面，仍然属于马克思主义范畴。因此，它们并没有从科学革命导致范式转换这一宏大视角推导出全新的范式。

百余年来，中国共产党始终将马克思主义写在旗帜上，运用唯物辩证法和唯物史观认识和解决中国社会主要矛盾，激活了几千年积淀的中华文明伟力，团结带领中国人民延续民族文化血脉开拓进取，奋力推进中国现代化事业。"马克思主义传入中国，能够成为中国的主流意识形态，是因为它适应了中国现代化的需要；马克思主义是在正确解答中国的现代化问题，创造中国的新思想、新文化的活动中成为中国先进文化的代表，并从中获得了中国文化身份的合法性。"[1] 在这一思想背景下，正如 20 世纪 30 年代应对大萧条的罗斯福新政"是旧民主秩序的新应用"一样，中国式现代化是马克思主义的全新应用。

鉴于此，没有必要在马克思主义之外进行容易导致思想混乱的标新立异。反之，应回归马克思主义的本源，把以唯物辩证法为基础的一元多线论现代化范式，作为中国式现代化的解释框架。[2] 不过，回归马克思主义的本源，并不是死守教条，而是根据自然科学与社会科学的革命性发展，与时俱进地推动马克思主义不断更新哲学基础，并在中国式现代化范式总

---

[1]　何萍：《从马克思主义哲学中国化的视角看马克思主义与儒学的关系》，《思想理论教育》2015 年第 1 期。

[2]　冯钢：《关于中国近代史研究的"现代化范式"》，《天津社会科学》2000 年第 5 期。

结与提炼过程中，把马克思主义当作活的指南，以活灵活现的方式理解唯物辩证法。具体来说，就是为一元多线论现代化范式奠定更扎实、更丰满的哲学基础，从而发挥哲学作为"一个时代思想精华"的引领作用。

一元多线论现代化范式，由罗荣渠先生提出，至今已经影响人们数十年，但人们容易把一元多线论的哲学基础——马克思主义唯物史观误解为经济决定论和书斋中干巴巴的教条，这不利于科学认知该范式。因此，一元多线论现代化范式被许多研究者机械地归入一元论范畴而束之高阁，没有得到充分重视。鉴于此，需要根据自然科学、社会科学最新发展动态，深化、细化马克思主义研究，通过理论创新和发展，完善对中国式现代化进行权威而通俗易懂解释的框架，这就是立足于一元二象性①的一元多线论现代化范式。

一 中国式现代化的理论范式：一元多线论的提出

综观中国的现代化历程及发展趋向，从站起来到富起来再到强起来，经历了一个艰难曲折的螺旋式上升过程：传统框架下的"师夷长技"是对专制皇权社会基本结构的部分否定，"中体西用"价值观又是对"师夷长技"的部分否定，新文化运动是对"中体西用"价值观的否定。每一次否定，背后都有着重大的范式转换。中国式现代化以马克思主义为指导思想，蕴含着人类社会实现现代化的新范式，即一元多线论现代化范式，其哲学原理是一元二象性。

（一）一元多线论现代化范式的提出：罗荣渠先生的《现代化新论》

在学术界，早在改革开放之初，罗荣渠先生花费一生的心血，出版了《现代化新论》，该书以宏观史学视野，将现代化作为全球大转变的重要主题和内在逻辑，从整体上论述世界现代化发展的总趋势和近现代中国的沧桑巨变，并对中国的现代化道路作了专题考察，首次提出以生产力为社会

---

① 郭海龙、李浚菡：《文化一元多线论刍议——兼论全人类共同价值和文明平等互鉴》，《国际观察》2022年第6期。

发展主轴的一元多线历史发展观，汇总出一元多线论现代化范式，并运用跨学科的研究方法，融理论与历史研究为一体，力图突破苏联模式传统与西方现代化理论的窠臼。

一元多线论现代化范式，来源于中国独特历史和国情，并契合中国特色社会主义总体特征。众所周知，1840 年鸦片战争以来，中国社会的自然进程被打断，没有像西欧那样过渡到资本主义，而是在西方坚船利炮打开国门的情况下，逐步沦为半殖民地半封建社会，国家蒙辱、人民蒙难、文明蒙尘，后在马克思主义传入中国后，经过五四运动洗礼，中国共产党诞生并领导了新民主主义革命、社会主义改造，中国过渡到了社会主义初级阶段。因此，中国独特的历史和国情决定了中国的历史阶段与以往的研究将世界历史演进概括为的五个阶段（原始社会、奴隶社会、封建社会、资本主义社会、社会主义社会）大有不同，因此，不能将西欧社会发展的历史阶段套用于我国。鉴于此，针对我国独特的社会发展状况，为了兼顾人类社会发展规律，我国学者提出了一些理论。其中，罗荣渠先生根据中国独特的历史和国情，提出一元多线论，以此构建出现代化新论，较早对中国式现代化进行了理论探讨。

一元多线论，以生产力为"一元"，以民族文化、历史惯性、意识形态、国际交往等为"多线"，它们共同塑造出人类社会发展轨迹。一元多线论丰富了马克思主义的内核——唯物史观，为中国式现代化蕴含的现代化新范式进行了科学的铺垫。其中的"一元"，是客观物质世界社会存在即经济基础内在"质"的规定性；"多线"，是民族、宗教、历史发展阶段、国际交往、人物性格等差异所引起的"量"的多样性。用充分考虑各种非理性因素所允许的"度"，去把握"质（一元）"和"量（多线）"之间的辩证关系，做到具体问题具体分析，实现原则性（一元）与灵活性（多线）的高度统一，就是对马克思主义的高超运用。众所周知，辩证唯物论和唯物辩证法，是马克思对德意志古典哲学，尤其是黑格尔唯心主义辩证法和费尔巴哈机械唯物主义的扬弃，而一元多线论则是对辩证唯物主义"一元论"与历史唯物主义"历史合力论"的有机整合和融合创新。一元多线论，首先立足于世界的物质性（一元）。上层建筑，归根结底取决于社会存在和经济基础。不过，坚持一元论并不意味着要机械地一切都以科学、理性为唯一准绳，一概否定历史、文化等无法用科学和理性解释的感性或历史习惯。

因此，从马克思主义发展史来看，罗荣渠先生的一元多线论对立足于辩证唯物论和唯物辩证法的马克思主义尤其是唯物史观进行了细化。

（二）一元多线论现代化范式的哲学原理：吸收自然科学和社会科学等最新革命性成果的一元二象性

20世纪以来，自然科学领域波粒二象性的提出，人文社会科学领域意识流心理学和意识流文学的出现，以及生理心理学证实心理活动的物质基础（比如多巴胺、茶多酚、咖啡因之类的兴奋或抑制因子），让人们意识到，粒子性—波动性对应的物质—意识之间，由于中微子等粒子组成"场"产生的量子纠缠等相互作用，构成了心物二象性、政治—经济二象性等诸如此类的辩证关系，统称一元二象性。以心物二象性为例，在物质—意识转化方面，"思想一旦掌握群众，就变成力量"① 的论断意味着，经济基础只是决定了人类主观能动性的活动区间，而思想、政治、文化等作为上层建筑，通过人类实践，反过来对物质世界具有能动的统领作用。相应地，人文情怀蕴含的爱国主义、理想主义、公平正义等追求，能促进生产力发展和社会变革，与科学精神相得益彰。在文化一元多线论中，科学精神与人文情怀这两条主线，是唯物史观"历史合力论"力学平行四边形法则中的两个基本矢量，是社会发展最主要的力量。

因此，立足于20世纪自然科学与人文社会科学最新革命性成果的一元二象性，是对19世纪辩证唯物论和唯物辩证法的深化，构成了一元多线论的哲学原理。对应在唯物史观领域，一元二象性就是以生产力为基础的科学精神—人文情怀二象性。其中，从科学精神到人文情怀的光谱程度不同，如同光波中不同波段呈现出不同颜色的彩虹一样，展现出多样性，具体表现为民族文化、历史惯性、意识形态、国际交往等"多线"，构成了一元多线论。总之，一元二象性有机地奠定了一元多线论的哲学原理。

一元多线论通过确定"多线"视野下的"一元"和"一元"前提下

---

① 《列宁全集》第32卷，人民出版社，2017，第324页。

的"多线",以科学和人文作为"一元"基础上的"多线",促进了融合创新。一元多线论既在不同模式之间达成共识,如"和平、发展、公平、正义、民主、自由的全人类共同价值",又在共识的基础上尊重差异,提倡不同模式之间平等交流互鉴,反对文化侵略和扩张。这在文化方面的重要表现之一,就是社会意识有相对独立性,但其独立性以社会存在所允许的范围为界限,随着时代变迁即社会存在的发展而逐渐演进。在客观物质世界的运动和发展、人类社会现代化过程中,一元多线论主张人类步入现代化,有先后差别,但没有优劣之分,不同发展模式之间存在共性的物质基础,反对单纯以强势文化或价值为现代化标准去否定、贬斥另一种模式,不同模式之间的交流、学习、借鉴应遵循平等和自愿原则,反对强制同化①,更反对把现代化等同于西方化,提倡在现代化模式方面尊重差异。在平等基础上的差异,符合分配正义原则。

(三)一元多线论现代化范式对西方现代化范式的超越

中国式现代化开辟的人类现代化"一元多线论"新范式,克服了西方现代化过程中存在的机械一元论、二元对立论和多元主义的缺陷。

西方现代化范式,在本体论方面存在一元决定论、二元对立论与多元主义的分野,这些分野,涉及"哲学党性"(列宁语),而认识论或方法论方面存在科学与人文的割裂,这为秦亚青等学者所诟病。② 鉴于此,一元多线论对机械一元论、二元对立论与多元主义进行了扬弃。"以一元多线论为基础的现代化范式"所坚守的马克思主义历史唯物主义,是历史学与科学结合的产物。③

西方现代化模式中的机械一元论,在经济方面表现为"私有财产神圣不可侵犯",在政治上表现为妄图以"普世价值"和新自由主义"华盛顿

---

① 王毅:《迎难而上　为国担当　奋力开启中国特色大国外交新征程》,《求是》2021年第2期。

② 秦亚青:《知识涵化与社会知识再生产——以中国国际关系理论发展路径为例》,《世界经济与政治》2023年第1期。

③ 董正华:《从历史发展多线性到史学范式多样化——围绕"以一元多线论为基础的现代化范式"的讨论》,《史学月刊》2004年第5期。

共识"一统天下；等等。"私有财产神圣不可侵犯"，出发点是中世纪末期防止绝对主义专制王权对新生资产阶级财产的肆意侵占，客观上促进了资本主义的发展，到了 20 世纪后半期甚至被誉为人类自由的保障，例如，新自由主义导师哈耶克认为，公有制是"通往奴役之路"。不过，这一信条，早在原始资本主义时期就遭到批判，当时就有人明确指出"私有制是万恶之源"，要促进社会进步，必须消灭私有制。该信条近年来在西方发达国家的堡垒内部发生了标志性突破，以美国为首的资本主义国家多次以国家安全为由冻结所谓"不友好"国家或个人财产便是有力说明。总之，以西方中心主义为表、以私有制为本质的"普世价值"和新自由主义"华盛顿共识"，分别从政治和经济上搞乱了非西方国家的现代化进程，使得众多后发国家的现代化步入"拉美陷阱""阿拉伯之春"，导致现代化出现倒退乃至夭折，形成了世界体系中的依附现象和次殖民地化。此外，西方现代化范式中的"普世价值"中蕴含"人权高于主权"等新干涉主义，而西方国家在介入科索沃、叙利亚的实践中践踏了《联合国宪章》等国际法，上述问题交织在一起，大大削弱了西方现代化模式的软实力和魅力。此外，受结构功能主义影响的一些西方现代化理论片面强调科学革命、技术进步、知识增殖在现代化变革中的作用，例如，布莱克的"经典性"现代化定义，强调的正是"知识激增"带来"功能变化"："如果必须给'现代化'一个定义，那么可以这样说，它是历史形成的各种体制对迅速变化的各种功能的一个适应过程，这些功能因科学革命以来人类控制环境的知识空前激增而处于迅速变化之中。"[1] 上述西方现代化理论忽略了制度创新和文化变迁等因素的重要意义，是一种机械的一元论。

　　西方现代化模式中的二元对立论，存在于承担利益表达与利益综合职能的政党制度层面。以执政党与反对党相互倾轧、相互拆台为主要内容的"宪政"民主，源于中世纪神权—王权、王权—公民权以及近代以来公权力—私权利之间的斗争，这种斗争在政党制度方面，最初表现为英国政坛上执政党与"国王陛下忠实的反对党"之间的斗争，后来被西方各国在现代化过程中纷纷效仿，成为分权制衡的显著标志。这对防止"绝对的权力

---

① 〔美〕C.E. 布莱克：《现代化的动力》，段小光译，四川人民出版社，1988，第 7 页。

导致绝对的腐败"产生了一定的积极作用，但当前美国党争的极化①，严重削弱了美国内部凝聚共识迎接国内外挑战的能力，显示了西方条分缕析哲学，确切地说是以非黑即白、零和博弈为主旨的二元对立哲学及其相应的现代化范式存在较大的局限和弊端。

西方现代化模式中的多元主义，表现为多元文化基础上的多党竞争型代议制，以法国和意大利为典型。20 世纪后半叶以来，西方社会思潮趋于多元化，多元主义成为主流思想，被加工成"多元主义民主"的多党竞争型代议制由此更加流行，使得崇尚条分缕析哲学的西方社会和政坛更加碎片化。此外，西方社会民主主义"第三条道路"也深受多元主义影响，在多元思潮中迷失自我，放弃了诸如公有制等原则，使社会主义从科学、制度蜕变成了伦理、价值，背离了社会主义的初心和使命，难以承担起替代资本主义制度的历史使命。

二　中国式现代化的实践表征：一元多线论现代化范式的整体架构

如前所述，一元多线论是对多元主义和机械一元论、二元对立论和多元主义进行的融合创新，其世界观和方法论源于辩证唯物主义和历史唯物主义。围绕"一元"与"多线"的辩证关系，一元多线论现代化范式吸收各家特长，融合创新，尝试在内部构造和国际视野等方面，描绘中国式现代化实践表征的整体架构。

（一）一元多线论现代化范式的内部构造

时至今日，与中国特色社会主义是一体两面的中国式现代化，正在日益丰富"一元多线论"现代化范式的基本内容。中国式现代化，吸取了东西方现代化的经验教训，兼顾了"统一"与"多样"，符合美学和哲学所

---

①　Robert N. Lupton and Steven M. Smallpage and Adam M. Enders, "Values and Political Predispositions in the Age of Polarization: Examining the Relationship between Partisanship and Ideology in the United States, 1988-2012," *British Journal of Political Science*, 2017, Vol. 50, No. 1, pp. 241-260.

讲的和谐状态，使科学社会主义焕发出生机活力。① 因此，一元多线论现代化范式契合中国式现代化的总体框架，具有强大的生命力。

经济上，以公有制为主体、多种所有制共同发展（经济制度）和以按劳分配为主体、多种分配方式并存（分配制度）是中国式现代化的基本经济运行机制，符合生产力发展要求，促进了社会主义现代化事业发展。

政治上，东西南北中，中国共产党是领导一切的。既坚决维护"两个确立"，又坚决做到"两个维护"，是中国最大的政治。中国共产党的集中统一领导与调动中央和地方积极性相得益彰。在政党制度方面，中国共产党领导的多党合作与政治协商是全过程人民民主的重要组成部分，是协商民主实践的最新境界。

文化上，弘扬主旋律、提倡多样性，既树立马克思主义的指导地位，牢牢守住主流意识形态的主阵地（一元），又根据时代发展，不断把马克思主义基本原理与中国鲜活的实践经验和中华优秀传统文化相结合，推动马克思主义中国化时代化大众化；同时，大胆吸收人类社会一切文明先进成果（多线），博采众长、为我所用，促进社会主义文化大发展大繁荣。

在族群关系方面，汉族占主体、各个少数民族与汉族"大杂居、小聚居"的长期传统，促进了中华民族共同体（一元）的形成，在这一共同体的基础上，我国通过转移支付、双语教学、派遣援助干部促进了各个民族互联互通、共同繁荣（多线），为各民族进一步交融打下了扎实基础。

因此，在中国式现代化如火如荼进行过程中，源于罗荣渠先生的《现代化新论》的一元多线论现代化范式，具有重大启发价值：中国式现代化既博采众长，符合世界现代化的一般规律；又独辟蹊径，具有鲜明的中国特色，正在开辟一条后发国家现代化的新路。② 这无疑是对罗荣渠先生立足于一元多线论现代化范式的最好演绎。

处理好"一"与"多"的辩证关系，以"五位一体"等方式实现多样统一，是中国特色社会主义在形而上学即本体论（ontology）层面的基本命

---

① 郭海龙：《新时代中国特色社会主义的历史方位与国际价值——以世界社会主义实践类型为背景》，《中共天津市委党校学报》2018 年第 2 期。
② 孙正聿：《从大历史观看中国式现代化》，《哲学研究》2022 年第 1 期。

题，是中国式现代化蕴含的"一元多线论"现代化范式得以确立的实践之源、立论之本、思想之基。

（二）一元多线论现代化范式的国际视野

在中国式现代化引领中国大踏步赶上新时代，并日益走近世界舞台中央的美好前景下，我国在国际关系层面对基本价值观、国际交往观、全球格局观等方面兼顾"统一"与"多样"，契合一元多线论现代化范式，为我国积极融入国际社会进而构建国际政治经济新秩序提供了宽广而深邃的国际视野。

在基本价值观方面，坚持"广泛共识+具体国情"。长期以来，在中国式现代化过程中，我国立足于《联合国宪章》等国际法，就民主、人权等人类社会基本权利的基本原理等内涵达成广泛共识（"一元"），并根据各国的发展阶段、具体国情推动以生存权、发展权为基础的民主和人权事业（"多线"），只有符合各国发展阶段和具体国情的人权和民主，才能适应社会发展阶段、促进社会发展，由此，应在共生共治中理顺国际政治中的各种关系，构建全球国际关系学，这契合一元多线论现代化范式。应进一步明确：一方面，世界上没有抽象的、放之四海而皆准的民主和人权的统一模式，如果强求统一，只会导致削足适履，滞后或超前于时代，阻碍经济社会发展，反过来拖累民主和人权等进步事业；另一方面，明确反对恐怖袭击、毒气、邪教集体自杀等违反国际法的侵犯人权或愚昧专制行为，应在国际社会尤其是联合国安理会决议的基础上，由相关大国以"仁智大国"为引导，建设性介入，积极开展负责任的人道主义保护和救济，直到侵权行为终止并追究相关责任为止。以此为基础，立足现实、弘扬道义，为新天下体系奠定道义现实主义基础。

在国际交往观方面，坚持"共同价值+文明多样性"。长期以来，在中国式现代化过程中，全人类共同价值与文明平等互鉴，是我国面对世界百年未有之大变局，为构建人类命运共同体、形成人类文明新天下体系提供的中国方案和中国智慧。这些契合一元多线论现代化范式。一方面，作为多线前提的"一元"，不应机械化，而应在国际共识与落后国家和地区及国内少数族群正当权益之间保持弹性，发挥道义现实主义的力量，植根

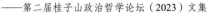
国际共识，形成全人类共同价值，为构建人类命运共同体奠定基础。在这个过程中，应揭露西方所谓的"普世价值"文化霸权本质，即机械的文化一元论，它实质上是西方中心主义论调的老调重弹，并以大历史视野看待全人类共同价值对"普世价值"的最终超越。另一方面，作为一元基础上的"多线"，应提倡多样化文明之间平等互鉴交流，尊重各个文明历史阶段、发展道路的差异，调整国际政治中的关系，并根据需要，不附加条件地帮助落后国家和地区及国内少数族群自行自愿自主变革和进步，实现和平发展与共生共治。一元多线论现代化范式并不是一种机械发展论（一元论），而是现实可能性和历史条件的统一，在不同的条件下有着不同的实现形式。各国的发展各具特色，不能用一个统一的模式来看待现代化问题，因此，在东方社会中还存在若干不同于西方的现代化道路，其中最引人注目的就是给世界社会主义复兴带来希望的中国式现代化道路。

在全球格局观方面，坚持"人类命运共同体+世界多极格局"。长期以来，在中国式现代化过程中，我国在推动构建人类命运共同体的同时，推动世界形成多极格局。这些符合一元多线论现代化范式，在此基础上，应继续保持这一势头。一方面，坚持大小国家主权平等，共生共治共荣，并积极以大国的责任担当为全球提供更多的高质量公共产品，协调各个大国以"仁智大国"的理性主义立场发挥区域和全球影响力，缓和危机、制止冲突、促进经贸合作和投资便利化，积极改善国际政治中的关系；同时，发挥中华优秀传统文化整合思维的优势，避免全球化过程中的两极分化，以全人类共同价值为道义现实主义基础构建人类命运共同体，积极推动形成新天下体系。而全球化的发展，虽然经历过几次波折，但是其势头难以扭转①，因此，应积极拥抱全球化，并以此为动力构建人类命运共同体。另一方面，积极与美国、欧盟、俄罗斯等协调好关系，促进由多极化量变向多极格局质变转变。20世纪以来尤其是二战后以来的历史充分表明，单极霸权和两极冷战格局，不利于世界和平发展和共同繁荣，应积极推动多极化。

---

① 陈伟光：《后疫情时代的全球化与全球治理：发展趋势与中国策略》，《社会科学》2022年第1期。

三　中国式现代化的战略价值：一元多线论现代化范式的导向

中国式现代化蕴含的一元多线论范式具有丰富的战略价值：中国式现代化既坚持社会主义原则（一元），通过跨越"卡夫丁峡谷"促进世界社会主义复兴和人类进步事业；又继承本来、吸收外来、把握未来，博采众长、为我所用（多线），塑造人类文明新形态。

（一）"多线"前提下的"一元"：中国式现代化坚持科学社会主义原则，通过跨越"卡夫丁峡谷"促进世界社会主义复兴和人类进步事业

20世纪八九十年代发生的苏联解体、东欧剧变，是世界社会主义现代化进程遇到的最严重挫折。不过，在这一背景下，"沉舟侧畔千帆过，病树前头万木春"，世界各国共产党人并没有对社会主义失去信心，他们通过对社会主义经验教训的深刻总结，对社会主义现代化深入思考，努力从低潮中探索社会主义未来发展和复兴之路。社会主义发展道路是曲折的，但前途是光明的。社会主义与资本主义两种制度的长期共存、相互竞争、相互较量，反映了世界历史进程的极端复杂性。当前，"处于新一轮衰退期的世界资本主义与处于新一轮上升期的世界社会主义之间的竞争与博弈更趋激烈"[①]，在"西强我弱"的整体态势下，社会主义国家现代化遭受严重挫折甚至存在资本主义复辟的可能性，对此必须始终保持头脑清醒。在此历史背景下，马克思主义作为指导思想，是中国式现代化开辟人类现代化范式的理论源泉。中国式现代化，坚持科学社会主义原则，关键和本质是坚持中国共产党的领导，将通过跨越"卡夫丁峡谷"，促进世界社会主义复兴和人类进步。

跨越"卡夫丁峡谷"设想，是马克思东方社会理论的重要组成部分。

---

① 姜辉：《21世纪世界社会主义在变革发展中走向振兴》，《中国党政干部论坛》2020年第9期。

在《给〈祖国纪事〉杂志编辑部的信》中，针对19世纪后期俄国农村公社能否不经过资本主义直接进入社会主义的提问，马克思指出："如果俄国继续走它在1861年所开始走的道路，那它将会失去当时历史所能提供给一个民族的最好的机会，而遭受资本主义制度所带来的一切灾难性的波折。"① 在《给维·伊·查苏利奇的复信草稿——初稿》中，马克思又指出，俄国农村公社"正因为它和资本主义生产是同时代的东西，所以它能够不通过资本主义生产的一切可怕的波折而吸收它的一切肯定的成就"②。这样，马克思在跨越"卡夫丁峡谷"设想中探究了落后的俄国及其他国家如何超越资本主义、直接从落后状态迈向社会主义道路的问题。那就是：俄国政治革命引发西欧社会主义的社会革命胜利。之后，落后的俄国获得西方革命政府的援助，使得俄国生产力水平获得空前发展，从而不经历资本主义就能达到满足社会革命所需要的生产力水平。③ 可以看出，马克思所说的"卡夫丁峡谷"是指资本主义社会那一段苦难的历史，即通过贩卖黑奴、掠夺殖民地矿藏等野蛮方式进行资本原始积累的阶段。这对无产阶级和广大劳动人民则是一种莫大的屈辱和灾难，因此，马克思寄希望于东西方革命同时胜利，通过西方革命援助，让东方人民不经历"卡夫丁峡谷"。然而事与愿违，社会主义革命首先发生在相对落后的俄国，十月革命后，面对经济文化落后的境况，列宁指出，"社会主义能否实现，就取决于我们把苏维埃政权和苏维埃管理组织同资本主义最新的进步的东西结合得好坏"，要"乐于吸取外国的好东西：苏维埃政权+普鲁士的铁路秩序+美国的技术和托拉斯组织+美国的国民教育等等等等++=总和=社会主义"④。新中国成立后，中国通过抗美援朝和"一边倒"外交政策加入社会主义阵营，获得苏联156个项目的革命援助，这大大提升了我国的生产力水平，为社会主义改造奠定了较强大的物质基础。实践证明，资本主义的生产关系可以跨越，但生产发展的工业化、社会化和现代化，即资本主义社会经历的生产力发展阶段则是不能跨越的。"资本主义经济制度可以

① 《马克思恩格斯选集》第3卷，人民出版社，1995，第340页。
② 《马克思恩格斯全集》第19卷，人民出版社，1963，第431页。
③ 《马克思恩格斯选集》第3卷，人民出版社，1995，第765页。
④ 《列宁全集》第34卷，人民出版社，2017，第170~171、520页。

跨越，但市场经济的充分发展和建立健全现代经济运作机制不可跨越；资本主义的基本政治制度可以跨越，但思想政治领域中彻底反封建、进行民主法制建设的阶段不能跨越。"① 在建设精神文明等上层建筑的同时，积极发展科技和教育，积极引进先进技术和外资、拓展市场，是落后国家通过现代化提高生产力水平，进而赶超先进国家的不二法门。

改革开放，有助于社会主义国家跨越"卡夫丁峡谷"。改革开放以来，"科学技术是第一生产力""以经济建设为中心"的理念得以重新树立，这是对马克思主义认知的拨乱反正。从一元多线论现代化范式来看，生产力是整个社会的决定性因素，在此基础上，我国探索出了一条落后国家实现现代化的新路。实践证明，社会主义改革开放，通过改革加速生产力发展、构建全国统一大市场，促进了国内大循环；通过开放引进先进技术和资金、开拓全球市场、统筹国内国际两个大局，促进了国内国际双循环。改革开放是实现跨越"卡夫丁峡谷"的根本举措，是相对落后的现实社会主义国家实现现代化的必由之路，促进了世界社会主义走出苏联解体、东欧剧变带来的低谷，走向复兴。在这个过程中，必须坚持社会主义原则，坚持共产党的领导，实行有原则的改革开放。近期，美国硅谷银行、签名银行倒闭引发连锁反应，波及瑞士信贷银行和日本软银集团等，这在1997年金融危机、2008年金融危机之后，再次证明了有原则的改革开放是明智之举。只有坚定原则，才能避免被"分化""西化"，从而保证现代化的社会主义属性。

总之，中国式现代化只有坚持科学社会主义原则不动摇，坚持中国共产党的领导，才能通过跨越"卡夫丁峡谷"促进世界社会主义复兴和人类进步事业发展，这是中国式现代化的本质要求，符合一元多线论现代化范式中关于"质"的规定性。

（二）"一元"前提下的"多线"：中国式现代化继承本来、吸收外来、把握未来，博采众长、为我所用，塑造人类文明新形态

现代化进程是文明不断超越自身的发展过程。文明是唯物史观中重要

---

① 张式谷：《跨越"卡夫丁峡谷"之再求索》，《中共中央党校学报》1998年第1期。

的基本范畴，标志着人类社会的发展趋势和进步状态，代表着社会进步与社会秩序，是人类实践的创造性成果的综合。现代化是文明进步的标志，是人类对更高文明形态的追求。现代文明向新形态跃迁，本质体现为满足不断增长的美好生活需要的社会发展水平与个体自主能力的提高。改革开放以来，中国式现代化以新型科学社会主义塑造人类新文明，体现了中国式现代化在世界文明发展史上开创出来的独特新文明。"当今中国的历史性发展之所以展现其世界历史意义，是因为中华民族的伟大复兴不仅在于中国将成为一个现代化强国，而且还在于：它在完成其现代化任务的同时正在开启一种新文明类型的可能性。"① 新文明可以从两个维度进行理解：一是中华文明自身的发展进步，二是对资本主义现代文明的超越。在一元多线论现代化范式下，作为科学社会主义新文明，中国式现代化彰显了中国特色。

中国式现代化从中华文明基因和世界文明成果中汲取了丰富营养。中华文明积淀了坚守"以民为本"的价值底蕴、崇尚"天人合一"的生态理念、推行"和而不同"的交往之道、追求"天下为公"的共同理想，丰富了中国式现代化发展道路的内涵，彰显了深厚的文明根基。中国式现代化不断吸收世界文明成果，结束了中国近代以来国家蒙辱、人民蒙难、文明蒙尘的窘况，以社会主义为导向和原则，解决世界现代化进程中普遍存在的重要问题，努力跨越各种陷阱，以坚守全人类共同价值、建构人类命运共同体（一元），占领人类文明的道义高地。中国式现代化所展现的文明，是创新、协调、绿色、开放和共享的文明，是强调物质文明、政治文明、精神文明、社会文明、生态文明和人的文明协调统一的社会主义高度文明（多线），在全球治理及促进世界和平发展中，贡献了自己的力量和智慧。其中，人的现代化是现代化的本质与核心，中国式现代化在人们创造新文明的实践中展开。

中国式现代化超越苏联和西方的现代化模式。20 世纪末的苏联解体、东欧剧变，标志着苏联那种过于强调"一大二公"、高度集中计划经济体制引领的现代化模式寿终正寝。2008 年以来的西方乱局，意味着西方现

---

① 吴晓明：《世界历史与中国道路的百年探索》，《中国社会科学》2021 年第 6 期。

代化模式已经在经济、政治、价值观等方面难以为继。中国式现代化打破资本主义文明主导的现代性、单边主义对文明多样性的阻碍，打破"现代化＝西方化"的迷思，打破了"历史终结论"，显示了新型科学社会主义的优势。中国式现代化实现了对"西方以资本为中心的现代化、两极分化的现代化、物质主义膨胀的现代化、对外扩张掠夺的现代化"① 的超越。"西方发达国家是一个'串联式'的发展过程，工业化、城镇化、农业现代化、信息化顺序发展，发展到目前水平用了二百多年时间。我们要后来居上，决定了我国发展必然是一个'并联式'的过程，工业化、信息化、城镇化、农业现代化是叠加发展的。"② 也就是说，在中国式现代化过程中，"以经济建设为中心"不应局限于经济发展，把社会发展置于经济发展之外，而是把社会发展融入经济发展之中，强调"以经济建设为中心"，但并不将其作为"唯一"内容和所有因素，而是将其看作由政治、经济、文化等多方面内容构成的复杂多元统一体。这就意味着，中国式现代化既要坚持现代化的本质诉求，以科学技术为第一生产力、以经济建设为中心（一元），又要根据时代和历史条件，推动经济、政治、社会、文化、生态等全方位（多线）发展。只有这样，才能彰显新型科学社会主义的优越性和生命力，塑造人类新文明，促进人类进步事业。

中国是世界第三次现代化大浪潮中的典型大国，中国式现代化在世界范围内具有鲜明的启发意义。20 世纪下半叶，以中国为代表的后发独立国家大都凸显其民族自主性与政治主导性，以政治变革引导经济变革，举全国之力推行强制型工业化，力求以赶超模式早日实现"迟到的现代化"。从 20 世纪五六十年代提出的"四个现代化"，到新时代面向 21 世纪中叶的"社会主义现代化强国"战略擘画，都注重从政治的高度强化综合统筹，这是中国式现代化的马克思主义"方法论"，体现了一元二象性哲理中政治对经济的统领作用，是中国式现代化的重要启示，对后发国家的现代化具有强烈的借鉴意义。比如，当前在非洲的埃塞俄比亚、坦桑尼亚、阿尔及利亚、突尼斯等国，以中国式现代化为代表的东亚发展型

---

① 习近平：《以史为鉴、开创未来 埋头苦干、勇毅前行》，《求是》2022 年第 1 期。
② 《习近平关于科技创新论述摘编》，中央文献出版社，2016，第 24~25 页。

国家现代化模式（一元），起到了积极的示范效应，引领它们走出一条本国特色的现代化新路（多线），塑造出不同于西方模式的人类文明新形态。

结　语

近代以来，中华民族无数仁人志士为了民族独立、国家富强、人民安康前仆后继、不懈奋斗，谱写了一曲曲荡气回肠的时代华章，这些活动集中体现在从洋务运动到中国式现代化等对中国现代化事业的不懈探索之中。而中国共产党为中国现代化事业拨正了航向，把为民造福作为立党为公、执政为民的本质要求，在马克思主义指导下，在百年奋斗中探索出了一条人类社会现代化新路——中国式现代化。在此基础上，植根于马克思主义的一元多线论现代化范式，立足于吸收自然科学与人文社会科学最新革命性成果的一元二象性，统筹科学精神和人文情怀，克服了机械一元论、二元对立论和多元主义的缺陷，无疑是正确解读中国式现代化的最佳范式之一。一元多线论现代化范式，从内在构造和国际视野方面兼顾中国式现代化的"统一"和"多样"，具有推动中国式现代化、促进世界社会主义复兴和人类事业进步、塑造人类文明新形态等战略价值，值得深入研究。

中国式现代化本质要求的内涵探析[*]

唐　鑫[**]

（北京交通大学马克思主义学院，北京）

摘　要： 党的二十大提出以中国式现代化全面推进中华民族伟大复兴，论述了中国式现代化的本质要求。中国式现代化本质要求具有十分丰富的内涵。中国式现代化是社会主义性质的现代化，它是基于国际共产主义运动的经验教训提出来的，坚持并体现着社会主义基本原则；中国式现代化是扎根中华大地的现代化，形成于解决中国问题的实践探索之中，有着体现中国国情的显著特征；中国式现代化是面向和解决人类共同问题的现代化，为解决人类共同问题贡献了中国智慧、中国方案、中国力量。

关键词： 中国式现代化；社会主义现代化；中华民族发展史；人类共同问题

　　2022 年 10 月，备受瞩目的中国共产党第二十次全国代表大会胜利召开，习近平总书记在大会所作的报告明确指出，党的中心任务是团结带领全国各族人民全面建成社会主义现代化强国、实现第二个百年奋斗目标，以中国式现代化全面推进中华民族伟大复兴；并着重对中国式现代化作了深刻论述，特别是提出了"坚持中国共产党领导，坚持中国特色社会主

---

　　* 本文系中央高校基本科研业务费专项资金"共同富裕理论的发展历程与丰富内涵研究"（项目编号：2022RCW002）的研究成果。

　　** 唐鑫，北京交通大学马克思主义学院讲师，北京市习近平新时代中国特色社会主义思想研究中心特约研究员。

义，实现高质量发展，发展全过程人民民主，丰富人民精神世界，实现全体人民共同富裕，促进人与自然和谐共生，推动构建人类命运共同体，创造人类文明新形态"① 的中国式现代化的本质要求。这一本质要求，体现出中国式现代化是社会主义性质的现代化，是扎根于中华大地、彰显中国特色的现代化，还是面向和解决人类共同问题、能够被世界其他国家借鉴参考的现代化。

一 中国式现代化是社会主义性质的现代化

坚持中国共产党的领导和中国特色社会主义，体现了中国式现代化鲜明的社会主义性质。中国式现代化是在总结国际共产主义运动经验教训的基础上开创出来的，是马克思主义理论指导下的产物，中国共产党在中国式现代化道路的开辟之中扮演着领导核心的角色，社会主义制度为中国式现代化提供了有力保障，体现着社会主义的基本原则、精神品质和价值追求。

（一）中国式现代化道路的成功开辟是基于国际共产主义运动的经验教训

一方面，由苏联主要开辟的社会主义工业化道路，在我国基本建成独立完整的工业体系和国民经济体系的过程中，发挥了其应有的历史作用。1917 年苏俄建立以前，世界上只有资本主义工业化—现代化，而无社会主义的工业化—现代化。马克思主义和国际共产主义运动的产生和推进，某种意义上说就是扬弃资本主义工业化—现代化的产物。"在战争造成的全世界的经济破坏的基础上，世界革命危机日益发展，这个危机不管会经过多么长久而艰苦的周折，最后必将以无产阶级革命和这一革命的胜利而告终。"② 世界上第一个社会主义国家苏俄的成功建立和存续，也是资本主义基本矛盾高度激化的结果。在共产党人的正确领导下，苏俄以及后来

---

① 《中国共产党第二十次全国代表大会文件汇编》，人民出版社，2022，第 20 页。
② 《列宁选集》第 2 卷，人民出版社，2012，第 579 页。

的苏联成功保卫并巩固了政权，走出了一条不依靠资本主义生产方式和殖民掠夺的独特工业化道路，这就是"靠本国节约来发展工业的道路，即社会主义积累的道路"①。苏联在党的领导下，依靠本国工人阶级和劳动人民，凭借苏维埃国家政权和社会主义公有制，通过从农业中提取剩余，以较高速度发展重工业从而完成工业化的目标。新中国成立后，中国在建设独立完整的工业体系和国民经济体系的过程中，得到了苏联等社会主义国家的大力帮助，借鉴参考了苏联实现工业化的成功经验，即主要依靠提取来自农业的剩余而获得发展重工业必需的原料和资金，刘少奇在党的八大上所作的政治报告中说道："我们的一部分消费物资必须出口，以便换来工业建设所需要的机器装备。为了将来的幸福，我们不能不暂时忍受一些生活上的困难。"② 据孔祥智等学者研究估计，1952 年到 1997 年，农民以工农产品价格"剪刀差"的方式为国家工业化提供资金总计 12641 亿元，平均每年 274.8 亿元③，为我国的社会主义工业化、现代化建设事业作出了巨大贡献。因此，中国式现代化道路的成功开辟，离不开对苏联等社会主义国家的建设发展成功经验的学习借鉴。

另一方面，中国认真总结和吸取国际共产主义运动经验教训，避免了可能出现的错误和弯路。

1956 年，赫鲁晓夫在苏共二十大上作了否定斯大林的秘密报告，中共中央和毛泽东同志以此为契机，提出了"以苏为鉴"的思想，即要避免对苏联经验的照搬照抄，走出合乎中国国情和实际的社会主义建设道路。毛泽东同志在《论十大关系》中指出："最近苏联方面暴露了他们在建设社会主义过程中的一些缺点和错误，他们走过的弯路，你还想走？过去我们就是鉴于他们的经验教训，少走了一些弯路，现在当然更要引以为戒。"④ 毛泽东同志在这篇文章中所谈到的十种关系或十组矛盾，就是对苏联社会主义建设正反两方面经验教训的系统化、理论化的思考与总结；

---

① 《斯大林选集》上卷，人民出版社，1979，第 464 页。
② 《刘少奇选集》下卷，人民出版社，1985，第 227~228 页。
③ 孔祥智、何安华：《新中国成立 60 年来农民对国家建设的贡献分析》，《教学与研究》2009 年第 9 期。
④ 《毛泽东文集》第 7 卷，人民出版社，1999，第 23 页。

中国共产党人在此后的社会主义工业化、现代化建设实践中，也有意识地作了不少积极的探索。20世纪80年代，苏联和其他社会主义国家纷纷开启和推进改革，为处在改革开放之中的中国提供了更多的参考，特别是苏联解体、东欧剧变的惨痛教训，令中国共产党人的头脑更加清醒。例如，苏联解体、东欧剧变过程中，执政的苏联共产党在内外因素的综合作用下，走上了背离直到放弃马克思主义、削弱直至取消党的领导的改旗易帜的邪路；90年代以后，苏联加盟共和国和东欧各国，特别是俄罗斯走上了去工业化、完全倒向西方的转型发展道路，其结果是遭到西方"冷遇"和长达数年的经济衰退和社会动荡……这一切都从反面证明，中国式现代化要坚持中国共产党的领导，坚持走中国特色社会主义道路的绝对必要性和必然性。

同时，苏联和东欧各社会主义国家的体制机制陷入封闭僵化，共产党的领导作用和革命精神日益削弱，官僚特权和贪污腐败乱象丛生，党员干部日益脱离人民群众等现象，也在时刻警醒着中国共产党人。2018年1月5日，习近平总书记在讲话中指出："我们要把中国特色社会主义建设好、建设成，需要一个很长的历史时期。在这个漫长历史进程中，确保中国共产党不垮、中国社会主义制度不倒，是一个极难极大的风险挑战。曾几何时，苏共何其强大，苏联何其强大，现在早已是'故国不堪回首月明中'了。""不忘初心，牢记使命，就不要忘记我们是共产党人，我们是革命者，不要丧失了革命精神。"① 这表明，中国式现代化道路的成功开辟，离不开中国共产党人对苏联解体、东欧剧变的深刻反思，离不开在中国社会主义革命、建设、改革和新时代的实践探索中发现的跳出"历史周期率"的两大法宝——人民民主和党的自我革命。

（二）中国式现代化坚持并体现着社会主义的基本原则

第一，中国式现代化始终以马克思主义为指导。党的二十大报告提出："实践告诉我们，中国共产党为什么能，中国特色社会主义为什么好，

① 习近平：《坚持和发展中国特色社会主义要一以贯之》，《求是》2022年第18期。

归根到底是马克思主义行，是中国化时代化的马克思主义行。"① 在开辟中国式现代化道路的不同阶段，中国共产党人始终自觉运用马克思主义的基本立场、观点、方法来科学分析研判世情国情，发现和解决问题，认真总结经验并推动理论创新。人民立场贯穿于中国式现代化的全过程和方方面面，其奋斗目标是满足人民对美好生活的向往，其根本依靠是广大人民的历史伟力；中国式现代化突出发展的关键意义，要求实现高质量的发展，及时根据经济社会发展要求推动各方面的改革，遵循并反映了生产关系一定要适合生产力状况、上层建筑一定要适合经济基础等规律；中国共产党人运用马克思主义的方法，特别是矛盾分析法，准确把握了各个不同发展阶段的基本性质特征以及社会主要矛盾及其主要方面，科学制定了党的中心任务，将社会主义现代化事业推向前进。在实践中，中国共产党人不断推动马克思主义中国化实现新的飞跃，特别是在中国特色社会主义新时代，发展出了习近平新时代中国特色社会主义思想，为以中国式现代化全面推进中华民族伟大复兴提供了科学的理论指导。

第二，中国共产党是开辟中国式现代化道路的领导核心。中国共产党领导是中国特色社会主义的本质特征和最大优势，中国式现代化是在党的领导下进行的，也将在党的领导下向着目标持续推进。有学者研究认为，政党推进现代化的作用集中体现在组织动员、发展稳定、利益协调、价值导引等方面。② 具体到中国共产党和中国式现代化来说，一方面，中国共产党的领导规定了中国式现代化的根本性质和方向。中国共产党一以贯之地坚守为中国人民谋幸福、为中华民族谋复兴的初心使命，确保中国式现代化始终是为了中国人民和中华民族的根本利益；中国共产党在科学理论的指导下坚持真理，修正错误，及时纠正前进路上的"左"的和右的偏差，确保中国式现代化的社会主义性质和方向不动摇。另一方面，中国共产党发挥着总揽全局、协调各方的领导核心作用。党在推动中国社会主义工业化、现代化的各个时期，积极调动各领域各方面的资源，团结一切可以团结的力量，对纷繁复杂的国际和国内形势作出冷静研判，合理确定每

---

① 《中国共产党第二十次全国代表大会文件汇编》，人民出版社，2022，第14页。

② 薛小平：《中国共产党领导中国式现代化的逻辑与意涵》，《兰州学刊》2022年第9期。

个时期的中心任务和工作重点，成功推进中华民族实现站起来、富起来到强起来的伟大飞跃。这表明，中国共产党的领导既是中国式现代化的内在关键要素，同时也是中国式现代化的社会主义性质的体现与反映。

第三，社会主义制度是中国式现代化的重要保证。新中国成立以来，社会主义制度经历了一个从无到有、不断完善的发展过程，反映了社会主义的本质，体现着生产资料公有制，各尽所能、按劳分配，无产阶级专政和人民当家作主，以马克思主义为指导等社会主义的根本原则。进入中国特色社会主义新时代，面对变化了的国内国际形势，党的十九届四中全会以"坚持和完善中国特色社会主义制度、推进国家治理体系和治理能力现代化"为主题，对中国特色社会主义制度体系作了全面梳理，明确了根本制度、基本制度、重要制度，指出了其中包含的多方面显著优势，这些都生动地体现在了中国式现代化的实践之中。"始终代表最广大人民根本利益，保证人民当家作主，体现人民共同意志，维护人民合法权益，是我国国家制度和国家治理体系的本质属性，也是我国国家制度和国家治理体系有效运行、充满活力的根本所在。"① 例如，社会主义基本经济制度符合生产社会化的根本要求，遵循了国民经济有计划按比例发展的规律，是推动实现高质量发展、满足人民美好生活需要的重要物质基础和保障；人民代表大会制度作为根本政治制度，是中国的政体，是实现人民当家作主的制度保证，确保人民各项民主权利得以真正行使；马克思主义在意识形态领域指导地位的根本制度，为广大劳动人民提供了科学的思想武器，我们要以中国特色社会主义共同理想和共产主义远大理想鼓舞斗志、引领方向，培育全社会的爱国主义、集体主义、社会主义价值导向，自觉同一切落后、腐朽、错误的思想作斗争。

二 中国式现代化是扎根中华大地的现代化

中国式现代化不是从天上掉下来的，而是基于中国独特的国情和中华民族优秀的文化传统，在中华民族追求工业化、现代化，特别是中国共产

---

① 《十九大以来重要文献选编》（中），中央文献出版社，2021，第303页。

党领导下的社会主义工业化、现代化的伟大实践中形成的；同样，只有扎根中华大地、立足中国实践、解决中国问题，才有可能成功开辟出中国式现代化的道路。

（一）中国式现代化形成于解决中国问题的实践探索之中

中国式现代化是在直面和解决中国现代化进程中的问题中形成的。早在1840年鸦片战争爆发之际，中华民族就已开启了追求现代化的艰难探索，但无论是清政府、北洋政府，还是孙中山领导的革命党人和蒋介石领导的南京国民政府都失败了，只有中国共产党成功带领人民通过新民主主义革命，实现了民族独立和人民解放，为推进中国工业化、现代化提供了根本前提。

新中国成立以后，面对以美国为首的帝国主义、资本主义阵营的敌视封锁和国内"一穷二白"的落后农业国现实，中国共产党凭借社会主义制度的优势和广大劳动人民的全力支持，基本建成了一个独立完整的工业体系和国民经济体系，取得了"两弹一星"等国防军队建设成就，得到了国际社会的普遍承认，国际地位显著提高，保证了国家的独立自主和主权安全，为继续推进社会主义现代化建设提供了各方面的基础条件。这一时期的历史表明："中国共产党和中国人民以英勇顽强的奋斗向世界庄严宣告，中国人民不但善于破坏一个旧世界、也善于建设一个新世界，只有社会主义才能救中国，只有社会主义才能发展中国。"①

改革开放以来，中国共产党抓住和平与发展成为时代主题的宝贵契机，正确认识了中国处于并将长期处于社会主义初级阶段的国情，坚持以经济建设为中心，创造了经济快速发展奇迹和社会长期稳定奇迹，彻底改变了中国"一穷二白"的面貌，人民生活水平和综合国力大幅提高。

在发展的同时，社会各领域的一系列长期积累及新出现的突出矛盾和问题凸显，包括收入分配差距拉大、思想文化领域乱象丛生、社会民生短板突出、贪污腐败问题严重、生态环境遭到破坏、部分党员领导干部丧失理想信念、管党治党一度出现宽松软等，直接影响到党长期执政、国家长

① 《中共中央关于党的百年奋斗重大成就和历史经验的决议》，人民出版社，2021，第14页。

治久安、人民幸福安康。以习近平同志为核心的党中央根据社会主要矛盾变化的现实情况，作出世界正在经历百年未有之大变局的战略判断，领导人民克服一系列困难和应对风险挑战，党和国家事业取得历史性成就、发生历史性变革，推动中国迈上全面建设社会主义现代化国家新征程。[①]

（二）中国式现代化具有若干体现中国国情的显著特征

中国式现代化有着体现中国国情的、不同于其他国家现代化的特点。习近平总书记指出："世界上既不存在定于一尊的现代化模式，也不存在放之四海而皆准的现代化标准。……我们所推进的现代化，既有各国现代化的共同特征，更有基于国情的中国特色。"[②]

其一，中国式现代化建立在人口规模巨大的基础上。不论从历史上看还是从现实上看，中国都是一个人口大国。中国是世界上人口最多的国家，中华民族和中国人民创造了辉煌灿烂的文明成果，同时也常常受到贫困与饥馑的威胁。新中国成立以来，中国人民在中国共产党的领导下空前地团结并组织了起来，展现了磅礴的力量；不过，人口众多在现代化的特定阶段，同样会加剧其艰巨性与复杂性，在当前和今后一段时间，人口老龄化带来的种种问题将越发明显。总之，人口众多是党和政府制定和落实路线方针政策时必须考虑和关注的一大重要因素。

其二，中国式现代化致力于实现全体人民的共同富裕。实现共同富裕，是社会主义本质的体现和要求，反映了中国作为一个社会主义国家的根本性质。同时，共同富裕的思想和理念也同中国传统文化之中的公平正义思想一脉相承。例如《礼记》中关于大同社会、"天下为公"的描绘，表达了人们对于一个理想中的平等社会的美好向往；《诗经》收录的《硕鼠》中"硕鼠硕鼠，无食我黍！三岁贯女，莫我肯顾。逝将去女，适彼乐土"的诗句，则吐露了人们对于统治者剥削压迫劳动人民的愤恨和对公平正义的期许。在推进实现共同富裕的过程中，要"坚持把实现人民对美好生活的向往作为现代化建设的出发点和落脚点，着力维护和促进社会公平

---

① 《中国共产党第二十次全国代表大会文件汇编》，人民出版社，2022，第4~5页。
② 《十九大以来重要文献选编》（中），中央文献出版社，2021，第824页。

正义，着力促进全体人民共同富裕，坚决防止两极分化"①。正确认识和把握共同富裕的普惠性与差异性的统一、全面性与重点性的统一、稳定性与发展性的统一，以及民族性与世界性的统一。②

其三，中国式现代化推动实现物质文明和精神文明的协调发展。仓廪实而知礼节，衣食足而知荣辱。物质文明和精神文明的高度发展，是实现现代化的必然要求，具有一定的普遍意义；对于中国而言，随着告别"匮乏经济"，人民生活水平的提高以及绝对贫困的历史性的消除，人民得到更为优质的精神文化产品的愿望日益迫切，同时，随着改革开放的深化，思想文化和意识形态领域的问题也逐渐暴露出来。"中国特色社会主义是全面发展、全面进步的伟大事业，没有社会主义文化繁荣发展，就没有社会主义现代化。"③ 中国式现代化需要既重视物质文明建设，也重视精神文明建设，发展社会主义先进文化，丰富人民精神生活，推动树立文化自信，充分发挥文化对于高质量发展的重要支点作用，为战胜前进道路上可能遇到的各种风险挑战提供源源不断的精神力量。

其四，中国式现代化谋求人与自然的和谐共生。中华民族自古以来就有尊重自然规律、维持生态平衡的传统，这种文化理念接续传承并深刻反映在中国民众日常的生产和生活之中，形成了具有民族特色的历法、思维习惯、建筑风格等。人类在推进现代化的过程中，曾一度不加考虑自然环境破坏带来的严重后果，抱着"征服自然"的想法，过度提取自然资源，对生态环境造成了难以挽回的危害。党的二十大报告强调："人与自然是生命共同体，无止境地向自然索取甚至破坏自然必然会遭到大自然的报复。"④ 中国式现代化，一方面继承并发展了中国传统自然观和生态观，另一方面也吸取了国内外现代化实践中处理人与自然关系的正反两方面经验教训，面向解决中国生态文明建设出现的突出问题，致力于实现中华民族的永续发展。

其五，中国式现代化反映了中华民族爱好和平、反对侵略，独立自

① 《中国共产党第二十次全国代表大会文件汇编》，人民出版社，2022，第19页。
② 唐鑫：《正确理解共同富裕理论内涵的四维审视》，《社会主义研究》2022年第2期。
③ 《习近平谈治国理政》第4卷，外文出版社，2022，第309页。
④ 《中国共产党第二十次全国代表大会文件汇编》，人民出版社，2022，第19页。

主、坚强不屈，开放包容、兼收并蓄的民族品格。中国式现代化拒绝武力扩张和剥削压迫，其中一个重要原因就是中国人民和中华民族饱受战争苦难，懂得和平的可贵。综观中国古代历史，秦朝统一六国以来，大一统的总体和平时期是占据主导的，经历过汉朝、唐朝、明朝、清朝等典型的大一统王朝；不过在大一统王朝之间，往往是有一段不短的战乱割据时期，如魏晋南北朝、五代十国等。在"分久必合，合久必分"的历史更替中，中华民族逐渐形成了向往团结、热爱和平的品格。近代的中国历史，既是一部遭到帝国主义列强剥削压迫的苦难史，也是一部中华民族反抗侵略，最终实现国家独立、人民解放的奋斗史，中华民族在这一过程中锤炼出了独立自主、坚强不屈的意志品质。中华民族发展的全过程，还体现着吸纳各民族、各文明的优秀成果，加强不同民族、不同文明之间交流互鉴的品格。

总之，中国式现代化的五大特征，固然包括和体现着现代化的一般特点，但更值得注意和发掘的，则是这些特征所体现的中国特色。这些特征反映出了中国式现代化扎根于中华大地的坚实基础，包含着在中国建设社会主义的规律性总结和深邃思考，体现着中华民族和中国人民在漫长的发展历史中形成的独特民族精神。

三 中国式现代化是面向和解决人类共同问题的现代化

党的二十大报告指出："科学社会主义在二十一世纪的中国焕发出新的蓬勃生机，中国式现代化为人类实现现代化提供了新的选择，中国共产党和中国人民为解决人类面临的共同问题提供更多更好的中国智慧、中国方案、中国力量，为人类和平与发展崇高事业作出新的更大的贡献！"[1] 中国式现代化不仅是立足中国实际、解决中国问题的产物，也是立足时代特点、面向人类文明发展的结果。中国式现代化瞄准人类社会当前面临的共同问题，也能够被其他国家借鉴参考，中国在推动中国式现代化的过程中，也必然会为人类文明的进步贡献更大的力量。

---

① 《中国共产党第二十次全国代表大会文件汇编》，人民出版社，2022，第13~14页。

（一）中国式现代化为解决人类共同问题提供了中国智慧

当前，人们处在一个既充满机遇又充满风险挑战的世界中。党的二十大报告对如今的国际形势作了准确的概括："世界百年未有之大变局加速演进，新一轮科技革命和产业变革深入发展，国际力量对比深刻调整，我国发展面临新的战略机遇。同时，世纪疫情影响深远，逆全球化思潮抬头，单边主义、保护主义明显上升，世界经济复苏乏力，局部冲突和动荡频发，全球性问题加剧，世界进入新的动荡变革期。"[①]

一方面，科学技术发展日新月异，世界面貌发生巨大改变。我国在人工智能、移动互联网、基因与生物工程等领域的创新成果层出不穷，得到全世界的关注；由于 5G 通信技术和设施的建立以及各类智能设备的普及，社会的生产生活方式正在发生巨大的变化，新的产业链、管理方式、生活习惯逐渐形成，推动着生产力、生产关系与经济基础、上层建筑的深刻变革。

另一方面，世界面临诸多风险挑战。在经济发展上，2008 年金融危机以来，全球经济复苏和增长乏力，2020 年新冠疫情大流行的冲击，更是使得世界经济陷入萧条，部分发达资本主义国家出于维护自身利益，力主推动"逆全球化"，实行单边主义、保护主义，以各种借口对新兴经济体实行打压和制裁。在人民生活上，疫情和经济萧条对民众特别是贫困人群的生活水平和质量造成严重冲击，而世界贫富差距进一步拉大，最富有的阶层经历了疫情，其财富总量不降反升。[②] 在政治局势上，少数西方国家仍旧固守"冷战"思维，推行霸权主义和强权政治，加剧和激化地缘政治危机；一些发达资本主义国家内部出现政坛"地震"，持极右反体制观点主张的政治势力异军突起，俄乌冲突、巴以冲突等重大事件，成为影响全球政治经济格局走向的因素。

我国总结了现代化过程中的经验教训，能够为解决人类共同问题提供智慧。中国曾是一个发展水平较低、贫困人口众多的国家，实践已经证

---

① 《中国共产党第二十次全国代表大会文件汇编》，人民出版社，2022，第 21~22 页。

② 参见 Oxfam, "The Inequality Virus," Oxfam Briefing Paper, 2021.

明，中国式现代化不仅使中国彻底改变了落后面貌，还令数亿中国民众摆脱贫困，探索出了开发式扶贫、精准扶贫等有效路径；中国在发展中也曾一度面临突出的人与自然的矛盾，经过长期努力，特别是新时代以来，中国采取了一系列措施进行生态文明建设，生态环境得到显著改善，"绿水青山就是金山银山"的绿色发展理念深入人心；中国是经济全球化的坚定推动者，不断推动对外开放走向深入；面对新冠疫情，中国的疫情防控政策体现了人民至上、生命至上的原则立场。这些经验固然是以中国实际为基础的，但这并不等于这些经验只能适用于中国，是一种"中国例外"；中国式现代化之中的理论和实践经验，对于维护世界和平、促进共同发展，对于那些希望独立自主实现本国现代化的发展中国家，以及那些饱受战乱、贫困、环境污染、重大传染病流行等问题困扰的国家和地区，具有很强的借鉴意义。

（二）中国式现代化为解决人类共同问题贡献了中国方案

当前世界面临的种种问题，从某种程度上说就是资本主义生产方式下难以解决的资本主义基本矛盾所造成的。资本主义生产方式曾经在解放和发展生产力方面起到了十分重要的作用，必须承认，资本主义生产方式时至今日仍然能够发挥某些积极作用，但伴随而来的则是贫富两极分化和周期性经济危机两大痼疾日益广泛化、严重化。马克思正确地指出："生产剩余价值或赚钱，是这个生产方式的绝对规律。"[①] 资本逻辑的内在扩张冲动，试图将社会各个方面都纳入其统治之下，或者说是要将一切问题都变为效益最大化的问题。资本主义生产方式将劳动力变为商品，而按照卡尔·波兰尼的观点，"把劳动和生活中的其他活动分开，使之受市场法则的支配，实际上就是摧毁所有生命的有机形式，并以另一种不同形态——一种原子式、个体主义式的形态——之组织来取代它"[②]。而原子化、个体化的人，同人的自由全面发展的状态渐行渐远。在资本主义国家看来，

---

① 《马克思恩格斯文集》第 5 卷，人民出版社，2009，第 714 页。
② 〔英〕卡尔·波兰尼：《巨变：当代政治与经济的起源》，黄树民译，社会科学文献出版社，2017，第 238 页。

关乎人类文明发展的重大传染病防治、生态环境保护等，只有在有利可图的前提下才是应当受到关注的事情。过去由资本主义所开创的现代化发展方式，面对当前的人类共同问题，不仅不断暴露出其无能，甚至反过来成为加剧这些矛盾的原因。

中国式现代化是对旧的资本主义现代化的超越，为解决人类共同问题提供了中国方案。有学者研究指出，中国式现代化在发展动力、制度保障、价值基础、发展进程和交往原则五个方面上，相较于西方资本主义现代化具有无可比拟的优势特点。① 推动构建人类命运共同体，创造人类文明新形态，是中国式现代化的本质要求，也是中国为世界贡献出的中国方案。人类命运共同体的愿景，是要推动建设一个持久和平、普遍安全、共同繁荣、开放包容、清洁美丽的世界，体现着和平、发展、公平、正义、民主、自由的全人类共同价值，有针对性地瞄准解决当前困扰人类文明进步的共同问题。需要清醒认识到，构建人类命运共同体的中国方案，并不是超越一切意识形态的思想主张，而是当前具体社会历史条件下的产物，具有鲜明的社会主义性质，其构建必然是一个全世界各国、各民族为共同解决人类共同问题而斗争的过程。②

（三）中国式现代化为解决人类共同问题输送了中国力量

党的二十大报告强调："中国共产党是为中国人民谋幸福、为中华民族谋复兴的党，也是为人类谋进步、为世界谋大同的党。"③ 中国的繁荣离不开世界，世界的发展也离不开中国。作为世界上最大的发展中国家和社会主义国家，中国如今的综合国力和国际地位都要求中国需要在国际舞台上发挥更大作用，中国式现代化会为世界解决共同问题源源不断地输送中国力量。

一方面，中国有责任推动世界社会主义事业和国际共产主义运动的发

① 王艺苑、蒋明敏：《中国式现代化新道路的鲜明特征和世界意义》，《学海》2022年第5期。
② 唐鑫：《理解人类命运共同体需要纠正的三种错误认识》，《思想理论教育》2018年第11期。
③ 《中国共产党第二十次全国代表大会文件汇编》，人民出版社，2022，第18页。

展。中国是中国共产党领导的社会主义国家，中国的社会主义现代化建设事业始终是国际共产主义运动的组成部分。中国的工业化、现代化曾受到来自国际共产主义运动的真诚帮助，而在国际共产主义运动仍旧处于低潮的今天，中国共产党人不仅要将自己的国家建设好、发展好，也要为世界其他马克思主义政党和社会主义国家提供力所能及的支持和帮助。习近平总书记指出："据统计，目前世界上约有 100 多个国家中 130 多个政党仍保持共产党名称或坚持马克思主义性质。广大发展中国家对中国投以羡慕的眼光，纷纷表示要向中国学习治国理政经验。中国特色社会主义正成为21 世纪科学社会主义发展的旗帜，成为振兴世界社会主义的中流砥柱，我们党有责任、有信心、有能力为科学社会主义新发展作出更大历史贡献。"① 中国可以继续加强同越南、古巴、老挝、朝鲜等社会主义国家的关系，巩固和发扬"同志加兄弟"的友谊，开展广泛合作，共同推动本国社会主义现代化事业的发展；中国可以加强同其他国家马克思主义政党和进步力量的交流，介绍中国社会主义现代化建设中的成功经验，在相互尊重的基础上就马克思主义理论和实践展开研讨。

另一方面，中国有责任为世界和平与发展作出更大贡献。当前，和平问题和发展问题的解决依然困难重重，特别是为数众多的发展中国家在实现现代化的道路中艰难探索，试图摆脱"发展陷阱"。应该说，中国式现代化为广大发展中国家提供了一种全新选择，因为新中国在实现现代化的过程中，不仅没有进行殖民掠夺，而且没有引起大规模的社会动荡，同时在不长的时间里取得了辉煌成就。中国应重视对中国式现代化的理论阐释，主动向那些希望借鉴中国式现代化的国家介绍成功经验；中国还应通过共建"一带一路"等，为广大发展中国家提供必要的资金、技术、人才支持，增强其经济自立自主的能力，协助推进这些国家的现代化进程；中国应倡导多边主义，站稳反对霸权主义、强权政治的立场，在处理国际地区事务之中发挥更加积极的作用，维护世界的和平与安全；中国应深度参与到国际减贫、打击恐怖主义等事业之中，与世界各国一道，为推动解决人类共同问题而作出更大贡献。

---

① 习近平：《坚持和发展中国特色社会主义要一以贯之》，《求是》2022 年第 18 期。

新时代美好生活方式与中华优秀传统文化的互适互构

梁　红　何飞澜[*]

（华中科技大学马克思主义学院，武汉）

摘　要：随着中国式现代化迈向新征程，传统文化与生活方式的关系从以拒斥影响、单向涵养为主，逐步走向互适互构。建构新时代美好生活方式、满足人民对美好生活的向往，需要在"尊古不复古，守正不守旧"中实现传统文化的传承发展，在与"历史终结论""西方中心论"的抗衡中保持"以人民为中心"的中国特色社会主义本质特征，在中华优秀传统文化与马克思主义的"第二个结合"过程中夯实中国式现代化的文化根基，以建构美好生活方式践行社会主义核心价值观。中华优秀传统文化在新时代美好生活方式建构中的作用凸显，通过新时代生活方式变革的价值引导、突破单向逻辑、规制传统文化发展边界等促进传统文化与生活方式的互适互构，共同创造中华优秀传统文化与新时代美好生活方式更加融合的人类文明新形态。

关键词：中华优秀传统文化；美好生活方式；新时代；互适互构

2023年6月，习近平总书记在文化传承发展座谈会上发表重要讲话时指出："对历史最好的继承就是创造新的历史，对人类文明最大的礼敬就

---

*　梁红，华中科技大学马克思主义学院教授；何飞澜，华中科技大学马克思主义学院博士研究生。

是创造人类文明新形态。"①"中华优秀传统文化"作为"中国式现代化生活方式"的生成土壤与栽培工具，快速推进着新时代美好生活方式的生长与构建，以博大精深的文化底蕴涵养着人民群众的物质生活和精神生活。"唯一不变的是变化"，中华优秀传统文化与新时代的生活方式都不得不直面新时代带来的挑战及问题。

一　传统文化与生活方式：演变脉络

中华优秀传统文化是多元一体的中华民族在长期的历史进程中，以人的美好生存与发展为出发点，追问世界真理，探求身与心、人与人、群与群、个人与家国、人类与自然的和谐有序，在坚持以我为主、开放沟通的基本格局中，不断产生和经受锤炼的思想文化结晶，是我们在中国式现代化新征程中构筑美好生活方式的信心与底气。中国共产党一直都以创造人民的美好生活为使命，因而对于美好生活方式的内涵，在不同的历史时期都有着次第深入的演进。

（一）传统文化变革与生活方式变革双向驱动

中华优秀传统文化为美好生活方式提供了滋养，美好生活方式同样引导中华优秀传统文化完成了蜕变，二者实现了双向驱动。回顾新民主主义革命、社会主义建设与改革开放历程，不难发现，生活方式与传统文化的关系是逐步演变的，中华优秀传统文化在生活方式建构中的作用逐步凸显，从以拒斥影响为主，到以单向涵养为主，在新时代中华优秀传统文化与生活方式逐步走向互适互构。

1. 新民主主义革命时期的拒斥影响

在新民主主义革命时期，人民对于美好生活的追求，受到了传统文化中为封建统治服务的"不良成分"的阻碍。例如，20世纪二三十年代在实现"耕者有其田"这一美好生活愿景的土地革命过程中，曾出现过"土籍"和"客籍"冲突的矛盾，也出现过不同姓氏宗族之间的矛盾，还

---

① 习近平：《在文化传承发展座谈会上的讲话》，《人民日报》2023年9月1日。

出现过地方政治派系之间的矛盾。① 这些矛盾背后是以强调"忠孝仁义"的儒家文化作为基质构成的成套道德秩序及其衍生出来的宗族观念。还比如，当时仍有许多百姓在脑海里想象出一个"好皇帝"，好让这种吃粮纳捐的"美好生活"得以延续，这也成为"张勋复辟"等闹剧能够发生的历史背景和条件。② 这种"君君臣臣父父子子"的规训根植于百姓心中，这导致他们无法理解先进的思想文化，只能被动地接受传统文化中的文化传统，这在很大程度上阻碍了人民美好生活的实现。

在这一时间段，传统文化相对于生活方式是一种宰治的状态，传统文化中的文化传统极大地限制了人们对于美好生活的想象。作为传统文化的中介，文化传统，譬如祭祀、礼节、节日、风俗等，都以相对通俗的形式影响民众。文化传统本质上是一套相对固定的行为模式和行为规范，也暗含了对于"美好生活是什么"的规定，譬如"多子多福""风调雨顺"等传统的思想观念。对于绝大部分民众来说，因为受教育程度不高，其并不处于一种有觉知的状态，只是被动地接受为群体所接受的文化。对于这些文化传统，他们通常是从"祈福""保平安"等最朴实的愿望出发来理解的，对此缺乏深入思考，以至于文化传统对他们来说不是作为一种可以选择的行为模式而存在，而是作为人们做出某种行为和不做出某种行为的行为准则，符合传统文化则意味着满足了群体的期望，反之则意味着反叛了群体的期望，因为百姓无法脱离这一套行为准则去想象，所以才会有"皇帝用金锄头"这样让人啼笑皆非的故事，这些都成为美好生活实现的阻碍。

2. 社会主义建设时期的单向涵养

在社会主义建设时期，人们对于生活方式的建构完成了对传统文化桎梏的超越，开始自主地、有意识地汲取传统文化中的养分。毛泽东指出："从孔夫子到孙中山，我们应当给以总结，承继这一份珍贵的遗产。"③ 1956 年 9 月，《中国共产党第八次全国代表大会关于政治报告的决议》指

---

① 饶伟新：《论土地革命时期赣南农村的社会矛盾——历史人类学视野下的中国土地革命史研究》，《厦门大学学报》（哲学社会科学版）2004 年第 5 期。
② 姜军、乔夏阳：《近代农村文化发展及对新民主主义革命的影响》，《西北农林科技大学学报》（社会科学版）2017 年第 4 期。
③ 《毛泽东选集》第 2 卷，人民出版社，1991，第 534 页。

出："我们国内的主要矛盾，已经是人民对于建立先进的工业国的要求同落后的农业国的现实之间的矛盾，已经是人民对于经济文化迅速发展的需要同当前经济文化不能满足人民需要的状况之间的矛盾。"[①] 在这一强调"破旧立新"的历史时期，既有"古为今用，洋为中用""百花齐放，百家争鸣"的伟大尝试，也曾误入了对于传统文化进行破坏的"火烧孔家店"的歧途。传统文化不再是生活方式的前提，人民可以根据自身需要有选择性地汲取传统文化中的精华。改革开放以后，提出了"三步走"战略，"小康生活"成为美好生活的建设目标。"小康"一词，出自《诗经·大雅·民劳》中的"民亦劳止，汔可小康"，精准形象地反映了百姓对安定生活的向往。1981 年 6 月，党的十一届六中全会通过了《关于建国以来党的若干历史问题的决议》，指出："在社会主义改造基本完成以后，我国所要解决的主要矛盾，是人民日益增长的物质文化需要同落后的社会生产之间的矛盾。"[②] 这一时期，我国坚持以经济建设为中心，大力发展生产力，全国人民都朝着现代化的"小康生活"迈进。随着我国经济社会的发展，人民群众的物质生活水平大大提升，人民过上美好生活成为必将实现、不可阻挡的历史趋势，传统文化不再对生活方式的建构起到决定性的影响作用，而是生活方式"有意识地"根据自身需求汲取中华优秀传统文化的养分。

3. 在新时代中走向互适互构

进入新时代，美好生活方式与中华优秀传统文化之间的关系从单方面的涵养，逐步转化为互相适应、互相构建。一方面，美好生活方式的构建厚植于中华优秀传统文化。随着我国的综合国力不断提升，人民群众的物质生活和精神生活迈上了一个新台阶，也意味着对于生活方式的追求，正在从"小康生活"升华为"美好生活"。党的十九大报告指出："中国特色社会主义进入新时代，我国社会主要矛盾已经转化为人民日益增长的美好生活需要和不平衡不充分的发展之间的矛盾。"[③] 习近平总书

---

① 《中共中央文件选集（1949 年 10 月—1966 年 5 月）》第 24 册，人民出版社，2013，第 248 页。
② 《全面建成小康社会重要文献选编》（上），人民出版社、新华出版社，2022，第 24 页。
③ 习近平：《决胜全面建成小康社会 夺取新时代中国特色社会主义伟大胜利——在中国共产党第十九次全国代表大会上的报告》，人民出版社，2017，第 11 页。

记指出："我们的人民热爱生活，期盼有更好的教育、更稳定的工作、更满意的收入、更可靠的社会保障、更高水平的医疗卫生服务、更舒适的居住条件、更优美的环境，期盼孩子们能成长得更好、工作得更好、生活得更好。人民对美好生活的向往，就是我们的奋斗目标。"① 美好生活方式是中国式现代化的鲜明标识，是具有中国特色、中国气派的美好意象，其本身的构建需要中华优秀传统文化的涵养。"周虽旧邦，其命维新"，中华文化固然随时更化，但它有一以贯之的精神，这是中华民族及其文化可大可久的根据。② 另一方面，美好生活方式也在形塑着中华优秀传统文化。所谓优秀，指的是积极向上的组成部分，因而，要对美好生活方式这一概念的内核进行深入理解，并根据其内在要求对传统文化进行萃取，提炼出符合当前美好生活需求的优秀传统文化。在这一过程中，传统文化通过与人民美好生活需求相结合，也完成了自身的去芜存菁，从而具有了新形态。

总之，中华优秀传统文化在新民主主义革命和社会主义建设中扮演重要角色，新时代美好生活方式的变革催生对传统文化的新诉求，传统文化以价值观传承、发展、弘扬等功能转变回应这种诉求，中国式现代化将进一步重构新时代美好生活方式的形态与功能，为中华优秀传统文化的传承发展带来新的机遇。

（二）中华优秀传统文化与新时代美好生活方式研究的脉络

随着经济、科技的发展和社会制度的变革，学界对于美好生活方式的认知在不断深化。马克思在《1844 年经济学哲学手稿》和《德意志意识形态》中提到了"生产生活"、"肉体生活"和"精神生活"的生活要素，以及"生活方式"这一概念，并且将生活所需视为人类历史发展的基本前提。近年来，诸多学者对生活方式展开深入研究。有学者将新时代美好生活理解为一种积极、健康、稳定而又可持续的生活方式。③ 有学者从美好

① 《习近平总书记系列重要讲话读本》，人民出版社、学习出版社，2014，第 108 页。
② 郭齐勇：《中国哲学的自信与使命担当》，《光明日报》2023 年 7 月 12 日。
③ 欧阳康、熊翔宇：《新时代美好生活的本质要义、建构逻辑与实践方案》，《湖北社会科学》2019 年第 5 期。

生活方式的内在构成来理解美好生活方式，即从人的需求、生存方式、文化层面等各个方面来理解美好生活方式。[①] 随着时代发展与人们精神需求的提升，美好生活方式的具体内涵也在进一步丰富，从包含绿色生活方式、合理消费方式、自由生活方式与劳动生活方式等浅层次需求进一步深化，[②] 发展为更强调建构现代精神世界、塑造现代的文化品格的重要性。[③] 美好生活方式的内涵进一步扩展，被厘定为感性生活的物质之基、德性生活的伦理之维以及主体性发展的超越之维。[④]

同样的，近年来学界对于"中华优秀传统文化"的理解也愈益深刻，意识到这个概念是复杂和变化的，其本身包含了广泛的内容和多样的解释，同时也受到时代和社会发展的影响。不论是从文明比较的角度，还是五千年民族交融、文化融合的角度，学者们多将中华优秀传统文化与我国各民族古往今来融合形成的灵性、心理、思想与行为方式、价值取向、和平与和谐的民族性格相关联。[⑤] 当前，对中华优秀传统文化的思考多集中于内容概念、具体结构、现实意义、传承路径等方面。在传统文化的地位与价值方面，学界普遍认同优秀传统文化是中国人独特的文化基因与精神标识，又凝聚着人类生存、繁衍、发展的深湛智慧。不论是从现代化的视角，还是基于道德实践与政治实践等视角，学者们都认同传统文化的重要价值，将传统文化厘定为经受锤炼的思想文化结晶。[⑥] 当今，构建人类命运共同体是大势所趋，人们越来越意识到对优秀传统文化的精神血脉的认同、回归和传递的重要性。学者们将中国社会表现出来的对自身传统文化的认同，总结为一场对传统文化的复兴运动。这一复兴运动既包括对中国文化的源头进行回顾，又表现为融摄其他优秀文明，在兼容并包的基础

---

① 王雅林：《从生活出发诠释社会意蕴——论费孝通教授对社会学的重大理论贡献》，《哈尔滨工业大学学报》（社会科学版）2012 年第 5 期。
② 黄一玲：《生活方式变革与美好生活的建构》，《马克思主义研究》2021 年第 5 期。
③ 项久雨：《创造美好生活的人类文明新形态》，《教学与研究》2022 年第 10 期。
④ 李霞：《新时代美好生活方式的人的全面发展尺度》，《山东社会科学》2021 年第 10 期。
⑤ 郭齐勇：《中华传统和谐文化资源的创造转化》，载王才、张荣芳、纪宗安主编《中华文化与和谐社会建设》，暨南大学出版社，2008，第 10 页。
⑥ 于春海、杨昊：《中华优秀传统文化教育的主要内容与体系构建》，《重庆社会科学》2014 年第 10 期。

上，开创人类文明新形态。① 构建美好生活方式的具体意涵需要中华优秀传统文化的涵养已经成为学界的基本共识，但它们之间是如何作用、如何相互影响的，尚有待进一步研究与探析。从目前来看，已有相关研究已在三个方面达成共识。第一，构建美好生活方式是一个围绕人民需要重心变化的动态过程，其主体是人民。毛泽东曾在《关于正确处理人民内部矛盾的问题》中指出："人民这个概念在不同的国家和各个国家的不同的历史时期，有着不同的内容。"② 所以，人作为社会关系的总和，必须将其放到阶级关系和政治关系中去理解。③ 因而，"人民"这一概念指向的是中华民族。中华文化是中华民族的灵魂，是中华民族生生不息、走向繁荣的精神支柱和智慧源泉。④ 中华优秀传统文化，是中国传统文化的精华所在、精神所在、气魄所在，是体现民族精神的价值内涵。⑤ 第二，新时代文化建设要发掘中华优秀传统文化的人文精神，"国民之魂，文化予之；国民之魄，文化铸之"。人民美好生活方式的构建具有深厚的中华优秀传统文化根基，《尚书》中就曾用"五福"阐述先人所理解的美好生活包含的五个方面，个人完善、天下大同、宇宙和谐，也是中华优秀传统文化给美好生活奠定的三维基础。⑥ 还有学者从社会、自然和精神维度分析中国传统文化当中的美好生活，提出"大同世界""桃源理想""净土信仰"分别代表了中国传统文化中的儒、释、道对于美好生活的理论思想，是重要的文化资源。⑦ 第三，以新时代美好生活方式为切入点来把握中华优秀传统文化的深刻内涵，其中蕴含的哲理、事理、政理，需在历史唯物主义和辩证唯物主义的世界观方法论的观照之下进行辨析，需要以传统文化重塑未来生活方式建构的发展目标和价值观，需要加强两者间的

① 郭齐勇：《〈南朝儒学思想研究〉书评》，《中国社会科学报》2023年2月15日，第11版。
② 《毛泽东文集》第7卷，人民出版社，1993，第205页。
③ 韩喜平、巩瑞波：《"以人民为中心"三个问题的理论界说》，《湖北社会科学》2018年第11期。
④ 秦宣：《关于增强中华文化认同的几点思考》，《中国特色社会主义研究》2010年第6期。
⑤ 李宗桂：《试论中国优秀传统文化的内涵》，《学术研究》2013年第11期。
⑥ 江畅：《读懂人民美好生活的意蕴》，《时代邮刊》2018年第23期。
⑦ 何艳珊：《乡愁乌托邦的文化基础——"美好生活"建设的中国传统文化资源》，《民族艺术》2018年第6期。

交互作用，跨越学术、社会、国家等界限，进行开拓性基础研究和变革，关注能造福人类的文明新形态与研究力量。在对人与世界的普遍思考及对自身特殊历史境遇的深切体会中，通过历史比较、中外比较和案例分析发现规律，将其与当代社会问题相结合，为实现美好生活方式提供理论依据和路径。

总之，研究者从关注生活方式对传统文化的挑战或传统文化对生活方式的影响这类单向度研究，开始转向关注传统文化与生活方式变革之间的协同发展和关系重构等领域，从关注传统文化、美好生活等综合概念逐步转向关注新时代美好生活领域。

二 传统文化重构生活方式：新态势与新挑战

传统文化保留超然世外的冷静洞察，不断融入社会，却仍带有传统色彩，以相对保守姿态对待社会变化。今天传统文化之于生活方式变革，早已不再是简单的涵养辅助，也不是单向文化传承，而是以全面、深刻、快速姿态"渗透"，对新时代美好生活方式施以全面影响。因此，如何将传统文化与新时代的需求和现实相结合，以及传统文化如何适应和引领新时代的变革，是亟待解答的问题。通过深入挖掘传统文化中的智慧和价值观念，以及将其与当代构建美好生活的需求相结合的方式，来理解传统文化对于塑造美好生活方式的具体作用和影响。

（一）传统文化重构生活方式的新态势

1. 传统文化的传承创新依托生活方式这个富含生命的载体

传承与创新中华优秀传统文化以人们的生活方式为基础和载体。正如马克思所说，"人们的存在就是他们的现实生活过程"[①]。生活方式作为一个丰富多彩的生命表现形式，不仅体现了人们的日常行为模式，还包括了价值观念、社会关系、文化习惯等方方面面，从而为中华优秀传统文化的传承和创新提供了广泛而深厚的土壤。中华传统文化中的哲思围绕着生命

---

① 马克思、恩格斯：《德意志意识形态（节选本）》，人民出版社，2018，第17页。

展开，不是与人的生活不相干的教条，而是把自然看作与人融通为一体的存在，中国人依照这样的哲学而生活、实践，传统文化的传承创新也需要依托生活方式这个富含生命的载体。

传承生活方式是中华优秀传统文化传承最重要的途径。在我国人民的日常生活中，习俗、仪式、节日、饮食、服饰等因素都承载着丰富的文化内涵。生活方式不仅仅是一种外在的行为，更是传统文化内核的表达，通过日常生活方式的不断传承，中华优秀传统文化不断焕发新的生命力，变得生动而富有意义。同时，生活方式也是传统文化创新的基础。迈入新时代，我国人民对于生活方式有了新的需求和理解，从而催生出对于中华优秀传统文化的创新和演变的需求。需要根据人民对美好生活的新需求，对传统文化有鉴别地加以对待，提炼出能服务于人民、服务于社会主义事业的优秀文化。例如，与"文旅体"相融合的全国龙舟竞渡活动、贵州台盘的村BA、榕江县村超足球赛等，都是根据不同地区、群体的特征和需求，挖掘和发扬具有当地特色的传统文化资源，将民族传统体育的多样性和地域性，与人民群众对于美好生活方式的需求结合起来，所创造出的美好生活方式的新形态。生活方式的多样性也促进了不同文化的交流与融合。在当今多元文化的环境下，人们的生活方式愈加多元，不同地域、民族、文化背景的人们相互交往，各种传统文化在这种交流中得以融合和共生。此外，生活方式也为传统文化的创新提供了源泉，通过解读、演绎和融合，为传统文化赋予新的内涵和活力。生活方式不仅是传统文化的呈现形式，更是一个充满创造力和可能性的平台，为传统文化的传承与发展带来了更加广阔的前景。

2. "两个结合"的时代趋势

"两个结合"是对理论创新历史经验的深刻总结、对理论发展规律的深刻揭示，鲜明地反映了中国共产党在理论上的自觉和文化上的自信。"只有把马克思主义基本原理同中国具体实际相结合、同中华优秀传统文化相结合，坚持运用辩证唯物主义和历史唯物主义，才能正确回答时代和实践提出的重大问题。"① 美好生活方式的建构需求，不仅仅是中国具体

---

① 习近平：《高举中国特色社会主义伟大旗帜 为全面建设社会主义现代化国家而团结奋斗——在中国共产党第二十次全国代表大会上的报告》，人民出版社，2022，第17页。

实际的精准反映，还是中国特色社会主义理论体系的关键内容，更是新时代发展马克思主义的突破点和发力点。

将美好生活方式同中华优秀传统文化结合起来，符合"两个结合"的必然趋势。一方面，将美好生活方式与中华优秀传统文化结合，能更好地回答如何构建新时代美好生活方式的现实问题。美好生活方式的构建需要充分运用中华优秀传统文化的智慧来解决现实问题。"中华民族有着深厚文化传统，形成了富有特色的思想体系，体现了中国人几千年来积累的知识智慧和理性思辨。这是我国的独特优势。"① 中国的优秀传统思想是中国人民千百年来智慧的结晶，不仅在过去塑造了中华民族的文化底蕴，更在构建美好生活方式的过程中展示出深刻的价值。儒家思想呼唤着仁爱、孝悌等，将人与人之间的情感紧密联结，为家庭的温馨和社会的和谐奠定了基础；道家思想推崇顺应自然规律，启示着在现代喧嚣中保持内心平静，追求自我和谐与社会和谐的境界；法家思想注重法治，强调"以法治官"和社会的秩序，为现代社会提供了建设公平、透明的法治体系的价值指引。这些优秀传统文化如同明灯，不仅指引了当前美好生活的构建，还为社会主义事业建设注入了磅礴的能量。另一方面，将美好生活方式与中华优秀传统文化相结合，还能推进马克思主义理论的发展，焕发新的活力。美好生活方式这一概念，本就是马克思主义中国化理论的重要组成。美好生活方式与中华优秀传统文化相结合，既是立足中国实际对马克思主义的创新性发展，还是在坚持走中国特色社会主义道路的基础上，通过更深入地挖掘、提炼中华优秀传统文化的养分，使得马克思主义能深深扎根于中国人民的日常生活的不懈努力。

3. 优秀传统文化契合社会主义核心价值观

中国共产党一直都以"人民对美好生活的向往"为奋斗目标，秉持"人民至上"的执政理念，开创了社会主义核心价值观理论体系，在新时代，不断引导人们树立正确的人生观、价值观，塑造良好的人格品质、提高审美情趣和文化修养，促进个人身心健康和全面发展，维护社会公序良

---

① 习近平：《在哲学社会科学工作座谈会上的讲话》，人民出版社，2016，第17页。

俗和促进人际和谐。党的二十大报告提出:"中华优秀传统文化源远流长、博大精深,是中华文明的智慧结晶,其中蕴含的天下为公、民为邦本、为政以德、革故鼎新、任人唯贤、天人合一、自强不息、厚德载物、讲信修睦、亲仁善邻等,是中国人民在长期生产生活中积累的宇宙观、天下观、社会观、道德观的重要体现,同科学社会主义价值观主张具有高度契合性。"① 中华优秀传统文化博大精深,有丰沛的价值意涵,包含了质朴、坚实、仁爱等宝贵的价值观,传承、发展延续至今,仍然对人们的生活有着潜移默化的影响,对于社会主义核心价值观融入百姓生活有着重要作用,通过"君子品格""家风""民风"涵养构建美好生活方式的个人、家庭、社会三主体。

首先,中国传统文化强调"君子品格",鼓励人们追求高尚的道德和遵从行为准则。"君子"不仅是对有道德的人的称呼,更是一种品德追求,强调在人格修养上做到"仁、义、礼、智、信"。这种对于品格的追求,世世代代引导人们树立正确的人生观和价值观,塑造出更加高尚、坚韧的人格,相应的追求也会外化为个人在日常生活中的行为。譬如,学习"琴棋书画""诗词歌赋"都是君子培养品格的途径,同时也是优秀传统文化中所倡导的美好生活方式。"梅兰竹菊"分别代表了傲骨、清幽、坚韧、淡泊等意义,提醒人们在尘世生活中要保持内心的宁静致远,在家中栽种"梅兰竹菊"这一行为本身也能带给人恬静的感觉,还极大地回应了人民群众对于美好生活的向往。其次,传统文化注重家风的培育,认为家庭是道德教育的最基本场所。家庭是价值观传承的起点,良好的家风不仅能够对个人的行为和思想产生积极影响,也对整个社会的道德风尚产生积极影响。"为亲负米""孔融让梨"等典故,蕴含了孝顺、谦让等美好的道德品质,为千百年来我国家庭生活提供了价值典范,对当前传承和培育家风有着积极的影响。最后,中国传统文化强调优良民风的培养,重视发挥民主、法治、道德在国家治理中的重要功能。比如,商鞅徙木为信,通过实践诺言的质朴方式,提升了民众对于法律条令的信任度。

---

① 习近平:《高举中国特色社会主义伟大旗帜　为全面建设社会主义现代化国家而团结奋斗——在中国共产党第二十次全国代表大会上的报告》,人民出版社,2022,第18页。

（二）传统文化重构生活方式面临的新挑战

1. 如何在"尊古不复古，守正不守旧"中实现传统文化的传承发展

在实现传统文化的传承发展过程中，"尊古不复古，守正不守旧"的原则被提出，该原则强调在尊重传统的基础上，通过守正和创新两个方面，将传统文化融入当代社会。习近平指出："不忘本来才能开辟未来，善于继承才能更好创新。"① 当代传统文化的传承发展面临着一系列时代的挑战。

首先，如何识别传统文化中有益于美好生活方式构建的内容，做到去芜存菁，是当前面临的新挑战。消除商业化和泛娱乐化对传统文化的影响成为传承的一大挑战，一些传统文化元素被用于商业宣传，其真正的内涵被淡化。此外，尽管科技的发展给人们提供了更多了解传统文化的途径，但人们也容易受到虚假信息、碎片化知识的影响，可能导致其对传统文化认知的片面和不准确。譬如，在自媒体时代，很多曲解经典的短视频流传甚广，使得经典被误解为"厚黑学"等具有负面色彩、迎合群众猎奇心理的内容。如何正确地理解、识别传统文化中的优秀内容，摒弃掉其中不良的成分，是亟待解决的重要问题。其次，如何在保留其精神实质的基础上，对于优秀传统文化的形式进行创新。传统文化的传承往往与社会的发展密切相关，随着社会变迁的加剧，传统文化面临着式微的现实境况。社会发展使人们的生活方式发生改变，传统文化的生存空间受到挤压。现代社会的快节奏生活和消费主义使人们更加注重实用和外在的表象，而不是深度思考和内化传统文化的精髓，使优秀传统文化的深刻内涵难以在生活中被体现和传承。

尽管面临诸多时代困难，但实现优秀传统文化的传承发展仍存在着可行性和必要性。譬如，生态文明与可持续发展蕴含着敬畏自然、天人合一的传统理念，研究传统文化涵养美好生活方式的过程，可以进一步提取其中关于生态保护、资源节约和可持续发展的智慧，推动生态文明建设，促进人与自然的和谐共生。中华优秀传统文化的传承与创新要求我们立足具

---

① 《习近平关于社会主义精神文明建设论述摘编》，中央文献出版社，2022，第212页。

体实际，不断自我革新，以智、仁、勇来面对广阔的未来与世界，追寻美好生活方式。

2. 如何坚持以"人民为中心"，抗衡西方的"历史终结论""西方中心论"

在当今全球化和多元化的背景下，坚持"以人民为中心"的执政理念以及社会主义本质特征，在创新中"去西方化"，与"历史终结论""西方中心论"抗衡，成为我国面临的一项复杂而关键的挑战。这涉及政治、经济、文化等多个层面，需要综合应对，以确保中国的创新和发展，以及在践行社会主义核心价值观的基础上实现国家的繁荣和人民的幸福。

首先，"以人民为中心"是习近平新时代中国特色社会主义思想的主要内容。创新不应只追求经济增长，更要关注人民的获得感和幸福感。制定政策和发展战略应该以满足人民多样化的需求和愿望为出发点，确保人民在创新发展中得到实实在在的好处。以中华优秀传统文化涵养新时代美好生活方式，对于提升人民群众的幸福感和满意度、继承和弘扬中华优秀传统文化，都大有裨益。其一，深入探讨文化对个人和群体生活方式形成的作用机制，为个人发展、家庭和谐和文化建设提供参考和借鉴。其二，以美好生活方式为切入点，通过理论和实证研究，深入挖掘传统文化的内涵，将其与当代社会问题相结合，为构建美好生活方式提供具体指导和解决方案。发挥中华优秀传统文化的价值引领和道德建设功能，不仅能促进人与自然的和谐共生，更能增强文化软实力，提升文化自信。

其次，面对"历史终结论"和"西方中心论"的观点，中国应保持坚定的文化自信，坚定不移地走中国特色社会主义道路。马克思曾指出，人们是在"直接碰到的、既定的、从过去承继下来的条件下创造"① 历史，受到特定历史条件的制约。中国有着独特的历史、文化和发展路径，应当保持对自身文明的尊重，不盲目追随西方模式，应在汲取借鉴的同时保持自主创新，使社会主义核心价值观在发展中得以继承和弘扬。党的二十大报告提出，"我们必须坚定历史自信、文化自信，坚持古为今用、推

① 《马克思恩格斯选集》第 1 卷，人民出版社，2012，第 669 页。

陈出新，把马克思主义思想精髓同中华优秀传统文化精华贯通起来、同人民群众日用而不觉的共同价值观念融通起来"①，剖析中华优秀传统文化与新时代美好生活方式的内在关联，理解和传承传统文化中最具生命力的、一以贯之的"中国精神"。

3. 如何在构建美好生活方式过程中坚守社会主义核心价值观

在构建美好生活方式时，不仅要构筑物质生活，更需要构建精神生活，实现物质生活与精神生活的"共同富裕"。社会主义核心价值观是我国精神文明的建构基础，涉及国家、社会、个人三个层面，在构建美好生活方式过程中，需要综合考虑、保持平衡，确保中国式现代化能够在不丢失社会主义核心价值观的基础上不断前进。

一方面，构建美好生活方式与社会主义核心价值观之间存在一定的不一致状况。现代化的推进通常伴随着经济的繁荣和人民生活水平的提升，但在这一过程中，一些传统的价值观可能会受到冲击。中国拥有悠久的历史和丰富的传统文化，这些文化资源是塑造国家特色和个体认同的重要元素。然而，随着现代科技的发展和全球化的加速，一些传统的价值观可能会面临淡化甚至消失的风险。例如，追求物质享受和个人利益最大化可能与社会主义价值观强调的集体主义、共同富裕产生冲突。因此，在构建美好生活方式的同时，如何保持社会主义核心价值观的坚定不移，是一个需要认真思考的问题。

另一方面，信息时代的来临也给社会主义核心价值观的传播带来了新的挑战。互联网和社交媒体等技术的普及使信息传播更加迅速，但同时也带来了信息碎片化、虚假信息传播等问题。这可能影响到人们对社会主义核心价值观的理解和认同。在这一背景下，如何通过新的传播手段，让社会主义核心价值观在现代生活中发挥引导作用，需要精心设计和有效推进。随着国际交往的增加，不同文化之间的交流和交融加深，这既为中国带来了机遇，也带来了文化认同方面的挑战。在现代化的道路上，如何在吸收外来文化的同时保持本土文化的优良特性，确保社会主义核心价值观

---

① 习近平：《高举中国特色社会主义伟大旗帜 为全面建设社会主义现代化国家而团结奋斗——在中国共产党第二十次全国代表大会上的报告》，人民出版社，2022，第18页。

不受外部文化冲击侵蚀，是一个需要认真对待的问题。

三 美好生活方式对传统文化的传承与发展

面对西方文化冲击与中国式现代化生活方式重构的挑战，传统文化需要积极转变，寻求突围策略，应对生活方式变革挑战与风险，同时更需要主动对生活方式变革进行反身重塑，从而实现传统文化与生活方式的融合与互构。中华优秀传统文化在新时代美好生活方式建构中的作用凸显，在新时代可以通过重塑中华优秀传统文化价值引导、突破单向逻辑、规制传统文化发展边界等促进传统文化与生活方式的双向互构，共同创造中华优秀传统文化与新时代美好生活方式更加融合的人类文明新形态。

（一）生活方式对传统文化的创新

中华优秀传统文化既是美好生活方式的有机组成部分，也是涵养美好生活方式必不可少的历史土壤，二者是深度耦合关系。以中华优秀传统文化为借鉴，可以构建政治生活方式、文化生活方式、社会生活方式、经济生活方式、生态文明生活方式"五位一体"协同框架，增强传统文化外部适应性。以此生活方式框架吸纳或整合相应文化基因，增强传统文化与生活方式互适互构的灵活性与适应性。

1. 构建美好政治生活方式

政治，指的是为了人们的和谐共处而进行的制定、维护和完善规则的社会活动。通过政治的实践，可以减少人际交往中的冲突，促进社会成员之间更有效地合作和协同行动。政治在塑造社会发展方向的同时，也在维护个体权利和社会整体利益之间寻求平衡，这种协作有助于创造一个秩序井然、公平正义的社会环境，从而使人们能够过上更加有品质和幸福的生活，为美好生活方式的构建提供坚实的基础。"人心是最大的政治"，当前我国已经在逐步构建美好政治生活方式。以上海长宁区黄金城道为例，群众对于政治生活从"冷眼旁观"到"热心参与"的过程，表明了政治生活是美好生活方式的重要组成部分。美好政治生活方式，意味着人民普遍参与民主决策的实现，也意味着专制政治的完全消除。在这个环境下，个人在平等的人格基础上享有有序而自由的政治生活，彼此之间相互交流与合作。中华优秀传统文化中也包含了对于民众参与政治生活的美好向往。比如，孔子认为君主要取信于民，孟子进一步将孔子的"为政以德"发展为"仁政"思想，提出"民贵君轻""君权民与"等先进思想，这些传统文化中的思想精华，都能涵养美好的政治生活。

2. 发展美好文化生活方式

美好生活是以物质生活和精神生活为基本维度的，目前精神生活不足成为实现美好生活的最大短板，优秀传统文化教育的缺失造成了社会群体的精神迷失和道德失范。① 有学者认为美好生活需要文化支撑，文化是美好生活的必要构成，同时文化对美好生活又具有提升功能。② 有学者基于中华优秀传统文化在认知性架构中重塑对美好生活的观念认知，指出中华优秀传统文化可以慰藉现代人们脆弱的心灵，在应对现代化的刚性诉求时发挥柔性的缓冲作用。③ 由此可见，中华优秀传统文化中文化生活方式的相关思想，为美好文化生活的建构提供了养分。在特定政治经济背景下，传统文化与生活方式变革既有协调发展之时，也有矛盾冲突之处。传统文化的传承与创新并不是对立的，可以在传承传统文化的基础上进行现代化和创新发展。例如，通过将传统文化与现代科技、艺术、设计等结合，创造出新的文化产品和艺术形式，推动传统文化与当代社会的融合发展，满足人民对美好生活方式的需求。又例如，全国在大力推进传统体育文化的发展，使其作为当前人们文化生活的重要组成部分，真正融入人民群众的日常生活。以龙舟文化为例，每年全国各地都会举行各式各样的龙舟竞渡，这既丰富了人民群众的文化生活，也为传统文化的传承创新提供了新的思路。此外，还可以在传承龙舟文化的案例研究中，借鉴其他民族的经验。我国作为有着悠久文明的古国，其优秀传统文化理应具备更强大的感召力。

---

① 于春海、杨昊：《中华优秀传统文化教育的主要内容与体系构建》，《重庆社会科学》2014 年第 10 期。
② 王习胜：《美好生活的文化需要：新时代文化建设的基本视点》，《中国特色社会主义研究》2018 年第 3 期。
③ 胡军良：《新时代"美好生活"的哲学逻辑：生成根基、观念认知与价值关怀》，《山东社会科学》2019 年第 8 期。

3. 构建美好社会生活方式

人本质上是一种社会存在物，其现实生命在特定社会关系中才得以充分展现和确认。个体生命的意义和价值在很大程度上依赖于与其他人和社会互动的过程，必须在社会中与他人互动、合作、交流，才能实现其全面的发展和生存价值。所以，社会关系不仅为个体提供了互相支持和相互依存的网络，还为文化、道德、法律等社会规范提供了基础。人的身份、角色、责任以及行为方式都受到社会环境的塑造和约束，从这个角度看，人的存在与社会的互动紧密相连，社会生活成为个体自我意识和全面发展的重要条件。总而言之，美好的社会生活是构建美好生活的关键基石，同时也是实现美好生活的重要方面。中华优秀传统文化为美好社会生活的构建提供了借鉴。以社会生活中的价值观建设为例，传统文化中蕴含着丰富的道德伦理和价值观念，可以作为引导人们树立正确人生观、价值观和行为准则的重要依据。通过传承和弘扬传统文化的价值观，可以在新时代培养人们的道德观念，推动社会的道德建设和社会秩序的良性发展。在结合实际问题和需求的过程中，不同的地区和群体可能需要针对性地挖掘和运用传统文化的资源，以满足新时代美好生活方式的建设需求。

4. 建设经济、生态和谐一致的生活方式

美好生活的基础是丰富的物质生活，这是人类作为自然存在的生命的特性所决定的。作为自然存在，满足生理需求成为生存的基本要求和必要条件，所以当前的经济高质量发展是美好生活方式得以实现的重要保障。立足新时代，相比于富足的物质生活，生态文明的生活方式显得更为重要。习近平指出："对人的生存来说，金山银山固然重要，但绿水青山是人民幸福生活的重要内容，是金钱不能代替的。"① 生态文明生活是一种以可持续发展、生态平衡和环境保护为核心价值的生活方式，它强调人与自然的和谐共生，追求人类的物质幸福与精神充实，同时尊重自然的生态规律和维护生态系统的健康。从横向的角度看，生态文明是继人类物质文明、精神文明、政治文明、社会文明之后，衍生出的新的文明，是人类文

---

① 《习近平关于社会主义生态文明建设论述摘编》，中央文献出版社，2017，第4页。

明需求升级的结果。① 因而，既要建设经济，满足人民群众对于物质生活的更高需求，同时也要兼顾生态环境的构建，这成为未来美好生活发展的新趋向。

近年来，我国坚持以经济建设为中心，同时进行创新，将生态和经济相结合，贯彻"绿水青山就是金山银山"的发展理念，大力推动生态友好的经济发展模式，回应民众对于美好经济生活的需要。以湖北省黄冈市团风县牛车河水库的建设作为经济和生态和谐一致的生活方式的典型案例，水库的建设使该地从脏乱差的私人养殖场变成山清水秀的"洞天福地"，在保护环境的同时，也推动了经济的发展。"绿色"这一发展观念进一步深入人民群众的生活当中，《国务院关于加快建立健全绿色低碳循环发展经济体系的指导意见》明确指出，到 2025 年，生产生活方式绿色转型成效显著，到 2035 年，广泛形成绿色生产生活方式。② 同样的，中华优秀传统文化也为经济和生态和谐一致的生活方式的生成和创新提供了新的框架。与我国古代经济生产相关的"日出而作，日落而息""春播秋收""瑞雪兆丰年"等农耕经济思想，本质上是对于"天人合一"的追求，任何经济生产都要适应自然规律。还有，如"道法自然"的道家思想，强调顺应自然规律，不仅要对自然怀有敬畏之心，还要尊重自然休养生息的规律，因势利导。又比如"整体论治"的中医思想，认为人的机体是一个互相关联的系统，不能"头痛医头，脚痛医脚"，要从全局的角度出发思考治理的对策。而经济和生态文明相统一的生活方式就是要从人与自然的整体关系出发，构建物质繁荣美好生活的同时，更要构建能实现个体与环境良好互动的美好生活。

（二）生活方式反身重塑传统文化

新时代美好生活方式有其自身发展的内生动力，为了达成自身的完整和实现自身的目的，主动去寻找"传统文化"土壤中的养分。因而，中华

---

① 庄贵阳：《从工业文明到生态文明的范式变革》，《人民论坛》2023 年第 14 期。
② 《国务院关于加快建立健全绿色低碳循环发展经济体系的指导意见》，2021 年 2 月 2 日，中国政府网，https://www.gov.cn/gongbao/content/2021/content_ 5591405.htm。

优秀传统文化在美好生活方式的构造中，自身也得到了重塑，不仅是传承，更重要的是创新。通过持续的研究、实践和反思，不断发掘中华优秀传统文化的潜力和价值，以具有理论意义和现实意义的研究成果回应人民对美好生活的需求，对已有研究成果进行推广及检验，并进一步修正研究结论，确定新时代美好生活方式的"坐标轴"。

1. 重塑传统文化的价值导向

在构建美好生活方式的过程中，传统文化的价值导向也在被重塑。将传统文化中蕴含的智慧和价值观与现代生活方式相结合，寻求传统与创新的平衡，以适应当今社会的需求。通过将传统文化的价值观与当代美好生活的需求相融合，可以实现价值观的传承与升华。这种重塑不仅有助于弘扬优秀传统文化，还能为现代社会创造出更具有深度和意义的生活方式。以中国式现代化为例，中国式现代化是以中华优秀传统文化为底蕴的现代化发展道路，这条主动脉通过新时代美好生活方式这一毛细血管网状结构，将中华优秀传统文化的养分输送到人民日常生活之中，滋养美好生活。党的二十大报告指出，人口规模巨大、全体人民共同富裕、物质文明和精神文明相协调、人与自然和谐共生、走和平发展道路是中国式现代化的五个特征。[①] 有的学者指出，这五个特征中的每一个特征都能同时折射民为邦本、中庸、德治、和谐这几个中国传统文化要素。[②] 这也说明，中国式现代化的提出，反映了其背后传统文化是符合当前构建美好生活需要的文化要素，其价值导向符合当前的价值观，因而相应的传统文化元素可以提炼和凝聚为中华优秀传统文化中的组成部分，即是对于传统文化价值导向的一种重塑。中国式现代化赋予中华文明以现代力量，中华文明赋予中国式现代化以深厚底蕴。只有植根本国、本民族历史文化"沃土"和国情这一"根脉"，马克思主义真理之树才能根深叶茂，中国式现代化道路才能越走越宽。[③] 中华优秀传统文化是中华民族的精神血脉、独特的精神

---

① 习近平：《高举中国特色社会主义伟大旗帜　为全面建设社会主义现代化国家而团结奋斗——在中国共产党第二十次全国代表大会上的报告》，人民出版社，2022，第22~23页。

② 严挺：《中国式现代化中的传统文化要素辨析》，《理论学刊》2023年第1期。

③ 习近平：《高举中国特色社会主义伟大旗帜　为全面建设社会主义现代化国家而团结奋斗——在中国共产党第二十次全国代表大会上的报告》，人民出版社，2022，第18页。

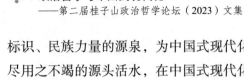
标识、民族力量的源泉，为中国式现代化提供了深厚的文化土壤和取之不尽用之不竭的源头活水，在中国式现代化进程中，新时代美好生活方式建构既依靠历史形成的独特气质，也仰仗与中国具体实际相结合迸发出蓬勃生机和旺盛活力的马克思主义的指导，是"两个结合"的生动体现。传统文化与生活方式的互构，源自二者都根植于历史文化土壤及其传承发展。传统文化作为文化生产的重要因素，是生活方式现代化及转化的源起。生活方式通过推动传统文化的创造性转化和创新性发展，重构生产方式的生产逻辑，生活方式冲击传统文化将对文化生产的主体、客体、方式、成本等产生影响。在这种重塑的过程中，传统文化得到了传承，也将自身价值导向与当前美好生活方式的构建方向统合起来，其价值意义在发展中得到确认。

2. 拓展运用传统文化的单一逻辑

在构建美好生活方式的过程中，传统文化的单一逻辑被破除，传统文化被赋予新的生命力和创造力。因为构建美好生活的需要，传统文化将不再是沉寂、停滞、刻板的文化对象，而是有生命力的文明形态。当前，传统文化的传承在现代化进程中，不可避免地受到影响，在一定程度上失去了主体性，变成了任由今人解读、理解的存在。运用传统文化似乎是个体在用过去传统文化中的思想为自己的想法"背书"。这种运用传统文化的单一逻辑，也随着美好生活运用中华优秀传统文化的过程而被逐渐打破。事实上，运用优秀传统文化，运用的不仅有传统文化的思想观念，更有古人的想象力和创造力。谈及浪漫，不仅仅会想起李白的诗，更会想起李白诗里的月亮、杜甫诗里的悲欢、高适诗里的边塞。这些不仅为当前的文化创作提供了基础，更提供了无穷的想象力，这是我们中华民族特有的想象力。不仅如此，在推进人类命运共同体构建过程中，中国积极阐释和发扬"和而不同、兼收并蓄"的文化发展理念，中华优秀传统文化涵养新时代美好生活方式，正是用中国智慧解决中国问题的话语体系的变革。中华文明有 5000 多年进步史，世界社会主义有 500 多年发展史，中华民族近代以来由衰转盛有 180 多年的复兴史，中国共产党有 100 多年的奋斗史，新中国有 70 多年的建设史，改革开放有 40 多年的创新史，其中所蕴含的生活方式变迁提供了丰富的素材，比如经济领域的公平、平等、救济、藏富于民等；近代以来对西方的学习，同时也在调用传统文化的要素；毛泽东思想、邓小平理论中也有关于优秀传统文化的思想，可进行细致梳理。这些都表明，传统文化的运用不再是被动的，传统文化在被运用的过程中，也是在发挥自我想象力，进而对世界、对美好生活方式构建产生影响。因此，生活方式通过反身重塑传统文化，推动其创造性转化与创新性发展，进而重构文化的生产逻辑。

　　3. 规制传统文化的发展边界

　　美好生活方式的构建还为传统文化的创新发展划定了边界。美好生活方式的构建通常是社会发展和文化演变的产物。在这个过程中，传统文化扮演着重要的角色，它既是历史积淀的结晶，又是价值观念的传承者。然而，随着社会的不断变革，传统文化需要在创新发展中找到平衡，以适应现代社会的需求。其一，传统文化的创新发展以人们对于美好生活的需要为基础。美好生活方式的构建往往涉及不同文化元素的融合，这可以是不同地区、民族甚至国家文化之间的融合。在这个过程中，传统文化需要保留其独特性，同时也需要与其他文化元素进行创新性的融合，以产生更具现代感和包容性的美好生活方式。中华优秀传统文化之所以能延续数千年，历久弥新，正在于其强大的包容力，同时也在于它的"根性"。无论传统文化如何演变，其始终蕴含着一以贯之的价值观念，这也是其精魄所在。美好生活方式的构建本身也是对优秀传统文化的一种重振和补充，能使得中华优秀传统文化在不断的发展中不失其本心、不失其本意。其二，传统文化的形式创新需要结合未来美好生活方式的发展。传统文化是一个民族或社会的历史记忆的承载者。在构建美好生活方式时，传统文化可以通过讲述故事、庆祝节日等方式，将历史记忆传递给新一代。然而，这并不意味着我们要一味沿袭过去，而应在尊重历史的基础上，积极超越过去的局限，探索满足现代社会需求的新途径。总的来说，美好生活方式的构建为传统文化的创新发展划定了边界，这个边界在尊重传统的基础上，充分发挥创新的力量，使传统文化与现代社会的需求相融合，共同推动社会的进步和发展。

　　总之，在国内外政治经济形势变化冲击下，传统文化应变被动应对为主动出击，既可通过生活方式变革寻求突围策略，也可通过重构生活方式的价值导向、生产逻辑、应用边界引导变革的路径。实践中的探索并非一蹴而就，而是一个渐进的过程，要通过持续的研究、实践和反思，不断发掘中华优秀传统文化的潜力和价值，以具有理论意义和现实意义的研究成果回应人民对美好生活的需求。面向未来，可通过传统文化与生产方式变革主体的多方协同，发挥文化和生活方式各自的价值性或工具性优势，应对人类社会面临的共同难题，实现传统文化与生活方式的相互融合与互适互构，共同创造人类文明更加美好的新形态。

马克思的财产权批判叙事与共同富裕本质探赜[*]

陈　权^{**}

（华南师范大学马克思主义学院，广州）

摘　要： 新时代的共同富裕战略目标与马克思的财产权批判思想具有理论同构性。一方面，马克思以私有财产为基点对资本主义经济生产展开考察，梳理了私有财产、雇佣劳动和资本主义社会分配之间的关系，在揭示资本主义社会生产非正义性的同时，以新的分配方式超越了资本主义的财产关系，阐明了人类解放的现实路径。另一方面，中国特色社会主义共同富裕战略目标的提出不仅对社会生产的发展提出了新要求，而且从生产关系角度对社会财产关系加以规范和调整，本质上是对马克思财产权批判思想的继承与弘扬。因此，把握马克思的财产权批判与共同富裕之间的思想关联，对深刻理解历史唯物主义思想脉络具有强大助益，也能够进一步推进马克思主义哲学中国化和时代化的理论进程。

关键词： 马克思；历史唯物主义；私有财产；共同富裕

　　20 世纪 70 年代以来，随着罗尔斯《正义论》的发表，分配正义成为国内外学界关注的焦点。学者们普遍认为，构建正义的社会关系的关键，在于对社会分配原则、分配行为以及分配结果的考察。由此出发，对历史

　＊　本文系国家社科基金后期资助项目"理论与实践：马克思平等思想的政治哲学考察"（项目编号：21FKSB034）的研究成果。

＊＊　陈权，哲学博士，华南师范大学马克思主义学院副教授。

唯物主义理论中的"公平分配"、"无产阶级"、"劳动产品"和"剩余价值"等元素的考察也就成为探究马克思正义思想的关键。

学界对马克思正义思想的解答主要通过两条路径展现出来。其一，艾伦·伍德和罗伯特·塔克等人指出，历史唯物主义是马克思以唯物辩证法叩问资本主义社会现实，科学把握人类社会发展规律的学说，指明了人类社会的前进动力和发展方向。因此，历史唯物主义关注的是社会如何发展，不含有正义意蕴。其二，G. A. 科恩与约翰·罗默等人认为，当代社会发展现实已经表明，实现共产主义的两个条件即人数众多的无产阶级与丰裕的物质生产都无法达成，并且只要存在生产资料的不平等分配，剥削就无法消除。基于此，对资本主义社会的批判必须强调社会主义的规范因素，突出重要的平等价值和思想旨趣。

不可否认，现有的研究已从不同角度对马克思的正义思想做出了有益探索，但是它们之间明显的理论区隔又表明人们尚未在此论题上达成共识。在此之中，一个至关重要的问题不容忽视，即马克思是如何通过判定资本主义社会的财产关系来展现自身的正义思想的？换言之，历史唯物主义理论对私有财产的分析是否揭示了正义的本质并呈现出一种超越资本主义正义观的正义理念？基于此，厘清私有财产在历史唯物主义中的理论定位是首要的工作。

一　私有财产：历史唯物主义理论的批判

在历史唯物主义理论中，马克思对资本主义社会的批判一直贯穿着他对公私问题的解答。通过对个体与国家、私人占有与社会公有之间的矛盾关系的梳理，马克思发现，资本主义私有制是社会矛盾与冲突的起点和关键，只有对之加以细致分析和全面理解，才能揭露资本主义经济生产的秘密，发掘资本主义社会阶级斗争的本质以及实现人类解放的目标。因此，马克思对私有财产的理解在理论上构成了批判资本的逻辑、探寻人类社会新阶段的基础，在实践上成为解决资本主义社会矛盾、超越不良生产关系、践行每个人自由而全面发展旨趣的依据。

从思想史来看，马克思对私有财产问题的关注可以追溯到《莱茵报》

时期。他在《〈政治经济学批判〉序言》中明确讲道："1842—1843 年间，我作为《莱茵报》的编辑，第一次遇到要对所谓物质利益发表意见的难事。"① 在当时，莱茵省议会审议并通过了《林木盗窃法》，将农民捡拾枯枝的行为定义为盗窃并予以相应处罚，要求农民对林木所有者进行相关补偿。这种做法促使马克思对法的真实性展开思考。他指出，《林木盗窃法》针对的是农民在冬季山中捡拾枯枝的情况，目的是维护林木所有者的财产权，但从财产权的本质来看，林木所有者的财产权内容指向的是"有生机的树木"，干枯掉落的树枝自然是被排除在外的。这就意味着，"捡拾枯树的情况……没有任何东西同财产脱离。脱离财产的只是实际上已经脱离了它的东西"②。因此，农民的捡拾行为不能被视为盗窃，也不应当受到任何处罚。与此同时，法律作为人类自由的体现，"不应该逃避说真话的普遍义务。法律……是事物的法理本质的普遍和真正的表达者。因此，事物的法理本质不能按法律行事，而法律倒必须按事物的法理本质行事"③。那么，《林木盗窃法》忽视农民捡拾枯枝的行为与盗窃财产的活动之间的本源差异，将二者等同起来的做法即是对法的精神的违背，丢失了法的普遍性，这使得该法案成为专门为特殊阶级服务的习惯法。这样一来，一个坏的结果必然随之出现："当特权者不满足于制定法而诉诸自己的习惯法时，他们所要求的并不是法的人类内容，而是法的动物形式，这种形式现在已丧失其现实性，变成了纯粹的动物假面具。"④ 需要注意的是，马克思在此时期深受黑格尔哲学的影响，所以他认为，法的真正普遍形式是人类自由的表达，而"自由意志并没有等级的特性"⑤。"国家不应该把违反林木管理条例者只看作违法者……也应该把违反林木管理条例者看作一个人……应该把他看作国家的一个公民。国家不能轻率地取消自己某一成员的所有职能，因为每当国家把一个公民变成罪犯时，它都是截断自身的活

---

① 《马克思恩格斯文集》第 2 卷，人民出版社，2009，第 626 页。
② 《马克思恩格斯全集》第 1 卷，人民出版社，1995，第 244 页。
③ 《马克思恩格斯全集》第 1 卷，人民出版社，1995，第 244 页。
④ 《马克思恩格斯全集》第 1 卷，人民出版社，1995，第 249 页。
⑤ 《马克思恩格斯全集》第 1 卷，人民出版社，1995，第 265 页。

的肢体。"① 这即意味着，国家作为自由意志的表达不应具有私人利益的偏向，它的政治组织形式和法律制度必然体现自由的精神。由此出发，《林木盗窃法》作为一种习惯法就与法的通用性和必然性的形式相矛盾。

然而，在德国社会现实中，黑格尔主义的分析并不能解决个人与集体、个体利益与国家权力的冲突。马克思指出，"德国的法哲学和国家哲学是唯一与正式的当代现实保持在同等水平上〔AL PARI〕的德国历史"②，但是其政治制度却低于历史水平和批判水平。换言之，只有关注德国理论与实际之间的差异，找寻弥合双方裂痕的路径，"物质利益难题"才能够被真正破解。因此，对思想中的黑格尔哲学要素进行彻底的清算就成为马克思透视哲学时代性和实践性的重要手段。

详细地讲，黑格尔的理性国家观是绝对精神体系在法哲学中的同质表达。黑格尔认为，家庭、市民社会和国家是精神从自在发展到自由的三个阶段。其中，国家作为伦理精神的最高环节具有无与伦比的自由特征，决定了市民社会的内容和发展方向。因此，解答现实的社会政治问题就必须遵循自上而下的理论态度，从国家层面寻找相关的方法。但在马克思看来，理性的国家观只是在逻辑体系内为政治社会生活提供蓝图，对现实的社会问题的解决并无多大助益，"光是思想力求成为现实是不够的，现实本身应当力求趋向思想"③。基于此，马克思在细致考察了市民社会的历史流变后指出，前资本主义时期，"财产、商业、社会团体和人都是政治的；国家的物质内容是由国家的形式设定的。每个私人领域都具有政治性质，或者都是政治领域；换句话说，政治也就是私人领域的性质。在中世纪，政治制度是私有财产的制度，但这只是因为私有财产的制度就是政治制度。在中世纪，人民的生活和国家的生活是同一的"④。这表明，在此阶段，市民社会是政治公权力与财产私有化的融合体，政治生活指导着经济生活，规定着经济生活的内容。然而，资产阶级革命"摧毁一切等级、同业公会、行帮和特权，因为这些是人民同自己的共同体相分离的众多表

---

① 《马克思恩格斯全集》第 1 卷，人民出版社，1995，第 255 页。
② 《马克思恩格斯文集》第 1 卷，人民出版社，2009，第 9 页。
③ 《马克思恩格斯文集》第 1 卷，人民出版社，2009，第 13 页。
④ 《马克思恩格斯全集》第 3 卷，人民出版社，2002，第 42~43 页。

现。……消灭了市民社会的政治性质"①。随后，以私人利益为核心的生产、分配和消费活动摆脱了政治权力的限制，成为独立自治的领域——政治和经济生活彻底分离开来，纯粹的经济物质生产成为市民社会的主要内容，政治制度反过来成为维护经济发展的重要手段。换言之，现代政治制度本身"只有在各私人领域达到独立存在的地方才能发展起来。在商业和地产还不自由、还没有达到独立的地方，也就不会有政治制度"②。

由此不难看出，马克思与黑格尔之间存在重大的差别。在黑格尔那里，市民社会是个人私利的战场，是私人利益与公共事务冲突的舞台，只有以最高的伦理原则和代表普遍利益的国家对之加以超越，才能克服其中的偶然性和对立性因素。而在马克思那里，政治国家的根基在市民社会中，没有家庭的天然基础和市民社会的社会关系也就不可能存在政治制度。马克思讲道："法的关系正像国家的形式一样，既不能从它们本身来理解，也不能从所谓人类精神的一般发展来理解，相反，它们根源于物质的生活关系。"③ 有鉴于此，资本主义社会中一切宗教、政治和社会问题以及资本家与无产阶级之间尖锐的阶级矛盾都能够追溯到以私有财产为前提的资本主义经济制度。那么，厘清资本主义的私有财产本质、把握资本主义社会生产关系就成为理解资本主义社会矛盾、实现无产阶级解放必不可少的工作。

进一步讲，马克思对私有财产问题的显性思考肇始于他对异化劳动的揭露，他指出，工人劳动的异化是资本主义社会中最普遍和最根本的现象，不仅是工人的劳动产品、工人的劳动不归自身所有，成为异己的力量统治人们的生活，而且人的类本质在劳动过程中也消失了。并且，异化劳动产生了一个对劳动生疏的、站在劳动之外的人对工人劳动的关系，促成了资本家与工人之间的阶级对立，使得资本主义私有财产成为该社会阶段的普遍现象，即"私有财产是外化劳动即工人对自然界和对自身的外在关系的产物、结果和必然后果"④。这即意味着，"私有财产的关系潜在地包

---

① 《马克思恩格斯文集》第 1 卷，人民出版社，2009，第 44 页。
② 《马克思恩格斯全集》第 3 卷，人民出版社，2002，第 42 页。
③ 《马克思恩格斯文集》第 2 卷，人民出版社，2009，第 591 页。
④ 《马克思恩格斯文集》第 1 卷，人民出版社，2009，第 166 页。

含着作为劳动的私有财产的关系和作为资本的私有财产的关系，以及这两种表现的相互关系。一方面是作为劳动……是人作为单纯的劳动人的抽象存在……另一方面是作为资本的人的活动对象的生产……"① 换言之，私有财产、资本主义私有制与异化劳动完全联结在一起，对私有财产的扬弃就是解决异化劳动问题的途径，同时也是把握资本主义社会本质的基础。

马克思发现，机器工业的普及不仅改变了前资本主义社会传统的生产模式，推进了商品经济的繁荣，而且突出了市场的地位，使其成为资本主义社会的主导，也决定了工人与资本家之间的关系。这主要表现在，劳动力市场的形成使得资本家与工人的相遇具有了商品交换的性质，前者付给后者一定的工资购买其一段时间的劳动，后者进入工厂进行生产获得满足自身生存的物质生活资料。如此，雇佣关系就取代了封建经济的半人身依附关系，自由平等价值成为资本主义社会的核心。但是真正的问题在于，工资"看起来好像是资本家用货币购买工人的劳动。工人是为了货币而向资本家出卖自己的劳动。但这只是假象"② 。雇佣劳动承担的商品交换关系并非发生在工资和劳动之间，而是工资与劳动力之间。工人在市场中出卖的不是劳动而是自身的劳动力，"工人拿自己的劳动力换到生活资料，而资本家拿他的生活资料换到劳动，即工人的生产活动，亦即创造力量。工人通过这种创造力量不仅能补偿工人所消费的东西，并且还使积累起来的劳动具有比以前更大的价值"③ 。这恰恰表明，工人在社会生产中既生产出工资即自身的价值，又生产出更多被资本家无偿占有的价值即剩余价值。

还要看到，马克思在揭示雇佣劳动本质的基础上将劳动力商品的特殊性同资本主义社会生产的缘起以及资本主义扩大再生产紧密关联起来。他指出，资本主义是从封建社会经济结构中产生出来的，后者的解体促成了前者经济要素的形成。在封建制的农耕经济中，地主、土地和农民是不可分割的三个基本要素，由于土地的生产资料性质，农民与地主以此为中介形成了半人身依附关系。然而进入资本主义阶段，资本家为了原初的资本

---

① 《马克思恩格斯文集》第 1 卷，人民出版社，2009，第 172 页。
② 《马克思恩格斯文集》第 1 卷，人民出版社，2009，第 713 页。
③ 《马克思恩格斯文集》第 1 卷，人民出版社，2009，第 726 页。

积累，用圈地运动的方式将农民从土地上驱逐出去，使其失去了生产资料。农民变成自由劳动者，只能进入资本主义生产体系出卖自身劳动力来求得生存。工人"既不像奴隶、农奴等等那样，直接属于生产资料之列，也不像自耕农等等那样，有生产资料属于他们，相反地，他们脱离生产资料而自由了，同生产资料分离了，失去了生产资料"①。并且，"新被解放的人只有在他们被剥夺了一切生产资料和旧封建制度给予他们的一切生存保障之后，才能成为他们自身的出卖者"②。不仅如此，由于劳动力商品自身增值的特殊性以及资本逐利的本性，占有工人更多的剩余价值便成为资本生产的目的。资本家在每一次生产周期完成之后，会将所得到的剩余价值进行区分，除去自身消费外，剩余部分则用来购买生产资料，不断实现资本主义再生产的扩大和资本的扩张。

综上可以确定，马克思对私有财产的分析是在"从异化劳动到雇佣劳动"以及"从私有财产到资本"的双重逻辑的延展中逐步深化的。正是基于对私有财产和雇佣劳动关系的分析，他揭示出资本主义剥削的真正秘密，奠定了全面批判资本逻辑的基础，也彰显出超越资本主义非正义性的可能。那么，对私有财产的梳理和批判贯穿马克思整体思想的发展，也是建构历史唯物主义理论体系的脚手架。厘清马克思解答私有财产问题的基本逻辑，确认其财产权批判的本质内涵，必然成为认知历史唯物主义理论实质、发掘其中的正义内容的重要前提。

二 从权利到生产关系：马克思财产权批判的理论跃迁

当前，在人们的普遍认知中，马克思对资本主义私有制的批判态度毋庸置疑。马克思主义研究者们常常认为，从"公有"的基点切入历史唯物主义理论是正确把握共产主义之公正的本质内涵、实现与资本主义的原则性分离的必要路径。但是，鉴于马克思并未对"共产主义社会"概念进行详尽论述，它的诸多细节尚未清晰地展现出来，以至于与"公有"相关的

---

① 《马克思恩格斯文集》第5卷，人民出版社，2009，第821页。
② 《马克思恩格斯文集》第5卷，人民出版社，2009，第822页。

诸多问题，如公有落脚于何处、它与私有之间的根本界分标准是什么以及共产主义社会是否存有私有财产等都成为学者们争论不休的焦点。这即意味着，从马克思财产权批判的内在机理出发透视共产主义的核心本质，或许能够成为进一步解答公私矛盾的有效路径。

事实上，马克思对财产权的批判主要反映在他对古典政治经济学的理论反拨中。从 15 世纪开始，以商品交换为核心的资本主义市场经济逐渐取代了西欧封建社会农耕制生产方式，为资产阶级取得政权奠定了新的基础。自霍布斯以降，许多思想家都试图挖掘新经济生产的规律，阐明新生产方式下的社会关系以及对资产阶级政权的合法性进行有效辩护。在其中，约翰·洛克绝对不可能被忽视。他不仅开创了自由主义的哲学传统，而且他对资本主义市场元素的审思在很大程度上推进了古典政治经济学的发展，或者说，洛克的理论建构直接勾连起近代政治哲学和政治经济学，使二者在财产和权利问题上相遇且互补。

在政治经济学上，洛克主要探究了利息和货币的问题。一方面，社会土地的分配不均使一部分人占有超过其耕种能力的土地，另一部分人就会因为没有足够的土地用于生产而向前者租种土地并支付一定的报酬，地租就由此产生。同理，如果社会内部货币分配不均等，社会成员之间也会因为货币持有量的差异出现持有货币少的人向持有货币多的人借贷并支付一定报酬的情况。洛克指出，这种在资本借贷过程中出现的报酬即是利息。依照这种逻辑，土地所有者收取地租与货币持有者收取利息都是合法的，都能够被视为价值增值即获得剩余价值的手段。另一方面，洛克认为，货币在资本主义市场的商品交换中起中介作用，这是因为它具有物的有用性，即货币"是一种普遍通用的商品，它对于贸易正象（像）食物对于生命一样是不可或缺的；无论要出什么样的代价，人人都必须获得它；当货币缺少时，代价就必须要高些"①。由此出发，"数量"关系就成为彰显资本主义社会中货币作用与角色的基本条件。

土地占有的相关问题是洛克考量资本主义社会的直接参照物，也是其哲

---

① 〔英〕约翰·洛克：《论降低利息和提高货币价值的后果》，徐式谷译，商务印书馆，1982，第 40 页。

学审思的出发点,"成了以后整个英国经济学的一切观念的基础……"① 进一步讲,洛克在政治哲学思考中将劳动视为财产权的根源,通过对封建主义神权理论的反驳阐释了资本主义财产权的合法性。在《政府论》上篇,洛克指出,菲尔麦对父权的认定与神权紧密结合在一起——上帝创造了包含自然界在内的原初的物的世界与人类的祖先亚当,并将原初世界的掌控权和管辖权赋予他。对全人类而言,亚当的父亲身份使他能够依循长子继承制原则将这种权力转交给当代君主,进而保障君主的统治地位,即绝对君主制的产生。这即意味着,上帝将世界给予亚当和他的继承人,即全世界除了唯一的君主之外谁也不可能享有任何财产,绝对的君主制就等于绝对的财产权。然而在洛克看来,这种从神学出发来论证君主制及财产权的合法性的做法是完全错误的,政治权力是为了规定和保护财产而制定法律的权力,追溯其起源以及"明确谁享有这种权力的方法"应当落脚于人类社会的原初阶段即自然状态上——它是一种完备无缺的自由状态,人们作为理性人首先受到自然法的约束。在其中,"一切权力和管辖权都是相互的,没有一个人享有多于别人的权力……"②,任何人不得侵害他人的生命、健康、自由或财产,并且"土地和其中的一切,都是给人们用来维持他们的生存和舒适生活的。土地上所有自然生产的果实和它所养活的兽类,既是自然自发地生产的,就都归人类所共有,而没有人对于这种处于自然状态中的东西原来就具有排斥其余人类的私人所有权……"③

需要注意的是,当洛克讲出以上话语时,就代表他已经注意到资本主义社会生产现实与自然状态理论预设之间的悖论:在自然状态中,并不存在私有概念,社会物质资料呈现出共享和共通的特征;但在当代资本主义社会中,资本主义市场经济却与物质财富的私有有着密不可分的关联。换言之,在一般意义上,物品的使用价值是满足个体需要的前提,而资本主义社会中财富私有化的排他性祛除了这种公共性,社会成员必须依靠交换才能获得他人手中的物品来满足自身的需求。对此洛克指出,这种状况的

---

① 《马克思恩格斯全集》第 37 卷,人民出版社,2019,第 272 页。
② 〔英〕约翰·洛克:《政府论》下篇,叶启芳、瞿菊农译,商务印书馆,1996,第 5 页。
③ 〔英〕约翰·洛克:《政府论》下篇,叶启芳、瞿菊农译,商务印书馆,1996,第 18 页。

出现绝非偶然，它是个人劳动在生产中重要作用的表现。尽管自然状态中的土地及一切财富具有共有性，但个体的需要却是特殊的，因此财富的公共性与人类的使用之间存在一定的矛盾。"没有人对于这种处在自然状态中的东西原来就具有排斥其余人类的私有所有权；但是，这些既是给人类使用的，那就必然要通过某种拨归私用的方式，然后才能对于某一个人有用处或者有好处。"① 并且，由于"每个人对他自己的人身享有一种所有权……他的身体所从事的劳动和他的双手所进行的工作……是正当地属于他的。所以只要他使任何东西脱离自然所提供的和那个东西所处的状态，他就已经掺进他的劳动……因而使它成为他的财产……既然劳动是劳动者的无可争议的所有物，那么对于这一有所增益的东西，除他以外就没有人能够享有权利……"② 这即意味着，劳动使自然物脱离了原初的共有属性，使劳动产品具有了"被占有"的标识。或者说，劳动是财产私有的根源，赋予了财产权的排他性。那么，以私人劳动为基础的资本主义市场经济必然要强调商品的排他性，这样，只有在流通领域中通过等价交换，才能让渡财物的所有权，满足他者的需求。

洛克将劳动的自我所有与财产权进行绑定，为解释资本主义社会的占有现象提供了基本原则。以亚当·斯密为代表的古典政治经济学家在挖掘和阐释资本主义社会生产规律时也未超越洛克，他们发现，尽管商品的物理形式各异，但在市场流通中表现出惊人的一致性，原因在于，劳动创造了商品的价值，等量的价值关系是商品交换的基本前提。因此，自然物成为商品并进入市场流通是因为劳动改变了其自然状态，赋予了其社会属性，这使交换成为可能。那么，观照工人与资本家的关系必然就会得出劳资关系公平合理的结论——资本家付给工人工资购买他们的劳动，工人生产出的商品归资本家所有。这即意味着，工人的劳动及其价值衔接起工资和商品生产，合乎资本主义的经济发展规律。

然而，马克思认为，国民经济学家不遗余力地将劳动、商品、价值、财产权和私有制等勾连起来，企图说明资本主义社会生产的合法性，只是

---

① 〔英〕约翰·洛克：《政府论》下篇，叶启芳、瞿菊农译，商务印书馆，1996，第5页。
② 〔英〕约翰·洛克：《政府论》下篇，叶启芳、瞿菊农译，商务印书馆，1996，第19页。

在自身逻辑框架内打转。他们"总是从生动的整体，从人口、民族、国家、若干国家等等开始；但是他们最后总是从分析中找出一些有决定意义的抽象的一般的关系……这些个别要素一旦多少确定下来和抽象出来，从……这些简单的东西上升到国家、国际交换和世界市场的各种经济学体系就开始出现了"①。换言之，国民政治经济学只是以抽象研究方法分析资本主义社会生产，试图从现实的经济生产要素中抽象出一般规律，也就忽视了分工、雇佣劳动、商品以及价值等要素之间的内在关联，也就"不知道有失业的工人……小偷、骗子、乞丐，失业的、快饿死的、贫穷的和犯罪的劳动人……是一些在国民经济学领域之外的幽灵"②。由是观之，为资产阶级政治权力保驾护航的近代自由主义和诠释资本主义经济合理性的古典政治经济学都没有摆脱抽象特征，它们对资本主义社会的财产、权利等问题的论证并不能解决该社会阶段的矛盾。因此，若要透彻理解资本主义的社会生产并超越它，寻找到一种科学的研究方法就成为马克思政治经济学批判研究的前提。马克思深刻认识到，"具体之所以具体，因为它是许多规定的综合，因而是多样性的统一。因此它在思维中表现为综合的过程，表现为结果，而不是表现为起点，虽然它是现实的起点，因而也是直观和表象的起点"③。因而，研究资本主义的社会生产不能依靠简单的抽象模型，需要看到商品经济的历史发展进程，只有对其加以抽丝剥茧的研究，才能真正把握资本主义的发展动力，揭示人类社会发展的规律。对于研究财产权问题而言，这种科学方法的运用直观地体现在马克思有关共产主义的分配方案上。

在《哥达纲领批判》中，马克思发现，拉萨尔派在指导德国工人党的实践时并未清楚区分劳动与财产之间的关系，并在分配问题上模糊不清，将会导致党的精神的堕落，无法实现无产阶级的历史使命。这具体表现在以下方面。首先，拉萨尔派将劳动视为一切财富和文化的源泉，忽视了自然界在财富形成中的基础作用，实质是默认个体对自然界的天然所有权，

---

① 《马克思恩格斯文集》第8卷，人民出版社，2009，第24页。
② 《马克思恩格斯文集》第1卷，人民出版社，2009，第171页。
③ 《马克思恩格斯文集》第8卷，人民出版社，2009，第25页。

也在某种程度上承认了资本家对原始生产资料的占有。在马克思看来，"只有一个人一开始就以所有者的身份来对待自然界这个一切劳动资料和劳动对象的第一源泉，把自然界当做属于他的东西来处置，他的劳动才成为使用价值的源泉，因而也成为财富的源泉"①。其次，拉萨尔派要求以公平的方式不折不扣地分配劳动所得，是以模糊的辞藻对经济学概念加以混淆，没有对劳动产品和劳动价值加以区分。对此马克思指出，即便分配的是劳动产品，它也会在社会运作的过程中出现消耗，不可能是以"不折不扣"的状态参与分配。② 最后，拉萨尔派强调在全社会实现公平的分配，但未指明何为公平的标准，更勿论理解公平的本质。这种浅薄的说法迎合了国民经济学对资本主义市场经济的分析，对资本主义社会中的雇佣劳动形式做出了肯定。因此，马克思不无讽刺地说："难道资产者不是断言今天的分配是'公平的'吗？难道它事实上不是在现今的生产方式基础上唯一'公平的'分配吗？难道经济关系是由法的概念来调节，而不是相反，从经济关系中产生出法的关系吗？难道各种社会主义宗派分子关于'公平的'分配不是也有各种极不相同的观念吗？"③

与拉萨尔派不同，马克思对公平问题的解答鲜明地体现在他对共产主义阶段分配方式的区分中。他已经发现，法的关系和国家形式一样都根源于物质生产生活，"权利决不能超出社会的经济结构以及由经济结构制约的社会的文化发展"④，因此平等的权利实质是对同一尺度的遵从。对共产主义初级阶段而言，由于它刚从资本主义社会脱胎而来，有限的物质生产和不完善的社会生产关系就决定了需要以劳动量为基准进行分配。但这种分配方式以同一性的劳动为标准，抹杀了不同个体之间的差异性，也就不能最终达至真正的公平。因此，只有到了共产主义的高级阶段，"在劳动已经不仅仅是谋生的手段，而且本身成了生活的第一需要之后；在随着个人的全面发展，他们的生产力也增长起来，而集体财富的一切源泉都充分涌流之后，——只有在那个时候，才能完全超出资产阶级权利的狭隘眼

---

① 《马克思恩格斯文集》第3卷，人民出版社，2009，第428页。
② 《马克思恩格斯文集》第3卷，人民出版社，2009，第431~432页。
③ 《马克思恩格斯文集》第3卷，人民出版社，2009，第432页。
④ 《马克思恩格斯文集》第3卷，人民出版社，2009，第435页。

界，社会才能在自己的旗帜上写上：各尽所能，按需分配！"①

需要指出，无论是按劳分配还是按需分配，都不只是简单的分配方式变革，都是社会生产关系在分配中决定性作用的表达。不同于古典政治经济学家抽象地看待分配，将其从社会生产活动中剥离出来的做法，马克思非常明确地指出："在所谓分配问题上大做文章并把重点放在它上面，那也是根本错误的。"② 因为在社会生产的总过程中，分配对象不仅包括消费资料，同时也应当包括生产资料，分配与生产、交换和消费密切相关，共同构成了社会生产整体。这即证明，分配是由社会生产方式决定并能够呈现生产关系性质的最终结果。那么，生产资料的私有制必然使得资本家在社会生产中占有主动权和支配权，劳动者也必然会因为缺乏生产资料而只能出卖自身劳动力来求得生存。于是，资本家凭借雇佣劳动形式占有工人的劳动产品并积聚社会财富，资本主义社会也就必然会出现贫富分化现象。换言之，在资本主义社会生产关系之下，分配公平只能是一个伪命题，无法最终得以真正实现。只有在超越了资本主义社会的人类社会阶段，当生产资料公有制产生了一种摆脱剥削与压迫的新型生产关系，在此基础上雇佣劳动形式主宰的分配逐步由自由劳动基础上的分配所取代，财产权问题在人类社会阶段才有了终极答案。这即是说，在生产资料公有制的前提下，自由劳动基础上的按需分配必然会打破资本主义社会的私有财产界限，物质财富的极大丰富以及每个人自由全面发展的目标即成为新社会阶段公正分配的前提与基准。

三 共同富裕：马克思财产权批判的时代所指

能够看出，马克思对财产权的批判与历史唯物主义理论的建构是齐头并进的，二者都指向社会生产关系的重建。因此，人类社会进入共产主义阶段后，资本主义私有制以及相关的经济政治问题最终会在新的社会生产基础上得到解决，正义的分配也将成为可能。然而，马克思的财产权批判

① 《马克思恩格斯文集》第3卷，人民出版社，2009，第435~436页。
② 《马克思恩格斯文集》第3卷，人民出版社，2009，第436页。

思想作为一种具有历史底色和实践基础的理论，对它的把握不能止步于逻辑的推演，而应在社会发展现实中寻找其生长点，确证其价值意义。那么，聚焦到新时代中国特色社会主义现代化建设上，共同富裕的战略目标是马克思财产权批判思想的时代所指，代表中国共产党在新的历史阶段对历史唯物主义理论精神的继承和发扬。

众所周知，"共同富裕"是中国共产党在新时代对国家建设方向、社会发展路径、政党执政方式及人民生活标准等问题的直观回答，它是中国共产党在新的社会历史背景下对社会主义本质何以实现的进一步规划，根本在于坚守社会主义公有制，使全体人民共同投身社会主义现代化建设，共同享有劳动成果，最终实现中华民族的伟大复兴。对其核心内容和思想旨趣加以分析则会发现，它与马克思的财产权批判思想具有高度一致性，是马克思财产权批判思想的时代彰显。

对共同富裕概念加以拆解会得到"共同"与"富裕"两个基本元素，但这并不意味着它是空洞肤浅的。恰恰相反，它作为马克思主义中国化的重要理论成果，不仅凸显出新时代社会财富占有的主体关系，而且也指明了新时代社会发展的应然维度。在社会主义现代化建设的历史征程中并不鲜见共同富裕的身影，它是在三个阶段逐步丰富、发展和实践的。第一，新中国成立后，为尽快提升综合国力，发展社会生产与推进农业合作社建设成为社会主义建设的核心动力。以毛泽东同志为主要代表的中国共产党人提出"使农民能够逐步完全摆脱贫困的状况而取得共同富裕和普遍繁荣的生活"① 的建议，并且在面对农业的社会主义改造时也指出，只有实行农业的合作化，才能使农村人民共同富裕起来。第二，20 世纪 70 年代末以来，随着改革开放基本国策的施行，邓小平在阐释社会主义本质及中国特色社会主义建设道路时也明确讲道，社会主义的根本任务是发展生产力，解放生产力，消灭剥削，消除两极分化，最终实现共同富裕。"社会主义社会要保证社会成员物质、文化生活水平的逐步提高，达到共同富裕的目标"②，并且共同富裕不是完全同步和均等的富裕，而是需要在大力

---

① 《建国以来重要文献选编》第 4 册，中央文献出版社，1993，第 662 页。
② 《改革开放三十年重要文献选编》（上），中央文献出版社，2008，第 356 页。

发展社会生产的基础上，依靠先富带动后富的手段以及与社会主义生产关系相适应的分配方式才能最终实现。第三，中国特色社会主义进入新时代，打赢脱贫攻坚战和全面建成小康社会成为共同富裕的实践表征。以习近平同志为核心的党中央指出，新时代我国社会主要矛盾是，人民日益增长的美好生活需要和不平衡不充分发展之间的矛盾，必须坚持以人民为中心的发展思想，不断促进人的全面发展、全体人民共同富裕。因此，共同富裕作为远景目标也被写入"十四五"规划中，作为一种基本原则指导新时代社会主义经济建设与社会发展，即"扎实推动共同富裕，不断增强人民群众获得感、幸福感、安全感，促进人的全面发展和社会全面进步"[①]。可以看到，从新中国成立初期到中国特色社会主义进入新时代，我国社会物质财富的占有者和享受者都是在人口中占绝大多数的无产阶级，也是社会主义现代化建设事业的承担者。这即意味着，无论是在社会主义现代化建设的哪个历史阶段，共同富裕指向的都是同一主体，即人民群众。从马克思的财产权批判思想来看，共同富裕战略目标对人民主体地位的强调实质是在新时代对历史唯物主义的继承和发展。之前的论述已经确证，在资本主义社会中，资本家通过不正当的手段获得大量原始资本，逼迫丧失生产资料的劳动者进入市场，并且通过雇佣劳动直接占有工人全部的劳动产品。这样一来，资本家占有绝大部分的社会财富，它同无产阶级之间的对立就显得极为突出。因此，只有从生产资料的占有上改变资本主义的财富占有关系，变换社会财产的独占性与排他性，无产阶级才能在满足基本物质需要的前提下实现每个人自由而全面的发展。

还要看到，除开对财富占有主体的界定，共同富裕战略目标还对社会发展的应然走向做出规划。它不仅对消除现代社会发展中的不平衡与不充分现象作出指示，要求在新时代中国特色社会主义现代化进程中保障人民生活的富足、增强民众的获得感和满足感，而且以对新时代社会生产关系的变革为基本路径，指向人民群众美好生活需要的满足。

具体来说，富裕与贫困之间的矛盾是人类社会发展中一直存在并尚未

① 《中共中央关于制定国民经济和社会发展第十四个五年规划和二〇三五年远景目标的建议》，人民出版社，2020，第 32 页。

解决的显性矛盾，在阶级社会中表现极为突出。马克思在探究人类社会形态变革的进程中认识到，原始社会的生产力水平低下，人们只能对获得的劳动产品进行平均分配；伴随着私有制的到来，在奴隶社会、封建社会和资本主义社会中，生产力的发展不仅带来了社会财富的增多，也带来了严重的不平等分配和尖锐的阶级对立。这表明，仅仅依靠生产力水平的提升并不能消除社会中的贫富分化，生产资料私有制才是一切阶级矛盾的根源。基于此，只有站在共产主义的社会高度，从生产力与生产关系的辩证维度出发对资本主义社会加以超越，资本主义社会的矛盾才能最终得以解决。那么对共同富裕而言，在中国特色社会主义现代化建设中，物质财富的极大丰富即是先在的要求。这是因为，只有先进的生产力才能够产生先进的生产关系，社会主义作为超越资本主义的发展阶段是在资本主义社会原有经济基础上的进一步推进，吸收了资本主义社会成熟的社会生产要素并做出了更有效的提升。当代中国社会发展实践已经证明，在社会主义现代化建设中，"我们经过接续奋斗，实现了小康这个中华民族的千年梦想……打赢了人类历史上规模最大的脱贫攻坚战……经济实力实现历史性跃升……十四亿多人的粮食安全、能源安全得到有效保障……"[①] 因而可以断言，实现共同富裕的充分条件已经具备，继续推进对社会生产关系的调整则是不能忽视的重要环节。

之前的论述已经表明，马克思的财产权批判指向资本主义生产资料私有制，它以废除私有财产为基点，要求实现劳动者对生产资料及劳动产品的重新占有。因此，共同富裕战略目标的另一重意涵即是，在新的社会生产关系下矫正阶级社会的所有制导向下的分配机制。在此需要强调，虽然资本主义社会分配模式的非正义性已被揭露，但共同富裕并不等于平均主义。马克思在批判粗陋的共产主义时已经认识到，粗陋的共产主义者脱离历史视域来认知社会财产，只是将其当作既定的事实，从客体方面来加以考察，才期望以平均主义对抗资本主义社会中的剥削与压迫。这种以强制方式平等分配私有财产的方案只能弱化阶层矛盾与阶级对立，没有将资本主义剥削的本质揭示出来，没有根本改变工人的阶级属性，反而使劳动的

---

① 《习近平著作选读》第 1 卷，人民出版社，2023，第 6~7 页。

被迫性拓展到全社会。粗陋的共产主义是"对整个文化和文明的世界的抽象否定，向贫穷的、需求不高的人——他不仅没有超越私有财产的水平，甚至从来没有达到私有财产的水平——的非自然的［Ⅳ］简单状态的倒退，恰恰证明对私有财产的这种扬弃决不是真正的占有"①。基于此，遵从真正的共产主义分配原则是实现共同富裕的必要路径。在马克思看来，"共产主义是对私有财产即人的自我异化的积极的扬弃，因而是通过人并且为了人而对人的本质的真正占有；因此，它是人向自身、也就是向社会的即合乎人性的人的复归，这种复归是完全的复归，是自觉实现并在以往发展的全部财富的范围内实现的复归"②。真正的共产主义否定了资本主义社会单维度的生产力指向，是以人的自由而全面发展为目标的新社会阶段。在新时代，共同富裕战略目标也就彻底彰显了马克思主义的资本批判精神，在对人的本质力量的确证中指明了社会发展的应然道路。它的实现不仅最大限度地释放了社会生产力，为人类解放奠定坚实的物质基础，而且打破了物的有用性限制，为人类社会发展提供了动力与方向，体现出人的自由和解放的本质要求。

结　语

综上所述，马克思的财产权思想与新时代中国特色社会主义现代化建设尤其是共同富裕战略目标的提出和实践是一体两面的关系。在理论层面上，一方面，财产权是马克思学术思想的核心主题。通过对资本主义社会私有财产现实的挖掘和理论的分析，历史唯物主义理论体系得以真正建立，并以体系化方式呈现出来。另一方面，马克思通过批判性地挖掘和阐释古典政治经济学的思想资源与理论内涵，揭示了资本主义财产权的抽象性，立足人类社会理论位阶从新的社会生产关系角度揭示了财产关系的内在本质。在实践层面上，共同富裕战略目标是对马克思财产权批判思想的继承和发扬，它不仅关注社会财富生产，对新社会生产力发展提出了更高

---

① 《马克思恩格斯文集》第 1 卷，人民出版社，2009，第 184 页。
② 《马克思恩格斯文集》第 1 卷，人民出版社，2009，第 185 页。

要求，而且也致力于从新社会生产关系出发实现更为公平的分配，以求真正满足每个人自由而全面发展的需求。基于此，理解马克思的财产权批判思想和共同富裕战略目标之间的理论关联，有助于挖掘马克思主义中国化的理论资源，也有助于厘定马克思主义基本理论在新的社会实践与历史阶段中的生长点。

数字政府建设中的公共性探究[*]

欧阳火亮[1]　　隆云滔[2]***

（1. 四川大学公共管理学院，成都
2. 中国科学院科技战略咨询研究院，北京）

摘　要： 以政府和企业进行合作的多元主体参与数字政府建设在当前似乎成为一种潮流，但人们对这一合作是否能够始终坚守数字政府建设的公共性目标产生了怀疑。本文的问题意识是，为什么说在数字政府建设中，技术的加入会使得数字政府建设存在巨大的风险呢？本文的意旨着眼于数字政府建设中的公私之争，从数字政府的定义、历史和发展来探讨技术和政府之间的争端是什么。数字政府建设中公私之间的争端，本质上是政府的公共性和技术可能的私人性之间的争端，由此，解决的方案就在于，超越政府和技术的主体之争，回归以公共性为依归的数字政府建设。

关键词： 数字政府建设；公私之争；公共性

---

* 本文系四川大学博士后交叉学科创新启动基金项目"'双碳'背景下国家作为数字治理的建构者与行动者机制研究"（项目编号：10822041A2076）、四川大学专职博士后研发基金项目"数字化背景下国家作为治理主体在碳达峰碳中和中的角色机制研究"（项目编号：skbsh2022-08）、四川大学中央高校基本科研业务费项目"霍布斯主权学说研究及其对中国现代国家理论构建的启示"（项目编号：2022skzx-pt46）、中国科学院学部咨询项目（项目编号：2022-ZW14-Z-027）"信息技术支撑国家治理现代化的战略研究"的阶段性研究成果。

** 欧阳火亮，北京大学政治学博士，四川大学公共管理学院讲师；隆云滔，中国科学院科技战略咨询研究院副研究员，经济学博士。

一　问题提出

学者萨斯坎德（Jamie Susskind）说，"在 21 世纪，数字技术就是政治本身"①。大数据、云计算、区块链、物联网、5G、人工智能、量子计算等新一代数字技术的出现标志着数字社会的到来，也推动着政府走向数字治理，而数字政府就是数字治理在公共领域发展的典型体现。2019 年党的十九届四中全会明确提出"推进数字政府建设"②，2021 年《中华人民共和国国民经济和社会发展第十四个五年规划和 2035 年远景目标纲要》再次明确"加快建设数字经济、数字社会、数字政府"③，2022 年党的二十大报告指出，"互联网上网人数达十亿三千万人"，数字化不断被该报告提及，如"加快建设……网络强国、数字中国"，"构建新一代信息技术、人工智能……等一批新的增长引擎"，"加快发展数字经济，促进数字经济和实体经济深度融合，打造具有国际竞争力的数字产业集群"，"打造……智慧城市"，"推进教育数字化"，"加强个人信息保护"，"完善……信息化支撑的基层治理平台"。④ 可以说，数字化的发展成为新时期中国式现代化的重要助推力量。在中央与地方层面，"各地政府纷纷与企业开展公私合作，探索如何借助互联网、大数据和人工智能等数字技术来改善政务服务、政府决策和社会治理，推动政府'整体智治'。这些探索赋予了'数字政府'新的内涵"⑤。有合作就有竞争，甚至是张力、争端。本文所说的数字政府建设中的公私之争，是指在信息时代，作为治理主体的政府和社会、个人在数字政府建设中可能存在的争端，因此，"公"是指数字

---

① 〔英〕杰米·萨斯坎德：《算法的力量：人类如何共同生存》，李大白译，北京日报出版社，2022，导论第 V 页。
② 《十九大以来重要文献选编》（中），中央文献出版社，2021，第 280 页。
③ 《中华人民共和国国民经济和社会发展第十四个五年规划和 2035 年远景纲要》，人民出版社，2021，第 46 页。
④ 习近平：《高举中国特色社会主义伟大旗帜　为全面建设社会主义现代化国家而团结奋斗——在中国共产党第二十次全国代表大会上的报告》，人民出版社，2022，第 11、30、34、54 页。
⑤ 郑跃平等：《我国数字政府建设的主要模式：基于公私合作视角的对比研究》，《治理研究》2021 年第 4 期。

政府建设的主体——政府，也是指政府进行治理的公共事务及其所代表的公共利益，"私"是指参与到数字政府建设的另外两个主体——社会、个人，也是指代表社会组织或者个人的私人利益。在当前我国的数字政府建设中，私人利益参与到数字政府建设当中，可以指社会组织或者个人的技术性参与，也可以指个体公民的政治性参与。按照一般的国家治理理论，个人作为公民参与数字政府的建设和建言，个人既是数字政府建设服务的对象，也是数字政府建设的目的，因而很难说个人和政府之间存在某种比较严重的争端。因此，本文所探讨的数字政府建设的公私之争，主要是指代表公共利益的政府和代表私人利益的技术之间的争端，可以简化表达为政府和技术之间的争端。长期以来，关于数字化的担忧并不是毫无根据的，"一个幽灵，一个数字化的幽灵在全球化的社会徘徊。全世界都在注视着这个幽灵，一方面满怀喜悦和希望，另一方面充满恐惧和担忧"[1]。这正是数字化过程中常见的论调，"技术能够带来破坏，正如它能够带来进步"[2]。因此，数字政府建设中的公私之争，就成为一个值得关注的话题。

2022年6月6日国务院印发的《关于加强数字政府建设的指导意见》（以下简称《意见》），对于中国的数字政府建设当前存在的问题有直接而明确的总结，"数字政府建设仍存在一些突出问题，主要是顶层设计不足，体制机制不够健全，创新应用能力不强，数据壁垒依然存在，网络安全保障体系还有不少突出短板，干部队伍数字意识和数字素养有待提升，政府治理数字化水平与国家治理现代化要求还存在较大差距"[3]。同样，也有学者总结道，"现有研究对数字政府建设存在问题的讨论则集中体现在权力和机制碎片化、制度供给不足和法律法规冲突、数据共享开放壁垒、数

---

① 〔德〕理查德·大卫·普雷希特：《我们的未来：数字社会乌托邦》，张冬译，商务印书馆，2022，第3页。

② 〔美〕罗伯特·W.迈切斯尼：《数字断联》，张志华译，华东师范大学出版社，2022，第18页。

③ 《国务院关于加强数字政府建设的指导意见》，2022年6月23日，中国政府网，http://www.gov.cn/zhengce/content/2022-06/23/content_5697299.htm。

字化服务质量与人力资源素养不足、公私利益平衡困境等方面"①。可以看出，当前数字政府建设存在的问题既有体制机制的，也有治理形态的，当然也包括技术的不足，以及对公共性的追求不突出。但是，《意见》中并没有指出存在数字政府建设的公私之争，也就是说，可能在《意见》看来，不存在政府与技术之间的争端，反而是迫切需要促进政府和技术之间的合作和创新。甚至，不少学者指出，以大数据等新型数字技术为代表的信息技术对数字政府建设能够产生非常积极的影响。② 在 2012~2021 年十年间发布的 127 份中央与地方关于数字政府建设的政策文本中，代表数字政府建设公共价值属性的"政务""服务"等词语的出现次数占据绝对主导，公众需求也是数字政府建设最为重要的驱动力，而数字政府建设的核心目的在于利用数字技术来提升政府的治理效能。③ 那么，为什么很多学者会认为在数字政府建设中，技术的加入使得数字政府建设存在巨大的风险呢？本文的意旨就在于，着眼于数字政建设中的公私之争，从数字政府的定义、历史和发展角度来探讨技术和政府之间的争端到底是什么，辨析争端为何，以便更好地回归数字政府建设的根本要义"公共性"。

二 数字政府建设中公私之争的本质

信息时代的到来，必然促进治理体系的转变，数字技术对数字政府的建设具有重要的作用，"进入数字时代，基于数据，面向数据和经由数据的数字治理体系正在成为全球数字化转型的最强劲引擎。数字技术为解决各类治理难题提供了新思路、新方法与新手段，因此如何利用好大数据、人工智能等数字技术提升社会治理现代化水平，更好地服务经济社会发展

---

① 郑跃平等：《我国数字政府建设的主要模式：基于公私合作视角的对比研究》，《治理研究》2021 年第 4 期。

② 参见徐晓林、明承瀚、陈涛《数字政府环境下政务服务数据共享研究》，《行政论坛》2018 年第 1 期；范梓腾等《效率考量、合法性压力与政府中的技术应用——基于中国城市政府网站建设的混合研究》，《公共行政评论》2018 年第 5 期。

③ 阮霁阳：《数字政府建设影响因素研究——基于 127 份政策文件的大数据分析》，《西南民族大学学报》（人文社会科学版）2022 年第 4 期。

和人民生活改善，成为重要的时代命题"①。本文所说的数字政府建设中的公共性，是指提供公共服务，维护公共利益，实现公共价值。因此，公共性作为一种价值，严格地区别于私人价值，数字政府建设具有共享性、不可分割性和非排他性等公共产品的特点。在数字政府建设进程中，数字政府建设和公共性一直具有高度的一致性，可以说"数字政府和公共价值管理理论产生的时间几乎一致，问题导向完全相同，都是为了应对难以清晰界定、充满很大不确定性、存在很大争议、缺乏明确的解决方案的'棘手问题'，都是为了追求'善治'"②。在我国的数字政府建设中，数字政府建设的公共性价值追求最为典型的体现是数字政府建设始终以人民为中心，始终把人民对美好生活的向往作为出发点和落脚点，数字政府建设必须不断满足企业和群众多层次多样化服务需求，全面引领驱动数字化发展。③

数字政府建设本就是新一轮数字技术变革引起的社会变革的产物，"加强数字政府建设是适应新一轮科技革命和产业变革趋势、引领驱动数字经济发展和数字社会建设、营造良好数字生态、加快数字化发展的必然要求，是建设网络强国、数字中国的基础性和先导性工程，是创新政府治理理念和方式、形成数字治理新格局、推进国家治理体系和治理能力现代化的重要举措，对加快转变政府职能，建设法治政府、廉洁政府和服务型政府意义重大"④。因此，如果把数字政府建设的公私之争看作政府和技术之间存在的巨大争端，则很不利于数字政府建设，也失之偏颇。正如《意见》中反复提及的，数字技术一直是数字政府建设强有力的支撑："将数字技术广泛应用于政府管理服务，推进政府治理流程优化、模式创新和履职能力提升，构建数字化、智能化的政府运行新形态……"，"技术创新和制度创新双轮驱动，以数字化改革助力政府职能转变"，"统筹推进

① 黄奇帆、朱岩、邵平：《数字经济：内涵与路径》，中信出版社，2022，第249页。
② 郭高晶：《面向公共价值创造的数字政府建设：耦合性分析与实践逻辑》，《广西社会科学》2022年第7期。
③ 邵景均：《以人民为中心加强数字政府建设》，《中国行政管理》2022年第7期。
④ 参见《国务院关于加强数字政府建设的指导意见》，2022年6月23日，中国政府网，http://www.gov.cn/zhengce/content/2022-06/23/content_5697299.htm。

技术融合"，"全面构建制度、管理和技术衔接配套的安全防护体系"，"将数字技术广泛应用于宏观调控决策"，"充分运用数字技术支撑构建新型监管机制"，"深化数字技术应用，创新行政执行方式，切实提高政府执行力"，"充分发挥数字技术创新变革优势，优化业务流程，创新协同方式，推动政府履职效能持续优化……推进体制机制改革与数字技术应用深度融合"，"明确运用新技术进行行政管理的制度规则，推进政府部门规范有序运用新技术手段赋能管理服务。推动技术部门参与业务运行全过程，鼓励和规范政产学研用等多方力量参与数字政府建设"，"壮大数据服务产业，推动数字技术在数据汇聚、流通、交易中的应用，进一步释放数据红利"，"推动数字技术和传统公共服务融合，着力普及数字设施、优化数字资源供给，推动数字化服务普惠应用"，"积极参与数字化发展国际规则制定，促进跨境信息共享和数字技术合作"。① 之所以作如此细致而长篇幅的引用，是为了表达，在国家推进数字政府建设的过程和规划中，政府和技术之间并不存在任何的争端。相反，政府和技术之间必须就数字政府建设达成深度的合作，共同促进数字政府建设的公共性实现。

那么，政府和技术之间的争端来源于何处呢？

探讨数字政府建设中公私之争的本质问题，首先需要界定什么是数字政府。在数字政府的发展进程中，数字政府的概念一直未得到明确。可以说，"综观国内外学术界对数字政府概念内涵的梳理，我们可以发现数字政府概念的界定仍然比较模糊，缺乏统一的话语体系"②。从历史来看，自戈尔（Albert Arnold Gore Jr.）在 1998 年提出"数字地球"的概念以来，数字政府（digital government）就进入了人们的视野。整体而言，结合国内外学者们的研究，目前关于数字政府的定义可以从三个视角来进行探讨。

其一是技术视角，包含技术作为工具的视角和技术作为主体的视角。技术视角下的数字政府，具有双重的定义，"在技术层面即政府基于数字

---

① 《国务院关于加强数字政府建设的指导意见》，2022 年 6 月 23 日，中国政府网，http://www.gov.cn/zhengce/content/2022-06/23/content_5697299.htm。
② 郭高晶：《面向公共价值创造的数字政府建设：耦合性分析与实践逻辑》，《广西社会科学》2022 年第 7 期。

技术以更有效率的方式分配信息，在组织层面即政府基于数字基础设施的赋能、协同与重构"①。鲍静等人认为，技术和政府的关系在数字政府建设中发生过重要的转变，在电子政务的发展阶段，技术只是辅助性的工具，而在数字政府建设阶段，数字政府就是"外生技术和数据超越于工具性手段而跃居于改革首位，成为治理本身"② 的政府。数字技术参与数字政府建设的重要性是毋庸置疑的，技术甚至起着某种不可或缺的重要作用，"在数字政府建设中，互联网企业参与是将企业主体与政府等其它相关利益主体融合在数字政府平台之上"③。在这一视角中，技术有很大的主动性，甚至是主导性，由此可能给数字政府建设带来不可防控的风险。其二是政府视角，即政府作为数字政府建设主体的视角。加西亚（J. R. Gil-Garcia）等人就认为，所谓的数字政府就是政府部门利用现代性的信息技术来使得其自身更加高效、透明和负责。④ 黄璜也支持这一观点，将数字政府看作政府为了实现其治理目标而借助现代信息技术来获取和传递数据、信息和知识性应用。⑤ 在这一视角中，政府始终是主导性的，技术几乎不会对数字政府建设造成不可调控的风险。其三是技术和政府相融合的视角。诺夫斯基（T. Janowski）认为，数字政府就是政府的数字化转型，并从动态情境出发将数字政府建设划分为数字化、转型、参与和情境化四个动态过程。⑥ 刘淑春也从这一观点出发，将数字政府定义为具有系统性和协同性的"治理理念创新+数字技术创新+政务流程创新+体制机制创新"⑦。在这

① 黄璜：《数字政府：政策、特征与概念》，《治理研究》202 年第 3 期。
② 鲍静、范梓腾、贾升：《数字政府治理形态研究：概念辨析与层次框架》，《电子政务》2020 年第 11 期。
③ 王张华、周梦婷、颜佳华：《互联网企业参与数字政府建设：角色定位与制度安排——基于角色理论的分析》，《电子政务》2021 年第 11 期。
④ J. Ramon Gil-Garcia, Sharon S. Dawes and Theresa A. Pardo, "Digital Government and Public Management Research: Finding the Cross-roads," *Public Management Review*, Vol. 20, No. 5, 2017, pp. 633–646.
⑤ 黄璜：《数字政府的概念结构：信息能力、数据流动与知识应用——兼论 DIKW 模型与 IDK 原则》，《学海》2018 年第 4 期。
⑥ T. Janowski, "Digital Government Evolution: From Transformation to Contextualization," *Government Information Quarterly*, Vol. 32, No. 3, 2015, pp. 221–236.
⑦ 刘淑春：《数字政府战略意蕴、技术构架与路径设计——基于浙江改革的实践与探索》，《中国行政管理》2018 年第 9 期。

一视角中，政府和技术互相支持和融合，共同服务于数字政府建设的公共性目的。

与上述研究不同的是，本文拟提出定义数字政府和数字政府建设的第四种视角，即公共性的视角。将公共性的实现看作数字政府建设的目的，已经得到了一些学者的支持，"为了适应经济社会发展快速变化的外部环境，数字政府是政府在内部运作和外部管理过程中，通过互联网、物联网、区块链、大数据、云计算、人工智能等新一代信息技术的深度嵌入，基于政务数据流范式构建的一种纵向到底、横向到边的整体性政府平台，表现为一种全新的政府形态。该种政府形态在理念上以公民需求为中心，在技术赋能下实现公共决策科学化、智能化，政府信息高度公开透明，公共服务供给高效化、精准化、均等化、个性化和实时化，是对传统政府形态与电子政府形态的超越和扬弃"①。黄璜等人就从以公共定位核心的视角出发定义了数字政府，即"秉持'以人民为中心'的核心理念，通过运用数字技术和发挥数据价值，实现政务机构的业务与组织的连接、赋能、协同与重构，从而提升对市场、社会以及自身的治理能力的全部内容"②。正因为数字政府具有如此重要的能力和作用，因此被寄予厚望，江文路等甚至希望"以数字政府建设突围科层制政府治理短板，重塑政府官员与民众的互动关系，增强政府治理的合法性"③。因此，以满足公众需求为主的数字政府建设的公共性凸显出来，推动着数字技术在数字政府建设中从私人属性走向公共属性，"未来，应在公众需求导向下进行更加精细化的政府数字化服务体系设计，优化供需匹配与价值共创，提升数字政府建设水平……以公众是否满意为根本尺度"④。因此，本文所指的数字政府建设，可以借用黄奇帆等人关于数字治理的定义来描述："政府采

①　郭高晶：《面向公共价值创造的数字政府建设：耦合性分析与实践逻辑》，《广西社会科学》2022 年第 7 期。
②　黄璜等：《数字化赋能治理协同：数字政府建设的"下一步行动"》，《电子政务》2022年第 4 期。
③　江文路、张小劲：《以数字政府突围科层制政府——比较视野下的数字政府建设与演化图景》，《经济社会体制比较》2021 年第 6 期。
④　郑跃平等：《需求导向下的数字政府建设图景：认知、使用和评价》，《电子政务》2022年第 6 期。

取数字化方式，推进数据信息共享和政务数字化公开，并在此基础上，通过数字治理解决社会发展的治理命题，即利用数字化手段更加全面地考察政府行政行为产生的效果，采用有效的数据分析方法提高政府对政策和措施效果的精准评估能力，尽可能地辅助政府做出符合公共利益的价值判断。"①

从定义上来说，数字政府建设本身就是为了实现治理的效能，促进治理公共性的实现。举例来说，数字政府建设中的平台化至关重要，"一个平台往往承载着千千万万个网络技术服务公司，具有公共性、社会性"②。因此，如果说有数字政府建设中的公私之争的话，主要还是来自技术主体这一方，即数字政府建设的主要张力或者说是争端，源于"政府在推进数字政府建设过程中，纷纷积极探索与企业开展公私合作，通过整合其技术、资本与人力资源来共同推动'数字政府'规划、设计、建设和运营，加快政府数字化转型"③。也就是说，技术的企业属性或者资本属性等私人属性与政府导向的公共属性之间的张力，导致了数字政府建设的公私之争。技术给人和社会带来的改变是巨大的，数字技术更是如此，但这个改变不一定就是积极的，"硅谷人承诺的通过科技实现自由恰恰很少给人们带来自由：个人数据被掠夺、私人企业和商业秘密被隐秘监控，每个个体被置于'自我优化'的压力之下。我们世界中的'用户'表层打磨得越是光滑、越是完美优化，堕落为'用户'的人就必将越是感到空虚"④。数字政府建设虽然不至于直接引发此类担忧或者是带来此种后果，但是难免受到数字技术泛化的影响。因此，具体就数字技术可能对数字政府建设造成的破坏性后果而言，可以从以下两点来阐释。

首先，也是最主要的原因是，这一争端来源于技术被资本俘获，从而导致技术具有资本属性。由资本支撑的技术，带有垄断的特性，由此可能

---

① 黄奇帆、朱岩、邵平：《数字经济：内涵与路径》，中信出版社，2022，第251页。
② 黄奇帆、朱岩、邵平：《数字经济：内涵与路径》，中信出版社，2022，第282页。
③ 郑跃平等：《我国数字政府建设的主要模式：基于公私合作视角的对比研究》，《治理研究》2021年第4期。
④ 〔德〕理查德·大卫·普雷希特：《我们的未来：数字社会乌托邦》，张冬译，商务印书馆，2022，第9页。

造成对数字政府建设的公共价值属性的偏离，"在平台垄断模式下，巨头互联网企业往往联合政府推动成立统一的、全覆盖的数字政府平台，打造连接众多技术资源与建设需求的端口，形成垄断竞争的局面"①。从技术政治学的视角来说，技术被资本俘获，有可能导致资本通过技术进行统治，"我们在未来社会将怎样生活，几乎不再是由政治家们决定，而是由数字化革命的空想家决定：谷歌、脸书、亚马逊、苹果、微软和三星"②。当资本化的商业逻辑通过技术嵌入数字政府建设这样的政治活动中时，其产生的后果确实可能是破坏性的，"遗憾的是，很多政客仍然相信大数据商业模式只能是暗箱操作，无论是搜索引擎、社交网络平台、应用软件还是在线交易或者物联网。这只不过是某些商业利益广泛宣传的神话，用来保护其不透明的暗仓交易。这不符合'网络的逻辑'，但是符合冷酷无情的商业逻辑"③。如此，技术就很可能转变为权力，加上数字技术本身具备的力量，这种由数字技术带来的权力是巨大的，"可以考虑一条技术进步的黑暗铁律：对于人类社会，技术和知识能力的扩大都将落实为扩大统治和权力的能力，同时减少社会反抗的能力，最终达到使社会完全失去反抗权力的能力"。④ 技术如果还和资本进行了联盟，那么这种力量几乎就难以控制了，"金融资本主义和高科技的联手就几乎注定了没有回头路、所有惊人的事情迟早都要发生，因为没有一种力量能够强过资本和技术的同盟。在资本和技术面前，伦理批评尤其无力，也许需要全球合作建构的法律和政治才可能为技术冒险设限，但即使有了相关的法律，也未必充分有效"⑤。这是因为，资本本身是贪婪的，"在任何时候，资本家都想将可能的回报最大化，并将可能导致投资失败的风险最小化。没有证据表明这些因

---

① 郑跃平等：《我国数字政府建设的主要模式：基于公私合作视角的对比研究》，《治理研究》2021年第4期。
② 〔德〕理查德·大卫·普雷希特：《我们的未来：数字社会乌托邦》，张冬译，商务印书馆，2022，第37页。
③ 〔德〕理查德·大卫·普雷希特：《我们的未来：数字社会乌托邦》，张冬译，商务印书馆，2022，第186~187页。
④ 赵汀阳：《人工智能的神话或悲歌》，商务印书馆，2022，第36页。
⑤ 赵汀阳：《人工智能的神话或悲歌》，商务印书馆，2022，第96页。

素会在数字时代消失，事实上，这些因素塑造并定义了数字时代"①。技术通过资本的联盟进入数字政府建设，可能的后果就是，"在数字生活世界，社会正义将在很大程度上依赖操持相关算法的人的决定"②。

其次，也是比较重要的原因是，这一争端来源于技术带有企业属性并被企业所拥有，从而导致技术具有私人属性。企业拥有技术，政府需要建设数字政府，二者之间存在合作的前提和意愿，但是企业的私人属性使得其和追求公共价值的政府之间存在某种张力。由此，政府和企业之间的数字政府建设合作，就可能存在公私之争，"在政府数字化转型中，数字技术不仅作为一种'技术系统'来改善政府行政效率，也已内化为科层制组织能力的重要构成，成为引发政府组织变革与流程再造的重要治理要素，推动着政府整体智治的范式变革。从这个意义上而言，作为基于技术赋能而形成的一种平台性治理架构，数字政府在建设过程中更加依赖外部环境中掌握前沿数字技术与资源的私人部门。由此，数字治理领域公私合作的一个重要特征在于，不对称的创新能力与技术资源使得私人部门得以打破政府在契约关系中原有的支配性地位，公私组织间的权力结构开始出现显著变化，'权力'成为合作过程中的显象"③。也许，数字技术本身试图构建去中心化的更为美好的未来，但是技术的私人属性却使得这一设想遭遇了失败，"想想互联网：因为它的网络结构在本质上非常适合去中心化和非等级化的组织，许多人便自信地预测，线上生活将会与线下世界中的情况大不相同。这种想法显然被后来的事实打了脸。主要是由于互联网生来具有的商业和政治属性，它的发展路径逐渐受到大型企业和政治实体的引导与控制，而正是以上两者过滤和形塑了我们的线上体验"④。技术的私人属性，从当前主要的技术专利拥有者来看，主体就是新技术企业。从中

---

① 〔美〕罗伯特·W. 迈切斯尼：《数字断联》，张志华译，华东师范大学出版社，2022，第39页。
② 〔英〕杰米·萨斯坎德：《算法的力量：人类如何共同生存》，李大白译，北京日报出版社，2022，导论第 xxii 页。
③ 郑跃平等：《我国数字政府建设的主要模式：基于公私合作视角的对比研究》，《治理研究》2021年第4期。
④ 〔英〕杰米·萨斯坎德：《算法的力量：人类如何共同生存》，李大白译，北京日报出版社，2022，导论第 xviii 页。

国的新技术企业对数字政府建设的影响来说，技术的企业属性确实冲击着数字政府建设，"新技术企业的加速崛起以及新技术的广泛应用，在行政和政治领域都产生了巨大影响，它不但改变了传统国家行政主体权力运行的环境，而且重塑了公共行政和国家治理的条件和资源，在许多重要领域，新技术企业凭借其强大的技术能力和无可匹敌的社会功能，正在加速介入社会治理与国家治理"①。数字技术嵌入数字政府建设，推动着政府本身进行转变，甚至重构了治理的公共价值和公私之间的边界。

综上，数字技术引发的争端，来源于"私人部门的技术能力与优势使其在与政府合作中拥有了更多的话语权与'议价空间'，给政府监管和公共治理本身带来了新的挑战。一方面，数字治理中的公私合作面临数据安全、隐私保护等风险，双方在技术能力、资源等方面的严重失衡可能会导致合作脱离了既定的方向与目标，私人部门甚至获得部分'公权'而带来潜在的'寻租'空间。如何加强监管以确保私人部门在追求商业利益的同时尊重和保护公共利益与社会价值，这是需要关注、探讨和解决的。另一方面，随着数字治理领域公私合作的逐步深入，技术成为公共治理创新依赖的重要工具和手段，但在政府缺乏相应资金和人力资源、社会数字鸿沟不断加剧的现实环境中面临种种困难，由此产生了新的治理问题、矛盾和张力"②。那么，数字技术就一定具有企业属性或者资本属性吗？未必。那么，如何理解技术和政府在数字政府建设中的关系呢？这一问题的答案，可以从数字技术自身的发展及其服务于数字政府的历程中来寻找。

三　数字技术与国家之间的关系：历史、发展与未来的可能性

本文的立论基点是，在数字政府建设中，政府和技术是作为主体的两方，其他的主体可以由此引申出来。因此，本文的探讨基于作为基础的政

---

① 樊鹏等：《新技术革命与国家治理现代化》，中国社会科学出版社，2020，绪论第 3 页。
② 杨学敏、刘特、郑跃平：《数字治理领域公私合作研究述评：实践、议题与展望》，《公共管理与政策评论》2020 年第 5 期。

府和技术两个主体之上。探讨数字政府建设的公私之争，从政府和技术作为主体的视角来看，就是探讨政府的数字化转变和数字技术的支撑之间的关系。那么，数字政府建设的公私之争问题就可以转变为数字技术和数字政府建设之间的争端问题。对这一问题的探讨，本文认为可以从追溯二者之间的历史、发展以及未来的可能性入手。实际上，在国内外的发展中，政府一直是数字政府建设的主导者，"从国内外的建设经验来看，政府在推动数字政府建设与大数据发展应用中起到关键性作用"[1]。可以说，数字政府建设本身就融合了数字政府建设的公共性价值和数字技术的赋能，"数字政府建设和公共价值创造存在高度的耦合性，两者的产生都是为了应对棘手性公共问题，具有相同的战略管理意蕴，公共价值创造对政府数字化转型具有内在的规定性，数字政府的技术赋能可以有效地创造公共价值"[2]。由此可以看出，公共性一直是数字政府建设的目的，技术服务于这一目的。

就国外数字政府建设的历史来看，公共性一直是其数字政府建设的主要目的。美国自1993年提出建设"电子政府"后，就一直致力于凸显数字政府建设的公共性：1993~2002年的重点是数字化的公共基础设施建设，2002~2012年的重点是以公民为中心、以结果为导向的数字化建设，并将市场化的数字技术纳入数字政府建设的进程当中。2012年美国正式发布数字政府建设战略，其中明确强调了大数据及信息技术的应用，将商业化概念的大数据技术提升到了国家战略的层次；2017年更是成立科技委员会来促进数字政府服务智能化。[3] 韩国则于1996年开启其数字政府建设，第一期的建设也是利用公共财政进行信息化公共基础设施建设，并一直以政府主导的方式不断吸纳诸如大数据的数字技术来促进数字政府的建设，在2016年发布的《智能信息社会中长期综合对策》中就将大数据及

---

[1] 彭邑：《国内外数字政府建设中大数据应用的经验与启示》，《国土资源导刊》2022年第3期。
[2] 郭高晶：《面向公共价值创造的数字政府建设：耦合性分析与实践逻辑》，《广西社会科学》2022年第7期。
[3] 彭邑：《国内外数字政府建设中大数据应用的经验与启示》，《国土资源导刊》2022年第3期。

其相关的技术定义为数字时代的核心要素。[①] 新加坡的数字政府建设则一直致力于信息化的公共基础设施建设，在数据开放共享的基础上培育大数据等市场和技术，同时大力引进大数据等数字技术人才。[②] 加拿大则更加凸显数字政府建设的公共性，甚至已经开始迈入"技术与信任相融合的数字治理时代"[③]。

就国内从电子政务到数字政府建设来看，公共性也一直是数字政府建设的主要目的。在国家战略的顶层设计层面，已经发布的数字政府建设指导性文件最为重要的代表就是《意见》和一系列推动"政务服务一体化"的通知。正如《意见》指出的，数字政府建设的目的是公共性的："充分发挥数字政府建设对数字经济、数字社会、数字生态的引领作用，促进经济社会高质量发展，不断增强人民群众获得感、幸福感、安全感，为推进国家治理体系和治理能力现代化提供有力支撑。"[④] 在地方数字政府建设的实践层面，各个省份及地方的数字政府建设模式各有不同，呈现出多元化的趋势，但是其公共性的价值目标并没有因此改变。政府和企业在数字政府建设的合作中，无论是在权力分配上采取决策权集中还是分散的模式，抑或在规制上采取政府控制还是管运分离的模式，还是在外部资源依赖上采取技术集中采购或者分散采购的方式，其在所有权上的公共属性一直得到了体现。[⑤] 自 2015 年《促进大数据发展行动纲要》发布以来，以大数据为代表的数字技术正式融入数字政府建设的进程当中。此前，在地方的数字政府建设当中，大数据等数字技术就已经融入了"数字浙江""数字江淮"等数字政府建设当中。在这一进程中，以"数字广东"为

---

① 谢卫红、樊炳东、董策：《国内外大数据产业发展比较分析》，《现代情报》2018 年第 9 期。

② 彭邕：《国内外数字政府建设中大数据应用的经验与启示》，《国土资源导刊》2022 年第 3 期。

③ 李思艺：《迈入技术与信任相融合的数字治理时代：加拿大数字政府建设的启示》，《情报理论与实践》2022 年第 1 期。

④ 《国务院关于加强数字政府建设的指导意见》，中国政府网，2022 年 6 月 23 日，http://www.gov.cn/zhengce/content/2022-06/23/content_5697299.htm。

⑤ 有学者分析了具有代表性的 10 个省份和城市的数字政府建设，得出了非常详细的结论，参见郑跃平等《我国数字政府建设的主要模式：基于公私合作视角的对比研究》，《治理研究》2021 年第 4 期。

例，就形成了政府和技术合力的良好局面：2017 年，广东推动腾讯和三大通信运营公司成立"数字广东公司"，并成立省政务服务数据管理局指导"数字广东"建设，充分发挥了技术的优势，走在了数字政府建设的前列。"数字浙江"则和阿里巴巴等私人属性的企业进行技术合作，也充分发挥了技术在数字政府建设中的重要作用，形成了独具特色的数字政府建设之浙江模式。

综上，数字政府建设中的公共性，对于政府作为数字政府建设的主体来说，是无可置疑的真正的目的。那么，探讨数字政府建设中的公共性问题，唯一可能与公共性这一目的相冲突的就是技术一方了。技术的力量是巨大的，甚至促使政府在数字政府建设当中不断地调整自身的角色，"在数字政府情境下，伴随大数据时代的到来，政府数字化转型对外部环境中的技术、信息、人力与资本等要素产生了高度依赖，掌握这些资源要素的技术性公司逐渐由被动的短期外包供应商转变为主动的长期公私合作伙伴。由此，私人部门开始深入参与到公私合作决策中来，甚至发挥主体性作用。公私合作视角下政府数字化转型过程中的决策权逐渐在不同主体间共享，政府也由服务生产者逐渐转变为资源协调者"，因此，在不同的数字政府建设模式中，可能存在着某种数字政府建设之争，"值得注意的是，不同模式下的数字政府建设存在差异性的潜在风险与挑战，如在平台垄断模式中，互联网巨头因其技术、数据、知识与用户基础等优势在数字政府平台建设中占据垄断地位，对其他市场主体的'挤出'效应将会日益增加，给政府监管带来新的挑战。同时，公私部门在组织文化、目标和价值导向等方面存在诸多差异，如何在保证私人部门获取正当商业利益的同时实现公共利益最大化，这将是当下及未来数字政府建设面临的棘手问题"。① 因此，"当数字政府建设依然具备战略必然性和技术可行性时，如何实现数字技术与政府治理的良性互动，如何科学有效地推动数字政府建

① 郑跃平等：《我国数字政府建设的主要模式：基于公私合作视角的对比研究》，《治理研究》2021 年第 4 期。也可参见 A. Cordella and C. M. Bonina， "A Public Value Perspective for ICT Enabled Public Sector Reforms: A Theoretical Reflection," *Government Information Quarterly*, Vol. 29, No. 4, 2012, pp. 512-520。

设的高质量发展成为关键"①。从数字技术本身和数字技术服务于政府建设的历史和发展来看，技术和政府之间就一定会产生争端或者冲突吗？如果会，其中的张力是什么，如何解决？

从数字技术本身的历史和发展来看，数字技术可以说一直拥有一个致力于公共性的目的。最早开发信息化技术并使其服务于公共性目的的是美国国防部于 1969 年开发的 ARPAnet，其开启了信息互联的数字化时代，"早期的互联网不仅是非商业的，而且是反商业的。在 20 世纪六七十年代，许多人都认为计算机是平等主义和合作的先驱，而非竞争和利润的先驱"②。互联网的迅猛发展则得益于 1989 年万维网（World Wide Web）的创造，它开启了全球信息互联。在这个时期，人们对数字技术的发展前景是非常乐观的，以互联网为代表的现代信息技术，确实具备了某些公共产品的属性，"互联网同样也有着强烈的公共产品属性，并削弱了旧媒体的'私人产品'属性。互联网服务提供商很显然可以将人们排除在外，但对消费者而言，实际的内容——价值观、想法——可以共享而不损失价值。共享也是极为便宜和方便的"③。因此，以人工智能、大数据等为代表的数字技术，并不一定就会破坏数字政府建设的公共性目的，甚至可以说，数字技术对现代社会的作用是以促进为主的，"平心而论，人工智能的实际危险性并没有理论上的危险性那么大，目前人工智能的技术水平距离理论上的危险还很遥远（关于'奇点'临近的说法是夸大其词），而现实可及的利益却十分巨大"④。也就是说，数字技术本身致力于公共性的发展，也促进了公共性的发展。

从数字技术服务于政府建设的历史和发展来看，数字技术也带有公共性的目的。数字政府建设的实践，不是将人看作数字技术的工具，而是将数字技术看作工具以服务于人，因此，综观数字政府建设的历史，中央和

---

① 阮霁阳：《数字政府建设影响因素研究——基于 127 份政策文件的大数据分析》，《西南民族大学学报》（人文社会科学版）2022 年第 4 期。

② 〔美〕罗伯特·W. 迈切斯尼：《数字断联》，张志华译，华东师范大学出版社，2022，第 121 页。

③ 〔美〕罗伯特·W. 迈切斯尼：《数字断联》，张志华译，华东师范大学出版社，2022，第 67 页。

④ 赵汀阳：《人工智能的神话或悲歌》，商务印书馆，2022，第 2 页。

"地方政府在构建人民满意的数字型政府过程中集中体现了'以人民为中心'的价值意蕴"①。从推进治理现代化的视角而言，数字技术对其具有十分重要的作用，"治理的视角是从数字政府建设的角度展开的，更强调数字技术发展的公平性，各国政府都高度重视技术进步所带来的各种治理问题，并依托数字技术努力出台各种数字治理新工具，为数字技术发展营造更好的生态环境"②。同样，就技术本身来说，"从新技术企业参与新冠肺炎疫情防控的实践经验来看，拥有互联网、大数据、人工智能的技术主体的参与不仅具有防范公共卫生危机的功能，而且在更广泛的意义上，技术主体将会伴随着发展环境的变化和国家治理任务的革新——尤其是当政府遭遇一系列同其自身能力不相对等的重大治理危机时——更广泛地参与到各项政府管理职能和公共治理的任务之中"③。因此，可以说"数字政府建设既是我国公共服务型政府建设的重要内容，又是公共服务型政府建设的重要手段"④。因此，数字技术也不一定就是数字政府建设中具有决定性作用的方面，技术也不能直接决定未来的数字生活，"技术只是硅谷极客们一厢情愿的方法，它从来就不是医治社会的灵丹妙药……总而言之，不是技术决定我们的生活——虽然已经出现了智能手机和人工智能，有谁还没用过它们？——而是文化"⑤。因此，数字技术本身并不就是具备破坏性的，更多的是作为一种建设性力量，"技术是最普遍的角度，可以说数字经济到目前为止还主要是以技术专家为主来推动的，无论是国外的谷歌、苹果，还是国内的百度、华为，都充分体现了技术创新的巨大价值"⑥。问题在于，数字技术在其自身的发展进程中出现了被资本俘获的情况，由此，在数字政府建设的过程中，就出现了资本和政府之间可能的争端。在国外的数字政府建设理论和实践探讨中，对于资本和政府之间是

① 祁志伟：《中国数字政府建设历程、实践逻辑与历史经验》，《深圳大学学报》（人文社会科学版）2022年第2期。
② 黄奇帆、朱岩、邵平：《数字经济：内涵与路径》，中信出版社，2022，序一。
③ 樊鹏等：《新技术革命与国家治理现代化》，中国社会科学出版社，2020，绪论第21页。
④ 李军鹏：《面向基本现代化的数字政府建设方略》，《改革》2020年第12期。
⑤ 〔德〕理查德·大卫·普雷希特：《我们的未来：数字社会乌托邦》，张冬译，商务印书馆，2022，前言第V页。
⑥ 黄奇帆、朱岩、邵平：《数字经济：内涵与路径》，中信出版社，2022，序一。

否能一致地服务于数字政府建设的公共性目的，一直就处于争论当中。在国内的数字政府建设理论和实践探讨中，学术界对资本和政府之间是否能一致地服务于数字政府建设的公共性目的抱有怀疑。更需要关注的是，数字技术在促使政治治理发生改变的同时，将必然重塑政府治理的模式和形态，"不仅是技术路径的变化，更是公共管理思维、机制和范式框架、模式的重大转变"①。

四 超越主体之争的数字政府建设：以公共性为依归

数字技术，作为新技术的一种，按照哈贝马斯（Jürgen Habermas）的观念，塑造出来的应该是一种公共空间，"传播技术，首先是印刷术和出版，然后是广播和电视，使对任何语境的表达都能获得把握，并建立了一个高度分化的公共领域网络，其中既有本地的公共领域，也有跨地区的公共领域，既有文学公共领域、科学公共领域和政治公共领域，也有党派公共领域或组织公共领域，更有依附于媒体的公共领域和亚文化的公共领域。公共领域无论多么专业化，都建立在异议和相互渗透的基础上，而且，在公共领域当中，意见和意志的形成过程获得了制度化。边界是虚设的。每一个公共领域都对其他公共领域保持开放状态。它们的话语结构源于一种不加任何掩饰的普遍主义倾向。所有的局部公共领域都指向一个总体性的公共领域，而依靠这个总体性的公共领域，整个社会形成了一种自我认识"②。数字技术，作为数字政府建设的重要助推力量，在融入数字政府的公共价值创造过程中，也在助推着数字政府建设的公共性实现，"全面贯彻网络强国战略，把数字技术广泛应用于政府管理服务，推动政府数字化、智能化运行，为推进国家治理体系和治理能力现代化提供有力支撑"③。

---

① 褚尔康：《数字政府建设顶层设计的底层逻辑体系构筑与运行特征研究》，《领导科学》2021 年第 24 期。
② 〔德〕于尔根·哈贝马斯：《现代性的哲学话语》，曹卫东译，译林出版社，2011，第 404 页。
③ 《加强数字政府建设 推进省以下财政体制改革》，《理论导报》2022 年第 4 期。

数字政府建设的目的，本就是促进公共性的实现，这是数字政府建设的出发点，也是数字政府建设的最终依归，"政府存在的核心目的是创造公共价值，作为一种新的政府形态，数字政府在创造公共价值方面具有得天独厚的优势"[1]。如此，数字技术在促进数字政府建设实现自己的公共性价值进程中，就呈现出三重重要的角色。数字技术在促进数字政府建设实现自己的公共性价值进程中的第一重重要角色是作为一种技术对政府进行赋能，第二重重要角色是作为一种技术对政府进行确权，第三重重要角色是作为一种技术在参与数字政府建设的进程中反过来影响数字政府的发展，从而促使数字政府建设融入数字社会的发展当中。这三重角色都很好地促进了数字政府建设，同时又为数字政府建设提供了良好的发展环境。

因此，数字技术参与到数字政府建设当中，是数字政府建设的自身需要，也是政府的主动性需求，更是构建数字社会和数字经济的重要环节，"数字政府作为一个复杂的社会-技术系统，其自身的技术复杂性与附着其上的社会属性对政府部门提出了更高的要求。在数字政府建设过程中，资源与能力的不足促使政府广泛引入公私合作，以期通过借助私人部门在技术实现、资本供给、项目运营、成本管理和风险承担等方面的优势，改善数字政府建设的有效性"[2]。因此，由数字技术引发的数字政府建设的公私之争可以说是一个虚假的或者根本不会存在的问题，技术本身也是中性的。因此，真正存在的问题不是数字技术和数字政府建设之间的张力，而是带有资本属性或者企业属性此类私人属性的技术和政府构建数字政府的公共属性之间的张力。这一张力也不必然就是冲突的或者说是存在争端的，如果二者的共同目的是服务于数字政府建设的公共价值目的的话。与此同时，更大的难题在于，政府在数字政府建设中并不一定能够及时转变自身以适应数字化带来的挑战，从而产生数字悖论，"信息技术本身是中性的，但会在引入到公共部门后导致不同的结果和影响。一方面，信息技术可能强化政府部门的既定结构、体制和利益，并反过来成为全面深化改

---

[1] 郭高晶：《面向公共价值创造的数字政府建设：耦合性分析与实践逻辑》，《广西社会科学》2022年第7期。

[2] 郑跃平等：《我国数字政府建设的主要模式：基于公私合作视角的对比研究》，《治理研究》2021年第4期。

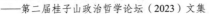
革的阻力，而这是需要避免的发展陷阱。另一方面，信息技术可能对政府部门形成制约，并倒逼政府部门的结构转型和体制改革。数字悖论指信息技术的引入并没有达到预期目的，反而诱发许多意想不到的后果和影响。比如，数字政府建设并没有使政府规模减小，组织结构扁平化，跨部门合作便利化，业务流程高效化，也没有使民众的使用率、满意度和获得感得到显著提升"①。

因此，准确地说，本文的观点是，数字技术参与到数字政府的建设与发展当中，真正的风险不在于不同主体（政府、技术）之间的争端，即政府和技术之间的公私之争是一个虚假的甚至在逻辑上不存在的问题，真正的问题在于，数字技术参与到数字政府的建设与发展当中，是否围绕着数字政府建设本身需要展现的价值依归——构建公共性的治理。实际上，数字技术本身对数字政府建设具有重要的意义，"数字技术的快速迭代与普及推广为政府数字化转型提供了强大的科技驱动力，通过技术赋能和技术赋权双重机制推进数字政府建设"②。因此，数字政府建设中的公私之争，其本质不是技术和政府之间的争端，而是现有体制机制改革背后的公共性与技术资本化背后的私人性之争。因此，真正需要思考的问题是，"如何有效驾驭这些垄断了技术、资本和权力的技术帝国和科技'怪兽'，如何建立新技术企业同政府监管部门的良性互动机制，如何在开展高效协同的公共治理的同时，能够更好地克服技术的深度应用所产生的潜在政治影响，引导其在扩大经济规模与市场影响力的同时，始终尊重国家的公共利益和人民大众所珍视的美好价值，将是一个全新的政治学课题"③。

结　语

总而言之，问题是数字政府建设的多元主体之间是否能够围绕着公共性的目的来推动数字政府的建设，而不是技术的私人性和政府的公共性之

---

① 马亮：《数字政府建设：文献述评与研究展望》，《党政研究》2021 年第 3 期。
② 孟天广：《政府数字化转型的要素、机制与路径——兼论"技术赋能"与"技术赋权"的双向驱动》，《治理研究》2021 年第 1 期。
③ 樊鹏等：《新技术革命与国家治理现代化》，中国社会科学出版社，2020，绪论第 22 页。

间存在争端。只要是能够服务于数字政府建设的公共性目的，数字政府建设的多元主体必然能够在合作中找到自身利益的平衡。这就是新技术时代的"新的政治科学"。在《意见》中，也对数字政府建设的"公共性"依归进行反复的强调，也强调了政府作为数字政府建设的主导作用，从而明确了数字政府建设的公共性："坚持以人民为中心。始终把满足人民对美好生活的向往作为数字政府建设的出发点和落脚点，着力破解企业和群众反映强烈的办事难、办事慢、办事繁问题，坚持数字普惠，消除'数字鸿沟'，让数字政府建设成果更多更公平惠及全体人民"，"数字政府建设在服务党和国家重大战略、促进经济社会高质量发展、建设人民满意的服务型政府等方面发挥重要作用"，"以信息化平台固化行政权力事项运行流程，推动行政审批、行政执法、公共资源交易等全流程数字化运行、管理和监督，促进行政权力规范透明运行"，"以数字政府建设为牵引，拓展经济发展新空间，培育经济发展新动能，提高数字经济治理体系和治理能力现代化水平。准确把握行业和企业发展需求，打造主动式、多层次创新服务场景，精准匹配公共服务资源，提升社会服务数字化普惠水平，更好满足数字经济发展需要。完善数字经济治理体系，探索建立与数字经济持续健康发展相适应的治理方式"。[①] 再一次引用《意见》的目的在于指出，在以公共性为依归的前提下，数字政府建设围绕着以人民为中心构建新型信息时代的政府治理形态，不会存在目的上的公私之争，也可以由此合理地规范和防控数字政府建设过程中的风险，从而促进国家治理体系和治理能力的现代化。也就是说，"数字化转型本身并非数字政府建设的最终目的，以数字技术驱动政府治理体系整体变革，更好地回应多元化需求，不断满足人民群众对美好生活的向往才是其根本价值所在"[②]。

[①]　参见国务院印发的《国务院关于加强数字政府建设的指导意见》，2022 年 6 月 23 日，中国政府网，http://www.gov.cn/zhengce/content/2022-06/23/content_5697299.htm。

[②]　郑跃平等：《需求导向下的数字政府建设图景：认知、使用和评价》，《电子政务》2022 年第 6 期。

论亚里士多德政治学方法论体系的
普适性问题

张居正[*]

（南京大学现代逻辑与逻辑应用研究所，南京；
许昌学院中原农耕文化与乡村发展研究中心，许昌）

摘　要：在亚里士多德的方法论体系中，定义始于分类，而种差作为分类标准，是其方法论的核心环节。在《政治学》中，亚氏首先通过确定种差，实现对政制必要部分的区分，进而以不同方式对城邦的必要组成部分进行排序，由此组成的不同有序序列对应不同的政体形式。通过对亚氏在城邦政制分类中所使用的诸种差的考察，本文认为"富与穷"在所有分类序列中均可视为某个层级的前置性种差，呈现出元分类标准的意义。同时"富与穷"还是一个历史性范畴，即分类标准本身就含有预设，这意味着政体分类也是一个历史性问题。从这个意义上而言，需要通过历史的维度，采用逻辑的方法，对不同起源政治文明的种差和"前提"作出有效澄清，进而对亚里士多德所开创的政治学方法论体系的普适性问题展开深入的理论探讨。

关键词：政治学；亚里士多德；种差；富与穷

＊　张居正，南京大学现代逻辑与逻辑应用研究所研究员，许昌学院中原农耕文化与乡村发展研究中心研究员。

亚里士多德提出，理论研究分为两个层面："关于任何理论和研究，无论崇高还是卑微，似乎存在着两种有效的方式。一种可以被恰当地称为获得事物的知识，而另一种则可大致称为教育。因为受教育者能够对所提出的观点进行好与不好的正确判断。"① 一个是描述性的"知识"层面，取得的是可以对"真/假"或"有/无"进行判断的知识，而判断其实是一种谓述，也就是《范畴篇》中提到的"实体"+九范畴；另一个是解释性的"价值"层面，亚氏此处称之为"教育"，但他这里提到的评判标准是"好/坏"，实际上就是价值判断问题。这两个层面的区分，开创了政治学领域政治哲学和政治科学（或称之为经验主义政治学传统）两个研究取向。

就方法论层面而言，所谓"研究方法"，指的是亚里士多德在比较和分类对象或客体时所采用的程序和步骤，方法是支撑和指导分类和比较这两个过程的原则。就方法本身而言，部分是描述性的，部分是解释性的。说方法是描述性的，是因为在《政治学》中，亚氏通过分类，列举了各种政治实体（即城邦的政制），② 这种列举行为暗示政治实体本身有一定的秩序（亦即按照某种标准来区分部分，进而将部分排列成有序序列）。说方法是解释性的，是因为亚氏还试图给出一个合理的解释，即不同的政治实体为什么是这样的，以及它们为什么会呈现这样的顺序。因此从这个意义上而言，并没有所谓完全普适的、价值祛除的方法。

一　亚里士多德政治学研究中的方法论问题

想把亚里士多德在《政治学》中的"方法"厘清并不容易，在《政治学》诸卷中，并没有明确的章节对政治学研究的方法展开讨论。此外，

---

① 苗力田主编《亚里士多德全集》第5卷，中国人民大学出版社，1993，第3页。
② 按照俞可平的观点，在《政治学》中，亚里士多德将"政治实体"理解为"constitution"，中文译为"宪制"为宜。参见俞可平《最好政体与最坏政体——亚里士多德的〈政治学〉及其政体观再评》，《北京大学学报》（哲学社会科学版）2020年第1期。另外，在中文翻译中"宪制"与"政制"往往混用。

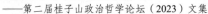
不少学者认为亚氏的思想和著作呈现出"发展主义"①，对于亚氏思想发展脉络和著作各卷的"固有"顺序，学术界亦颇多争论。但不可否认的是，《政治学》中方法的应用，呈现出彼此或多或少联系在一起的几重图式。人们当然有理由怀疑，亚氏在《政治学》中究竟有没有连贯的方法论。因此，要研究亚里士多德的方法论问题，就需要研究他的一系列著作，特别是其哲学、动物学等著作。就政治学领域而言，在政制的分类中，亚里士多德的一系列分类方法似乎有章可循，亚氏通过动物学分类来类比政治研究，对研究的方法问题给出了高度凝练的总结：

> 所有的城邦都不是由单独的部分组成，而是有众多的部分或要素，这可以作为我们进行讨论的出发点。如果我们要对动物进行分类，就应该首先定义每一动物都有哪些必不可少的部分，比如不同种类的感觉器官、接收和消化食物的器官（如口与胃），还有各种各样的运动器官。姑且假定就只有这么多必不可少的部分，但这些器官之间仍有差异——我指的是不同种类的口、胃、感觉器官及运动器官，这些器官的组合必定会形成动物的诸多品种。（因为有不同种类的口或耳的动物不可能是同一品种的动物。）当穷尽了所有可能的部分的排列组合之后，就确定了动物的品种，有多少种必不可少的器官的组合方式，就有多少动物的不同品种。以此类推上述政体问题，正如我反复强调的，城邦不是由一个部分而是由多重部分构成的。②（1290 b24–38）

此处出现的方法与亚里士多德在《工具论》、《形而上学》和《论动

---

① 从德国学者维拉莫维茨（Ulrich von Wilamowitz-Moellendorff, 1848~1931，其代表作为 *Aristoteles und Athens*, Berlin, 1893）开始，学术界认为亚氏著作本身就是"发展的"，需要把章节和内容的顺序进行重新排列以便读者理解。另一位德国学者耶格尔（Werner Jaeger, 1888~1961）遵循同样的思路，提出了著名的理论，即亚里士多德现存的著作，按照写作年代不同，有两个甚至更多的思想取向。亚氏的思想呈现出从接近柏拉图到远离柏拉图的趋势，因此，应该从发展的角度来理解和编撰亚里士多德的思想和著作。参见 W. Jaeger, *Aristotle: Fundamentals of the History of His Development*, trans. by R. Robinson, Oxford：Oxford University Press, 1934, rev. 1948, pp. 271–272；〔德〕奥特弗里德·赫费《亚里士多德》，王俊译，研究出版社，2022，第176~179页。

② Aristotle, *Politics*, trans. by Ernest Barker, Oxford：Oxford University Press, 1995, p. 141.

物的部分》等著作中提出的一系列分类方法论原则很相似。第一，根据事物的"实体/实质"或"本质"进行分类。第二，依据"属+种差"（即定义）进行分类。第三，根据"本质属性"进行分类，如亚氏所言："必须首先阐明所有动物群体的本质属性，然后试图对它们进行解释。"① 第四，依据质料来进行分类，巴尔姆（David Mowbray Balme，1912~1989）、A. C. 劳埃德（Antony Charles Lloyd，1916~1994）和理查德·罗蒂（Richard Rorty，1931~2007）等人持此类观点，② 他们认为在亚氏那里，质料"构成有序序列对象中的决定性标准"③。第五，根据多重种差（种差即不同之处）来分类。一次仅用一对种差进行分类，这样一来区分度不够，难以对"实体"或对象进行有效界定。在《论动物的部分》中，亚氏批判了把"二分法"作为动物分类原则的做法，并进一步指出为什么这样做不行。因为"二分法"无论怎么分，很快就会分类到序列最末尾的、单独的、无法继续区分的某个种差上去，这就造成不能囊括（或定义）包含多重种差的某种动物。所以从这个意义上而言，对"实体"进行界定，就必须通过多重种差进行分类，诸多序列分到最后一个无法继续区分的种差；由这些种差所组成的集合，才能在较为全面的意义上，通过列举的方法，对"实体"的本质进行定义或界定。如亚氏所言："我们必须一开始就用许多不同的种差来定义。"（643 b24-25）

　　"属"和"种"作为分类的概念工具，在亚里士多德方法论和范畴体系中占据核心位置。柏拉图谈"εἶδος"，突出其"形式/form"意义，在柏拉图那里，"εἶδος = form or idea"，更突出本体论层面的存在意义。亚里士多德则更关注"属/γένος/genus"和"种/εἶδος/species"的方法论意义，

① Aristotle, *The Complete Works of Aristotle*, Princeton：Princeton University Press, 1991, 645 b2-4.

② 参见 D. M. Balme, "ΓΕΝΟΣ and ΕΙΔΟΣ in Aristotle's Biology," *Classical Quarterly*, Vol. 12, 1962, pp. 81-98; A. C. Lloyd, "Aristotle's Principle of Individuation," *Mind*, Vol. 59, 1970, pp. 519-529; Richard Rorty, "Genus as Matter：A Reading of Metaphysics Z-H," in E. N. Lee, A. P. D. Mourelatos, and R. M. Rorty, eds., *Exegesis and Argument：Studies in Greek Philosophy Presented to Gregory Vlastos*, New York：Humanities Press, 1973, pp. 393-420。

③ A. C. Lloyd, "Genus, Species and Ordered Series in Aristotle," *Phronesis*, Vol. 7, 1962, pp. 67-90.

"εἶδος"为"属"的次级分支，除了"形式/form"的意义以外，"εἶδος"更多地体现出"种/species"的方法论层面的分类意义。对于亚氏而言，他试图通过分类来为世界系统和语言系统建立对应关系，即通过语言实现为世界建码。亚里士多德式通过"属种"分类，把"存在"的意义从柏拉图式的寻找终极的、自存的"属"所固有的那种完全歧义性（equivocality）中拯救出来。"存在"不是"属"，但在任意一个"属"之中，我们可以通过"种"关系区分程度的不同，来区分"存在"的类别。"存在"本身没有"属"，但"存在"可以通过"属种"分类，具有很多不同层级的意义。对待"实体"，只有通过实体之外的范畴术语的应用，找出明确的种差，才能获得关于"实体"的确切知识。

总的来说，方法论作为一个多层次、多维度的整体，既包括内容维度，还包含逻辑方法维度。列宁说："任何科学都是应用逻辑。"[1] 人们要正确地思维，就必须遵守思维的规律，使思维过程合乎逻辑。比较和分类，是认识事物的两种基本的逻辑方法。一般而言，人类认识事物是从对事物的区分开始的。区分事物，首先是比较，"有比较才能鉴别"[2]。而要系统地总结和掌操已经识别的各种事物，就需要进一步分类。就分类而言，需要根据事物的本质特征或内部联系进行分类[3]，而分类所依据的这个本质特征，实际上就是种差。

二　种差是方法论体系的基础与核心环节

从方法论层面而言，"属"从纵向维度为被定义对象（实体）划分了大类，"属性"为同"属"内所有对象（实体）所共有的某些具有连续性的性质，而通过多重种差在横向维度界定出被定义对象（实体）的那个"特性"，亦即与同属内其他对象（实体）的不同之处的集合，由此实现了被定义对象（实体）的"定义"。换言之，"属"就是被定义对象所从

---

[1] 列宁：《哲学笔记》，人民出版社，1993，第171页。
[2] 《毛泽东文集》第7卷，人民出版社，1999，第280页。
[3] 《自然辩证法讲义》编写组编《自然辩证法讲义》，人民教育出版社，1979，第296页。

属的纵向层面的大类，而种差是从"种"这个横向层面，将被定义对象所从属的"种"区别于属内其他"种"的"不同之处/种差"。亚氏通过这种纵横坐标系（属+种差）的分类方式，牢牢地锁定了某个具体的"是态"，也就是锁定了某"实体"这个"是"所处的"态"。"属"与种差所构成的定义，共同组成了所谓的"本质属性"。

"属"内之"种"的区分是通过"部分"的识别予以实现的，即通过"本质性"的种差来实现比较和区分"部分"。亚里士多德在其论著中非常关注"部分"问题。在亚氏看来，有些组成"部分"在政制中就是比其他部分"更加必要"。"部分"的排序，特别是关于"本质性"部分的排序，是鉴别政制的关键。换句话说，对于部分的排序不仅能够帮助亚里士多德展示各类城邦的不同，而且更能说明其不同之处：民主制之所以说是民主的，是因为这些城邦的质料部分是以特定顺序排列的（即"穷人"或"富人"拥有特定的"职位"）；寡头制之所以说是寡头的，是因为其部分的具体排列顺序；其他城邦（现代意义上我们可以置换为文明、民族国家等）形式之不同，理固宜然。事实上，鉴于政制有千差万别的种，分类的唯一根据就是城邦的"本质部分"是如何排序的。

亚里士多德相对简洁地表达了这一原则："政制之不同在于享有主权性职位的群体之不同。"（1278 b8-10）当一个政制通过设计，将包括"富与穷"的不同群体混合起来享有主权（即职位）时，就像亚氏生物学著作中提到的诸如蝙蝠一样的"中道/intermediate"的物种一样，就成了"中道"的政制。亚氏认为这些物种之所以是"中道"的，是"因为它们似乎共享两个不同属的部分或器官"①。总的来说，亚里士多德的分类行为展现出经验性和逻辑性特质的混合，或者简单地称之为归纳和演绎的混合，这也是亚里士多德的研究具有科学性的标志。对于"部分"的收集汇编是基于广泛且充分的观察，无外乎有学者认为亚里士多德晚年寓居于雅典学园所著的《雅典政制》就是这么形成的。② 这些"部分"被系统地分

① G. E. R. Lloyd, "The Development of Aristotle's Theory of the Classification of Animals," *Phronesis*, Vol. 6, 1961, p. 75.
② Peter John Rhodes, *A Commentary on the Aristotelian Athenaion Politeia*, Oxford: Oxford University Press, 1985, introduction, pp. 2-5.

类为"必要的"和"不必要的"，并进一步被细分（诸如社会阶层/social classes、职业/occupations、职位/offices 等）。最后通过一个本质性的演绎过程，将可能成立的品种的部分进行排序并加以详细说明，由此产生了城邦的诸多品类。亚里士多德的目的是通过恰当且合理的分类方法，实现对城邦的有效区分，而这正是亚氏开展城邦实证研究的理论自觉。就政治学这门学科而言，观察本身就是其经验的主要来源，要通过观察发现本质的、必要的部分及其种类，这些部分起码要能够被研究者所观察到。部分之间的相似性一般通过功能的相似性来识别。而一个部分是什么，则通常取决于对其用途和功能的认识。

再者，如许多研究者一再强调的那样，分类是一种逻辑过程，当整体中的部分被充分鉴别（区分）出来，就可以简单地通过部分的"可能的组合"来确定各种城邦的种类。G. E. R. 劳埃德（Geoffrey Ernest Richard Lloyd，1933~　）在文章中援引 R. 罗宾逊（Richard Robinson，1902~1996）的观点，认为《政治学》的写作是"令人惊讶的毫无条理性……亚里士多德这个伟大的经验论者，似乎在这里暗示，他可能是在没有任何经验观察的情况下对政制进行分类的……纯粹通过逻辑分类"[①]。这种观点具有一定代表性，在亚里士多德的经典分类法体系中，确实有逻辑的因素，但与此同时，亚氏不断用"现实"对种差进行交叉比对，进而总结出政制这个政治实体的"种类"。

从另一个角度来讲，在《政治学》中又确实找不到明确的关于方法论的详细阐述，这使我们面对城邦或政制时产生很多困惑，究竟应该观察和研究些什么？具体而言，亚里士多德没有明确告诉我们：第一，如何从纷繁复杂的对象中辨别出哪些属于城邦的研究范畴（或笼统地讲，如何将一个对象的类与另外对象的类区分开来）；第二，如何从相关研究对象的类别中，将本质性部分与非本质性部分区分来看；第三，在对城邦的本质性的部分进行进一步的分类时，哪些要素更为重要。换言之，如果我们承认城邦的诸多部分有高低贵贱之分，那么这些部分，哪

---

① G. E. R. Lloyd，"The Development of Aristotle's Theory of the Classification of Animals,"*Phronesis*，Vol. 6，1961，pp. 59-81.

个重要，哪个不重要？

这些问题的答案只能在亚里士多德方法论具体的应用实例中去探寻。撇开著名的依据执掌权力人数和执政宗旨划分的"六种政体"（君主制、贵族制、民主制、暴君制、寡头制、暴民制）的分类，可以在《政治学》中发现九种不同的分类方法。① 在这九种分类法当中，有些似乎是精心设计的，有些只是草草列出一些原则。但所有这些方法都有其内在规律可循，总的来讲，《政治学》中的分类可分为三个步骤。

首先是"下定义"，对需要分类对象的类别，在总体层面通过定义来有所界定，在《政治学》中就是对"政制"进行定义。第3至6卷中对政制提供了几种"定义"，在亚里士多德那里，"定义"即"属+种差"。"定义"作为一种分类的规则，与分类紧密联系在一起，通常在分类开始之前就已经有所界定。② 换句话来讲，"属"和种差是定义之前的元问题。现代意义上的"下定义"包括内涵（解释定义对象的某些本质属性）和外延（在内涵定义之下包括哪些对象）两个层面的内容，现实中人们对"下定义"的实际理解是必须抓住被定义事物的基本属性和本质特征，用简洁明确的自然语言对事物的本质进行概括说明。从这个意义上来讲，"下定义"意味着简化和省略，意味着研究者要依据一定的种差（分类标准）做出取舍，将对研究对象中的本质性"部分"或"特性"予以逻辑化地呈现，而将不那么"必要"的"部分"或"性质"予以省略。

其次是"排序"，因为"政制"本身是一个复杂的研究对象，由以不同方式排列的不同"部分"组成，这要求在分类开始之前，要先列举出组成"政制"的组成"部分"。不难发现，在组成城邦中的"部分"清单中，有很多"部分"在分类开始之前，就已经存在了。③

最后是指示出政治实体的"序列"，即政制的"序列"，政制的种类

---

① 散见于：1279 a6 - b10, 1284 b42ff, 1290 a13ff, 1291 b31ff, 1292 a39ff, 1292 b22ff, 1293 a35ff, 1296 b17ff, 1298 a11ff。

② 关于政制的定义散见于：1274 b38 - 39, 1278b9 - 10, 1289 a15 - 17, 1290 a8 - 10, 1295 a41-b1, 1328 a35 - 37。

③ 组成城邦的"部分"散见于：1253 b1ff, 1274 b40 - 41, 1289 b27ff, 1290 b8ff, 1290 b37ff, 1291 b5 - 12, 1291 b18ff, 1292 b25ff, 1295 b1ff, 1296 b13ff, 1297 b35ff, 1303 a1ff, 1315 a31 - 32, 1318 a31 - 32, 1321 a5 - 8, 1328 a22ff。

取决于特定情形下"部分"的"序列"。从这个意义上而言，分类就是城邦内"部分"的"排序"过程。就"部分"而言，"部分"本身可能完全是一码事，但排列的顺序不同；或者"部分"本身完全是两码事；上述"部分"的任何一种变化，都将导致城邦的"特性"产生变化；城邦的诸多"特性"也由诸多条不同的"序列"来确定。这种基于政治领域中"部分"的排列组合所产生的每一种分类方案，或者说"部分"构成的有序序列，也就对应政制中的每一种"形式"，即具体的政体形式。

具体而言，上述分类行为可以通过《政治学》第 4 卷的综合分类来予以说明，该部分对民主制和寡头制进行了排序。这个排序始于"有多少种政制"这个问题，随后亚氏对只有一种民主制和只有一种寡头制的普遍观点进行了批判（1289 a9），接下来他对政制进行了定义："政制是关于城邦职位的分配方式、主权是什么以及每个共同体的目标是什么等问题的规定。"（1289 a15-18）各种各样政制存在的原因是"每个城邦都有相当多的组成部分"（1289 b27-38），且政制之间的区别在于"这些部分之间就种（εἶδος/species）而言是不同的"（1290 a6-8）。由此造成"由于各部分具有优势和差异，有多少种（部分的）排列组合方式，就有多少种政制形式"（1290 a11-12）。

值得注意的是，亚氏在分类过程中，实际上是有所取舍的，即有些部分被视为城邦之本质，有些部分被视为不必要的而被无视，那么问题在于："必要"和"不必要"的取舍。这实际上是分类开始前的元问题，核心问题其实置换成了研究者的语境和取舍，城邦的本质此时只能说是研究者视域中的城邦。很多部分在分类开始时就已经被排除在城邦本质之外。一切关乎种差，亦即分类的标准，每个城邦的特性是由观察者所能观察到的研究对象的本质所决定。诚然，特定城邦确实可能是依照惯例形塑的；而个别城邦显然也可以被人为地改变成不同于其原初的组织形式。比如，民主制可以被人能动地改造为寡头制。但是每个城邦的特性却不是由人类惯例决定的，而是由观察者依据特定种差所能观察到的研究对象的本质所决定。民主制和寡头制是由其本质特性的排序所"赋予"的。这也是亚里士多德对柏拉图主义的主要让步之一：每个城邦都有其自身的"本质"，人类无法改变这种自然秩序（或称之为本质部分的排序）。用现代的观点来解读，即科学家只能认识和发现规律，而不能改变规律。

总的来说，亚里士多德在《政治学》中的分类是一种本质性排序，同城邦类型的区分是"按本质"开展的。所谓"按本质/by nature"进行分类，将亚氏的观点归纳起来就是：首先，根据本质的差异，即"初始存在或始动者"进行分类，这实际上构成了纵向"属"层面的大类；其次，按照质点，即按照"构成有序序列的对象的决定性标准"进行分类，在横向的"种"层面选取同"属"内区分不同"种"的本质性种差；再次，后置的种差都需要由前置的种差所决定，如"双足"是由"有脚"所决定一样；最后，单一分类序列难以完成对某对象的定义或界定，就需要依据多重种差进行分类，通过多条序列终极种差的集合，来对某对象的本质进行列举和把握。①

三 古希腊城邦的本质性种差是一个历史性范畴

（一）"富与穷"构成古希腊城邦的本质性种差

对于种差的排序，亚里士多德虽并不总是把种差按恰当的顺序进行排列，但亚氏的种差确实呈现出某种序列性。对这一原则最清晰的例证，是亚里士多德常用的对民主制和寡头制进行分类的方式（因为在亚里士多德时代的古希腊，民主制和寡头制是主要的政体形式）。古希腊不同城邦的根本区别，源于"富与穷"这对种差。换言之，是以"富"和"穷"为前置种差的有序序列。"富与穷"是最完全意义上的城邦的组成部分，贫富差异的现实使得寡头制和民主制成为古希腊城邦政制的两种主要政体形式。但"富与穷"作为"部分"而言，可以进一步细分。对这两个类进一步区分的最简单和最常见的方式是根据"财富的程度或数量"来区分。因为"财产的数量"可以有无限多的组合和展现形式，所以基于的差异实际上就是各种形式的种差的集合，人们可以很容易地区分不同类型的寡头

---

① G. E. R. Lloyd 对分类步骤亦有相关论述，参见 G. E. R. Lloyd, "The Development of Aristotle's Theory of the Classification of Animals," *Phronesis*, Vol. 6, 1961, pp. 59-81。

制。比如，取决于统治者的富裕程度，或者说按照城邦的法律，有多少人能够满足执政的财产要求，但这两者其实是一回事。基于"富与穷"的各种形式的种差的集合，也可以用来区分不同类型的民主制，在不同的民主制中，实际上也同样取决于政治职位所要求的财产水平的评价体系。因此，"财富数量"是其前置种差"富裕"和"贫穷"所描述或决定的。这也是亚里士多德用来辨析寡头制和民主制的主要规范之一。如，"在各种类型的寡头制中，有一种是持有官职所要求的财产如此之高，以至于占人口大多数的穷人在政府中没有职位"[1]（1292 a39ff）。在亚里士多德第二次对民主制进行的分类中有一个更显著的例证（1292b 23ff）。此处确定了四种类型，从分析由农民构成公民主体的温和政制类型开始，通过对包含另外的社会阶层和职业的、不那么温和的政制形式的描述，最后到分析"每个人都享有（职位/权力）"的极端政制形式，在这个极端形式中连最赤贫的人都享受到政治红利。在这个分类过程中同时使用了好几重种差，但亚氏认为真正导致政体差异的种差是"闲暇/Σόλας/Leisure"。政体主要基于享有职位的人有多少闲暇来履行职责这种区分标准来分类——公民主体享有的闲暇越多，民主制就越极端。

如前所述，需要根据多重种差来对"实体"（即研究对象）进行分类。通过"闲暇"这个种差来描述"穷人"，我们得到了由新的种差序列所构成的新特征。问题的关键在于："闲暇"这个种差，在某种程度上，也派生于"富"和"穷"这对种差。换言之，"富"和"穷"是"闲暇"的前置种差。此外，"闲暇"本身就是政治中另一个重要种差的描述，亦即"职业/occupation"。在关于民主制的排序中，"闲暇"和"职业"之间存在着某种共变关系。特别是农民，因他们必须努力工作，几乎没有闲暇（1292 b28），这造成他们更加温和。在亚里士多德那里，农民比那些从事其他"贫贱"职业的人更加品德高尚，这使得由农民构成公民主体的城邦统治更加温和（1318 b12；1319 a20ff）。由于散居在乡下，农民很难参与集会，因此也不会经常参加。这种"政治冷漠"与其他因素共同作用，使农业式民主制非常温和（1319 a34ff）。

---

① Aristotle, *Politics*, trans. by Ernest Barker, Oxford：Oxford University Press, 1995, p.146.

与之形成鲜明对比，"Μπανάους/banausoi" 和 "Θέτες/thetes" 有更多
的闲暇（城邦对公职人员的补贴使情况更加恶化），这些人也更极端。
"Μπανάους/banausoi" 是彻头彻尾的侮辱性词语，指从事"庸俗的/ba-
nausic" 职业及相关个人。亚里士多德将工匠比作奴隶（1260 a40-b1），
这些人头脑简单，无法确定自己的生活目标和实现目标的办法，因此需要
一位主人来确保自己生存（1252 a31-34）；任何"帕诺索伊式"的工作
"使自由人的身体和思想对具有美德的工作、活动而言毫无用处"（1337
b10-11）；"庸俗的"工匠生活使获得美德变得不可能（1277 a 38-b6，
1278 a 9-11）。而 "Θέτες/thetes" 指第四等级，有无业游民、贱民之意。
当那些从事"底层"职业的人可以参政时，政体形式就会比只允许农民参
政的政体更加极端。值得注意的是，在亚里士多德看来，所有与特定职业
群体相关的要素都明显具有因果联系。比如，农民几乎没有闲暇，因为他
们必须努力工作；他们必须努力工作，反过来使农民更有道德，也更加温
和；因为他们是农民，所以他们必须散居于乡下，这也使得农业式城邦的
统治更加温和。诸如此类的论证还有很多。

就像基于"财富数量"的排序一样，通过"职业"这个变量来明确
"穷人"，闲暇由此使另一种民主秩序（民主制序列）成为可能。而且这
种排序既是"实证的"，也是"规范的"。说它是"实证的"，是因为其引
发了人们对公权力和职位/权力分配的关注。说它是"规范的"，是因为当
不同的职业群体被允许参政时，这种排序在"善"的尺度上，根据政权的
温和程度对民主制进行了排序。公民阶层几乎没有闲暇的民主制城邦比公
民有很多闲暇时间的民主制城邦更加温和，在财富方面也更加平均。"经
验"要素和"理念"要素完美地交织在一起，这使得亚里士多德得以进
一步完善民主制的分类。

亚里士多德还按照城邦的"职位/Ἀρχὴ"进行了有序排列，从而产生
了另外一种偏序（不完全排序）的分类法。"Ἀρχὴ/arche" 在《形而上
学》中，意为"原点/beginning"。

> 原点是事物开始运动的地方……（e）因为（这些人的）审慎抉
> 择，"他者/δὲ/others"（即政制）因动而动，因变而变，就如（政

制）依据城邦的原点（ἀρχαὶ/beginnings or offices）而变动，（具体的城邦原点诸如）执政官们，君主们和暴君们。① （1012 b35-1013 a24）

"他者/δὲ/others" 在这段话中，指的就是城邦诸政制/政体的集合，而"原点"可以理解为现代意义上承担国家主权的这些人，即主权者的抉择也可作为政治体系的原点，也就是人格化的政治原点。"职位/Ἀρχή/of-fice"和"职业/κατοχή/occupation"在中文翻译中只有一字之差，在日常语言中也经常混淆地使用，但在亚里士多德那里，"职位"是城邦提供的具有公权力属性的"岗位"，蕴含公益性、德性、荣誉性、至高性等古人的合"善"性理念，而"职业"不过是私人谋生的手段，具有私利性，两者完全是两码事。

因此从这个角度而言，政制之不同，不仅在于不同的阶层能否顺利出任公职，而且还在于同一阶层能否担任不同的"职位"。比如在 1298 a1ff 中，亚里士多德把"职位"这个广义的种差细分为三个更为具体的种差：立法要素（deliberative element）、行政要素（executive element）和司法要素（judicative element）。公民可能以多种方式分布于这些部分或机构之中，即使在某个种内（比如民主制内），也存在各种可能性：穷人可以担任所有职位，也可能只允许担任一些职位，而不能担任另外的职位（1298 a10ff）。民主制在类型上也会有所不同，这取决于穷人究竟能担任何种职位。此外，某些职位在确立政制特性方面确实比其他职位更重要。特别是立法性职位，因其具有主权性所以最重要（1299 a5）。从亚氏的分析中不难看出，当穷人或多或少地担任立法性的职位，以及或多或少地担任其他职位时，民主制就随之具有相应程度的民主性。这三种要素（立法、行政和司法）因此明确了"职位"的一般性种差，由此可以在不同类型的政制之间进行更精确的鉴别。

除了种差的有序序列这条原则之外，亚里士多德还习惯性地同时使用多重种差来对城邦进行区分，而非孤立地使用种差。例如，在对城邦

---

① Aristotle, *Metaphysics*, Volume I：Books 1-9, trans. by Hugh Tredennick, Loeb Classical Library 271, Cambridge：Harvard University Press, 1933, pp. 209-211.

政制的六种政体的分类中，提到了四个种差：统治者的数量、统治者的社会"阶层"、统治者的道德水平（美德程度）以及统治阶层所担任的"职位"的种类。（1279a 25ff）首先，就统治者的数量而言，一般意义上亚里士多德政体划分是按照统治者人数的多少来确定的，即一个人的统治、少数人的统治和多数人的统治，所依据的是君主、少数富裕的贵族阶层和多数的普通公民。这种划分，一方面是纵向"属"层面连续性的血统或血缘关系的区分；另一方面，在横向"种"的层面，是依据财富数量或程度的多寡进行的区分。其次，所谓统治者的社会"阶层"，在某种程度上而言，还是依据财富程度进行的划分。再次，所谓的"德性"，按照马克思的观点，"人们自觉地或不自觉地，归根到底总是从他们阶级地位所依据的实际关系中——从他们进行生产和交换的经济关系中，获得自己的伦理观念"①。换言之，道德不仅是在"属"层面是具有连续性的历史沉淀的产物，还是在"种"层面基于某种财富分配方式的物质生活关系在人头脑中的精神表现。从这个意义上而言，"富与穷"依然构成道德的前置种差。最后，如前所述，"职位"也是以"富与穷"为前置种差的某种分类标准。

而在具体城邦的分类中，多重种差使用得更为频繁，亚氏频繁地列出城邦的"部分"，有些序列的部分甚至多达十重（1290 b40ff），每个部分都代表分类体系中的一个特定的种差。由于每个城邦都是由多重种差组成的混合体，而如何给城邦进行分类，又取决于对城邦的各部分进行精确排序，因此在亚里士多德那里，分类是必须通过多重种差来进行的。这几重种差必须一体化地予以考察，而不能一个接一个地孤立地予以考察。亚氏的方法也许最能体现在他对民主制的"种"进行分类的方式上，即使在本质上非常接近的"种"之间（民主的第一种形式和第二种形式之间），也引入了多重种差。具体而言，第一种民主形式和第二种民主形式的区别在于：①公职人员的财产数量（1292 b23ff）；②法律赋予社会阶层的平等程度（1291 b22ff，1318 b7ff）；③公民主体的闲暇程度（1292 b28ff）；

---

① 《马克思恩格斯文集》第9卷，人民出版社，2009，第99页。

④公职人员的职业（1317 a19ff）；① ⑤公民主体担任的职位范围和种类（1317 b17ff）；⑥法律在城邦中的至上性程度，亦即法律的主权程度（1292 b27ff）；等等。综上，至少在亚里士多德对政制的分类实践中，仅凭一重种差就充分且准确地区分和识别这两种民主形式是很困难的，需要对政制多重种差一体化地予以考察，才能纵览各种政制的全景。

然而值得注意的是，上述①、③、④、⑤几乎都可以视为以"富与穷"为前置种差的有序序列的某一层级的分类标准，而②和⑥作为城邦政制形式的静态描述，其实讲的是以法律为分类标准的某种有序序列。然而从某种程度上而言，法律作为成文法和一种行为准则，是具体某个城邦政制作为政治主体所具有的相对稳定的有序序列组。马克思曾明确指出："法律应该是社会共同的、由一定物质生产方式所产生的利益和需要的表现。"② 也就是说，一定社会的经济基础决定法律的阶级性质，所以从这个意义上而言，"富与穷"依然构成法律的前置种差。

综上所述，尽管亚里士多德没有明确言说，但"富与穷"这对种差，在亚氏对政制的分类中具有独特的意义，在所有分类序列中，某种程度上均可将"富与穷"视为前置种差。或者说，在构成城邦本质的多重种差有序序列中，"富与穷"可以视为绝大多数有序序列的前置种差。换言之，"富与穷"具有元分类标准层面的意义，在对城邦政制和公民群体进行分类时，都是已经先验地计入分类标准。

（二）"富与穷"是基于古希腊历史的特殊性范畴

必须将"富与穷"还原到城邦这个历史性的概念中去考察，才能真正辨析出"富与穷"在古希腊城邦政治中的作用。有学者通过考察古希腊罗马史的占有制问题，认为："无论是在雅典、斯巴达还是罗马，在城邦时代，公民权的获得，首先取决于父母是否是该城邦的公民，换句话说，即仰赖于特定的血缘关系。但是，在公民的生活中，财富占有量的多少，是

---

① 也就是出任公职前用于维持生计的职业，对于职业的定义暗含在对民主制的分类之中，参见亚氏在1291 b14ff部分的陈述。
② 《马克思恩格斯全集》第6卷，人民出版社，1961，第4页。

十分重要的因素。"① 公元前 7 世纪末至公元前 6 世纪初的"吕库古改革"真正将寡头制引入斯巴达，构筑了斯巴达城邦政治的基础。尽管改革中采取的一系列制度和举措，努力在公民中构建"平等者公社"，防止斯巴达公民出现剧烈的贫富分化，但由于"公餐制"要求公民每个月缴纳一定数量的财物，在政治实践中"实际上是将斯巴达公民权与每个公民的财产状况挂钩……使得一些无力按时交纳公餐制所要求的实物者失去公民权"②。由于贫富分化的加剧，到公元前 3 世纪，斯巴达所谓的"平等者"，主要是指公民中相对富裕的群体。这使得斯巴达从具有原始氏族血脉联系的、相对平等的公民集团，蜕变成因财富而具有排他性的封闭寡头集团，最终导致斯巴达人口日渐衰减、走向败亡的发展路径。

尽管雅典不像斯巴达那样，具有不可逾越的身份界限，无论是梭伦改革，抑或是后来的克利斯提尼改革，不乏授予外邦人、依附民、奴隶公民权的现象。然而，有学者进行了统计，公元前 4 世纪完全意义的归化民中，钱商比例高达 2/3。③ 很多富有商人都被破例授予雅典公民权，比如帕西昂、福尔米奥、阿波罗多洛斯等人。"财富在其归化过程中都起着至关重要的作用，而靠经营钱庄积累财富是他们获得雅典公民权的基本前提。"④ 同时，改革"以财产多寡区分公民为若干等级，最低一级的平民，有选举权而无被选举权"⑤，对于重要的"职位"规定了财产要求，这在政治实践中就意味着只有富裕的公民才可能担任重要"职位"，也意味着雅典政治日益与财富状况相捆绑，"富与穷"在实践中日渐成为城邦政治的决定性种差。公元前 411 年，伯里克利去世后发生的政变，主要诉求就是废除对公职人员的补贴，同时要求公民数量以 5000 人为限，城邦中富裕公民群体的话语权和政治实力的不断增强，由此可见一斑。如前所述，城邦的特性由观察者所能观察到的研究对象的本质所决定，这也是亚氏在

① 廖学盛：《从古希腊罗马史看奴隶占有制社会的若干问题》，《历史研究》1995 年第 5 期。
② 廖学盛：《从古希腊罗马史看奴隶占有制社会的若干问题》，《历史研究》1995 年第 5 期。
③ Marloes Deene, "Naturalized Citizens and Social Mobility in Classical Athens: The Case of Apollodorus," *Greece & Rome*, Second Series, Vol. 58, No. 2, 2011, pp. 163-165.
④ 陈思伟：《古典时代雅典私人钱庄与海上贸易融资》，《世界历史》2015 年第 4 期。
⑤ 《顾准文集》，贵州人民出版社，1994，第 173 页。

《政治学》中对公民群体进行分类，选取"富与穷"作为决定性种差的历史性根源之所在。

值得注意的是，有学者指出："更耐人寻味的是，雅典的粮食进口贸易几乎完全控制在没有政治权利的外邦人手中。也就是说，从事雅典最大宗进口贸易的商人并没有任何政治地位。"① 这似乎说明了财富并不是城邦政治参与的门槛，毕竟经营粮食贸易的外邦人没有起码的政治权利。但实际上并不具有矛盾之处，外邦人拥有财富，但不享有雅典城邦的政治权利，只有在城邦内部，财富实际上才决定公民参与政治的权利的多寡。还原到古希腊经济"内嵌"于城邦的语境中去，"古代世界理想的城邦公民是食利者，其收入来源不是劳动所得，而是从其财产（尤其是地产）中获取"②。哈斯布鲁克（Johannes Hasebroek，1893~1957）由此认为古希腊城邦的公民主要是拥有土地的食利阶级，靠奴隶和雇工的劳动为生，对外贸易只为获得粮食、物资等必需品，商业只是食利阶层诸多投资领域中获利的一个领域而已，从事手工业自食其力的都是侨民和外邦人。他还认为柏拉图《法律篇》和亚里士多德《政治学》中的说法都符合当时城邦的实际状况。

总的来说，"富与穷"以城邦"种"层面的本质性前置种差的面貌，作为横向的元分类标准，与纵向"属"层面的"血缘"或"传承"的连续性标准一起，共同构成了古希腊各城邦的"本质属性"。通过上述考察不难发现："富与穷"作为一对种差也好，作为一种理论前提预设也罢，只是就同"属"内的"种"而言进行区分的标准。还原到古希腊的历史语境中，公民乃同"属"之"种"，非公民乃异"属"之"种"，两者不具有起码的可比性，亦即"富与穷"只能是就城邦内的公民而言进行分类的种差，而不能作为衡量公民和非公民的标准。正是在这个意义上，亚里士多德在古希腊城邦的历史语境下，提出了那个著名的命题——"人是政治的生物"，当人离开了城邦，就如同从"属"中离散出去的"种"，从

---

① 黄洋：《古代希腊政治与社会初探》，北京大学出版社，2014，第38页。
② 〔德〕约翰内斯·哈斯布鲁克：《古希腊贸易与政治》，陈思伟译，商务印书馆，2019，第31页。

"城邦的人"这个血缘的连续性的"属"层面就失去了归属，因而也就不具备起码的分类意义。当历史来到了古典时代末期，亚里士多德就是在如此的语境中，开始对政治进行考察的。

余论：方法论体系具有历史性

城邦是独特历史文化的产物，有学者通过对古希腊古罗马城邦和先秦城市进行比较，指出古希腊城邦具有"历史前提的特殊性"，"不可能是一切文明伊始的必然现象"，不同起源的文明形式，其历史前提、历史起点、发展途径、政治结构、居民构成显著不同。[①] 具体到方法论层面，实际上体现出某种程度的"历史决定论"，"历史"在这里一点也不"贫困"，毕竟人无法想象自己没有见识过的东西，没有已经成型且被共同体接受的思维形式或分类标准，自然人根本无法进行思考，更遑论分类。方法论，或简单地理解为分类，其"标准"往往是在获取经验之前，就已经被研究者或观察者，先验地制定或选取好了。马克思指出，"社会构成的理论再现就是对该社会构成所做的'逻辑'改造，而这种'逻辑'改造与实在的历史过程在很大程度上是不相符合的"，还明确指出，"对真实的历史进行逻辑表述是有条件的，也是有局限性的"。[②] 从现代集合论的观点来看，每次的分类都是一种偏序，不可能穷尽"本质"。从这个意义上而言，分类"标准"归根到底是理念和价值层面的取舍，即哪些部分是研究者所认为"必要的"，在古希腊语境下是合"善"性的。分类必须根据本质性的种差对研究对象进行划分，区分为必要部分和不必要部分，进而对部分进行排序，种差在分类中起到了关键性作用。而"富与穷"作为亚里士多德城邦政制分类的本质性前置种差，证明了古典城邦时代末期经济结构属性在城邦政治中的支配性作用，也再次印证了马克思关于人类社会"经济基础决定上层建筑"的伟大论断。

---

① 参见张鸿雁《古希腊罗马城邦与先秦城市比较研究——从东西方古代商品经济关系透视城市本质特点》，《史学理论研究》1993 年第 3 期。
② 转引自 П. H. 费多谢耶夫《社会科学的若干方法论问题》，李树柏译，《哲学译丛》1980 年第 2 期。

赵汀阳曾经提出一个非常中肯的命题——"政治理论必须足以覆盖任何政治问题"，一个不能有效覆盖现实政治问题的分析范式，"就必定有一些要命的政治问题逃逸在外"。[①] 当代人文社科领域的"行为主义"研究取向，被许多学者批判为"方法论层面的帝国主义"，究其根源，是因为研究者容易陷入某种思维的定式——在不对理论推导和论证的前提或者预设予以澄清的情况下，因为推导过程的严谨与科学性（归纳法较为成熟的运用和演绎方法较为系统的运用），得到了整个论证是科学（方法论层面）且无误（结果层面）的结论。因推导过程的理性，对逻辑推演开始的前提、预设、前置性种差或"原始命题"未加以澄清地直接使用，很可能造成起始差之毫厘，结论失之千里。

在不同起源的文明体系下，本质性的前置种差和"必要部分"，很可能完全不一样。分类标准本身就是一种历史性的前提预设，因此方法论本身也是一个历史性问题。正是在这个意义上，目前学界热议的"历史政治学"研究范式，有其解题功能。如果说亚里士多德冷静地对他所处时代的希腊城邦进行观察和分类，并得到了一系列开创性的理论成果的话，那么文明起源和发展路径与古希腊有极大差别的其他政治文明，是不是也能不加澄清地、直接以"富与穷"为前置种差或理论预设，并将分析模型和理论范式直接套用到他国政治实践中去？世界上各种起源不同的政治体系之间，究竟是亚里士多德所谓"同名同义"还是"同名异义"？这才是研究不同政治体系，要首先解决的元问题。不加澄清地使用含有预设的分析范式，实际上类似于某种"本体论承诺"，是从与自身不同的"种"层面的"特性"展开的比较、分类与分析，因而不能在"属"层面视为具有全称性的、具有普适性的分析范式。问题的关键在于"澄清概念，分辨层面；清理矛盾，追问可能；揭示预设，辨析共识；合理推导，严格求证"，需要通过历史的维度，采用逻辑的方法，对不同起源的政治文明的种差和"前提"作出有效澄清。

---

① 赵汀阳：《天下体系的一个简要表述》，《世界经济与政治》2008 年第 10 期。

论美学得以进入18世纪英国
道德情感主义哲学的基础与媒介*

李家莲　刘其凌**

（湖北大学哲学学院，武汉）

摘　要：18世纪英国道德情感主义哲学与美学有不解之缘。一方面，情感主义审美判断和道德判断都以相同的情感机制为基础，故审美判断找到了得以进入道德判断的事实基础；另一方面，18世纪英国道德情感主义者认为道德情感会在心灵中外化为令人产生美感的情感秩序，故审美判断得以以苦乐感为媒介行使道德判断之权。由于美学找到了进入道德情感主义的基础与媒介，18世纪英国道德情感主义哲学染上了浓厚的美学色彩。基于道德情感主义理论立场分析其原因和后果，反思审美判断和道德判断的关系，本文试图为当代中国道德情感主义理论建设铺平道路。

关键词：审美判断；道德判断；道德情感主义；美学

　　众所周知，包括迈克尔·斯洛特（Michael Slote）在内的当代道德情感主义者均有意回避以美学为基础讨论道德问题，他们认为道德情感主义无须美学为其助力就能拥有独立理论身份。然而，当道德情感主义作为独

---

* 本文系国家社科基金重点项目"18世纪英国道德情感主义哲学逻辑演进研究"（项目编号：21AZX016）阶段性成果。

** 李家莲，湖北大学哲学学院教授、博士生导师，湖北大学高等人文研究院副院长，湖北省伦理学学会会长，湖北省道德与文明研究基地暨湖北大学农村社区研究中心研究员；刘其凌，湖北大学哲学学院2021级博士研究生。

立的伦理学流派第一次在 18 世纪英国道德哲学舞台上亮相时，情感视镜下的道德与美学却并非如此独立，相反，为了完成自身理论建设，以沙夫茨伯里（Anthony Ashley Cooper，3rd Earl of Shaftesbury）、哈奇森（Francis Hutcheson）、休谟（David Hume）和斯密（Adam Smith）为代表的 18 世纪英国道德情感主义自始至终都在向美学"借力"。由于拥有鲜明的美学特性，18 世纪英国道德情感主义拥有了不同于当代道德情感主义的重要理论特色。19 世纪英国功利主义神学家和哲学家詹姆斯·马丁诺（James Martineau）在 1885 年出版的《伦理理论的类型》（卷二）中谈到以沙夫茨伯里、哈奇森等为代表的 18 世纪道德情感主义时，认为该派学说的诞生表明以霍布斯等为代表的英国道德哲学实现了重大转折，他称该派学说为"美学伦理"（aesthetic ethics）①。有鉴于此，那么，站在道德情感主义理论立场需深入思考的问题是，为什么 18 世纪道德主义会染上如此浓厚的美学色彩？美学与道德情感主义之间究竟该是何种关系？更确切地说，审美判断和道德判断之间究竟该是什么关系？就情感视镜下的审美判断和道德判断来说，审美判断和道德判断共同以情感机制为基础履行判断之责，这为审美判断得以进入道德判断提供了理论与事实基础，此外，18 世纪道德情感主义者认为道德的情感必定会在心灵中外化为具有美感的情感秩序，据此认为情感秩序的美丑或审美判断可被用来充当道德判断，故审美判断得以以苦乐感为媒介融入道德情感主义理论建设。立足道德情感主义理论，通过分析美学得以进入 18 世纪英国道德情感主义理论建设的基础与媒介，本文将在情感的视镜下反思审美判断和道德判断的关系，以期为当代中国道德情感主义理论建设铺平道路。

一　情感机制：审美判断得以进入道德判断的基础

18 世纪的英国道德情感主义者最初以一种本能或直觉的方式知觉到了情感视镜下的审美判断和道德判断的共同点，并据此展开道德情感主义

---

① James Martineau, *Types of Ethical Theory*, Vol. 2, Oxford：At the Clarendon Press, 1889, p. 485.

理论建设。然而，推动他们发现这种共同点的动力并不源于要完成道德情感主义理论建设的使命，而来自与道德情感主义理论建设无直接关联的理论任务，即批判令 18 世纪英国道德情感主义者甚为反感的原子论式自爱说。原子论式自爱说是 17 ~ 18 世纪流行于英国的伦理学思想，霍布斯（Thomas Hobbes）、洛克（John Locke）以及曼德维尔（Bernard Mandeville）都钟爱原子论式自爱说。原子论式自爱说视自爱为人性中唯一处于支配地位的情感，视私人利益为人生唯一情感目标，随之而来的后果是，以道德情感为基础的公共利益便在人性中失去了情感基础，因此，原子论式自爱说必须诉诸与情感无关或外在于情感的其他原则，比如奖惩法则（霍布斯、洛克）或以"私恶即公利"为表征的欺骗原则（曼德维尔），才能为道德确立有效基础。原子论式自爱说让 18 世纪道德情感主义者甚为反感的地方正在于此，以沙夫茨伯里为例，一方面，他批判原子论式自爱说使道德在人心中失去了自然而然的特性，变成了不自然之物，例如，他曾在 1709 年批评洛克，说他打破了一切既定的基本原则，使所有秩序和美德在我们的心灵中失去了天然的基础，从而变成了"不自然"之物[1]；另一方面，他认为善只来自情感，"在有理智的被造物身上，未经感情推动而行事，那种被造物的本性就既不会为善也不会为恶。只有当与该被造物相关的系统的善或恶成为推动他行事的某种激情或感情的直接对象时，他才会被称为善或恶"[2]，也就是说，"仅仅只通过感情，一种生物才会被称为善或恶，自然或非自然"[3]。能作为善之基础的情感不是被奖惩法则支配的情感，他认为受奖惩法则支配而做出的道德行为算不上真正的道德行为，这种行为表现出来的善并不比被束缚的老虎以及慑于皮鞭的猴子表现出来的善更多，出于畏惧而产生的服从具有奴性，所有由此而生

---

① Benjamin Rand, *The life*, *Unpublished Letters and Philosophical Regimen of Anthony*, *Earl of Shaftesbury*, New York：The Macmillan Co, 1900, pp. 416, 403.

② Anthony Ashley Cooper, Third Earl of Shaftesbury, *Characteristicks of Men*, *Manners*, *Opinions*, *Times*, Vol. 2, Introduction by Douglas Den Uyl, Indianapolis：Liberty Fund, 2001, p. 12.

③ Anthony Ashley Cooper, Third Earl of Shaftesbury, *Characteristicks of Men*, *Manners*, *Opinions*, *Times*, Vol. 2, Introduction by Douglas Den Uyl, Indianapolis：Liberty Fund, 2001, p. 12.

的行为都具有奴性。故顺从或服从的程度越高，奴性也越强，不管服从的对象是谁，不管主人的本性是好还是坏，奴性的强弱都不会受到影响。①再例如，为了对沙夫茨伯里的观点进行辩护，哈奇森的全部道德情感主义理论体系以批评曼德维尔的"私恶即公利"为己任，致力于证明普遍平静的无功利仁爱是人性的原初构造中天然存在的情感，以之为基础而建立的道德对人来说乃自然而然之物。总而言之，为了从理论上反对原子论式自爱说，首要任务是要在人性与道德之间找到自然而然的情感通道。那么，何种情感能以最生动、最显而易见的方式达到目的？

在18世纪早期道德情感主义者看来，审美之情可以担当此重任。18世纪道德情感主义者发现审美判断能以"无功利"或"无利害"（disinterestedness）的方式直接使人产生以苦乐感为表现形式的审美判断。例如，沙夫茨伯里认为，当美的事物一出现在我们面前，我们就"必然会产生不同程度的美丑感"②。哈奇森则更明确地强调审美对象可以使我们在未曾考虑自己的私人利益时直接产生以苦乐感为表现形式的审美判断，"美和和谐像其他可为人所感知的事物一样，必然且直接令我们感到愉悦，不管是我们自己的决意还是对利益得失的考量都不会改变对象的美丑"③。休谟也说过，"美自然而然会激发令人愉悦的情感，直接表现其能量"④。同理，斯密在《道德情操论》中也表达过类似观点。当审美判断直接令人产生苦乐感时，这意味着审美对象可以使人在不考虑私人利益得失的情况下产生苦乐感，由此可见，自爱并非人性中唯一处于支配地位的情感，私人利益既非人性的唯一情感目标，也非苦乐感之唯一原因。

---

① Anthony Ashley Cooper, Third Earl of Shaftesbury, *Characteristicks of Men, Manners, Opinions, Times*, Vol. 2, Introduction by Douglas Den Uyl, Indianapolis: Liberty Fund, 2001, p. 32.

② Anthony Ashley Cooper, Third Earl of Shaftesbury, *Characteristicks of Men, Manners, Opinions, Times*, Vol. 2, Introduction by Douglas Den Uyl, Indianapolis: Liberty Fund, 2001, p. 16.

③ Francis Hutcheson, *An Inquiry into the Original of Beauty and Virtue in Two Treatises*, edited and with an introduction by Wolfgang Leidhold, Indianapolis: Liberty Fund, 2004, p. 25.

④ David Hume, *The Philosophical Works of David Hume, Including All the Essays, and Exhibiting the More Important Alterations and Corrections in the Successive Editions Published by the Author*, Vol. 3, Edinburgh: Adam Black and William Tait, 1826, p. 264.

　　那么，由于美产生于道德情感的外在情感秩序，当这种秩序可以以一种无功利的方式直接令人产生审美苦乐感时，就道德情感主义理论来说，是不是意味着道德判断也具有审美判断所具有的"无功利性"和直接性？是的。进一步说，为什么情感视镜下的审美判断和道德判断都会具有以"无功利性"和直接性为表现形式的相同特性？换句话说，有没有某种更深刻的事实基础为这种共性奠基？客观说来，18 世纪道德情感主义者虽然没有从理论上论证这种共性，但他们的确以一种直觉或本能的方式知觉到了这种共性，但令人遗憾的是，直到今天，包括斯洛特在内的道德情感主义者和当代心理学家虽然对这种共性有了明确认知，却都未能为之确立一个普遍被认可的名称。沙夫茨伯里曾用"美的感官""道德感官"指称蕴含在情感主义审美判断和道德判断中的这种共性，认为二者共同属于"内感官"或"内眼"。但何谓"内感官"或"内眼"？沙夫茨伯里未曾进行论证。同理，哈奇森也分别让"美的感官"和"道德感官"承担着审美判断和道德判断之重任，并基于自己对感官的理解还进一步创造出"荣誉感官""公共感官"等概念。与此同时，他宣称，所有这些感官都产生于人性的原初构造且受基于该构造而生的法则支配，那么，这同样意味着所有这些感官概念都可被统摄于相同的概念之内。那么，这个概念是什么呢？哈奇森没有给我们答案。不过，令人欣慰的是，休谟的道德哲学给我们提供了答案。一方面，他批判哈奇森的感官概念，认为这些概念在实验科学视镜下缺乏正当事实基础，故，需要予以抛弃；另一方面，他沿着哈奇森所说的人性的原初构造等概念进一步阐述以"美的感官"和"道德感官"等为代表的各种感官的内在运行机制并把该机制称为同情。因此，当18世纪英国道德情感主义发展到休谟这里时，被沙夫茨伯里和哈奇森共同视为审美判断和道德判断之共性的"内感官"、"内眼"或人性的原初构造终于第一次拥有了与"情"有关的概念——同情。不过，面对作为同情机制的同情，休谟只为其确立了一种理解。就休谟在《人性论》和《道德原则研究》中的论述而言，他倾向于用同情指称人与人之间的情感感染或传染机制。不过，道德情感主义伦理思想史的发展表明，情感机制的内涵十分丰富且复杂，不同道德情感主义者往往会聚焦其某一面向或特点构建其理论体系，比如，休谟的朋友斯密在同情之名下理解的情感机制就与休谟的同情极不同，再比如，当代道德情感主义者斯洛特所说的移情同样可被理解为情感机制，但很显然，移情既然不同于休谟的同情，也不同于斯密的同情。不过，我们认为，不管是斯洛特的移情还是休谟的同情，不管是当代心理学中流行的共情还是斯密的同情，甚或沙夫茨伯里或哈奇森的"美的感官"和"道德感官"，所有这些概念都可被视为情感机制的不同"面孔"，均可统摄于情感机制这一概念之下。

正是因为通过直觉或本能知觉到了审美判断和道德判断的共性，18世纪英国道德情感主义者才能基于审美判断和道德判断中的"无功利感"或"无利害感"成功反驳原子论式自爱说。那么，既然道德的情感必然在心灵中外化为美的情感秩序，既然可以通过秩序的美丑判定情感的道德与否，那么，这是不是意味着道德情感主义者可以基于审美判断构建道德情感主义理论体系？至少对于18世纪道德情感主义者来说，答案是肯定的。正是在这种思想的支配下，美学得以苦乐感为媒介进入18世纪道德情感主义理论建设。

二　苦乐感：审美判断得以进入道德判断的媒介

18世纪道德情感主义区别于当代西方道德情感主义的标志之一在于它始终试图基于审美苦乐感阐述道德判断。不过，在当代道德情感主义者看来，尽管美学和道德都可建立在情感基础上，尽管情感视镜下的审美判断和道德判断共同以情感机制为基础，但并不意味着审美苦乐感可被用来行使道德判断之权。那么，据此言之，值得反思的问题是，是什么原因使得18世纪道德情感主义者得以心无挂碍地赋予审美判断以道德判断之权？如前文所述，包括沙夫茨伯里在内的几乎所有18世纪英国道德情感主义者都认为，道德情感必然在心灵中表现为以美为外在表现形式的良好情感秩序，具体言之，道德情感能使心灵的结构成为审美对象并使人产生令人愉快的美感体验。在沙夫茨伯里看来，心灵拥有自己的眼睛，其功能是为了对心灵内部的情感秩序进行审美判断的同时给予道德判断，"心灵，作为其他心灵的观众和听众，不会不拥有自己的眼睛和耳朵，目的是分辨比例，区分声音并审视出现在面前的每一种情感或思想。没有任何东西能逃脱其视野。它可以感知到情感中的柔软和硬朗以及愉快和不快，并能发现美、和谐和不和谐，就像能在音符或可感事物的外形中真正发现那些东西一样"①。同理，哈奇森也说过，对性格或行为进行道德判断即对其进行审美判断，"人们会自然而然地知觉到他人性格、感情和性情中的可爱之处，并被其行为举止和道德行为中的和谐打动，就像会被音符中的和谐打动一样。他们喜欢相互赞许，渴望得到能直接引起赞许和尊敬的一切东西"②。一旦道德情感主义者试图使审美判断行道德判断之权，那么，与审美判断相伴随的苦乐感就找到了进入道德判断的恰当媒介。故，由于受到沙夫茨伯里开创的美学传统的深刻影响，所有 18 世纪英国道德情感主义者都视苦乐感为道德判断"语言"或情感表达，其中以哈奇森和斯密为代表。哈奇森直接以审美判断中的苦乐感为道德判断的情感或"语言"表达，而斯密则不仅继承了哈奇森的理论遗产，而且还进一步将其深化并发展该理论进路，以推动审美苦乐感产生的、具有美学本性的合宜性为基础构建其全部道德哲学体系。

作为沙夫茨伯里的追随者和辩护者，哈奇森不同于前者的地方在于他比前者更明确地具备道德情感主义理论建设意识，在西方伦理思想史舞台上第一次明确论证了理性主义道德判断与情感主义道德判断的区别。例如，《论道德感官》（*Illustration on Moral Sense*）在谈到情感主义道德判断是否需与理性原则相符时，明确认为情感主义道德判断原则并不追求与理性原则相符，仅追求与本能相符或以本能为全部目的。进一步说，情感主义道德判断原则不同于理性主义道德判断原则的地方在于它须以道德赞同为前提，而被作为情感主义道德判断之理论前提的道德赞同却不以任何理性原则或既定道德原则为预制前提，该理论预设表明道德赞同无须通过与理性原则或既定道德原则进行以相符或不相符为标准的比较而做出道德判

---

① Anthony Ashley Cooper, Third Earl of Shaftesbury, *Characteristicks of Men*, *Manners*, *Opinions*, *Times*, Vol. 2, Introduction by Douglas Den Uyl, Indianapolis: Liberty Fund, 2001, p. 17.

② Francis Hutcheson, "Remarks upon the Fable of the Bees," *The Dublin Weekly Journal*, Vol. 4, 1726.

断，因为它从一开始就失去了用以做出相符或不相符之判断的比较对象，那么，这意味着道德赞同须拥有异于相符或不相符之标准的全新道德判断"语言"。那么，它是什么呢？既然无关理性，必然事关情感。在哈奇森看来，情感主义道德判断的"语言"表达仅仅和情感有关，那么，何种情感可被视为该判断的"语言"表达？值得一提的是，哈奇森虽然明确阐明了情感主义道德判断原则和理性主义道德判断之间的本质差异，但是，他并未为情感主义道德判断的"语言"表达确立专属于道德情感主义之独立理论品性的理论体系。相反，由于直接把审美判断中的苦乐感借用为情感主义道德判断的"语言"表达，而当他结合利益进一步分析这种苦乐感得以产生的原因时，哈奇森理解的情感主义道德判断不仅不再具有审美判断所具有的那种无功利性，而且还因此具有了功利主义倾向并因此偏离了情感主义理论立场。

之所以如此，在很大程度上是因为哈奇森和沙夫茨伯里一样没有厘清审美判断和道德判断的关系。更确切地说，与沙夫茨伯里一样，他也认为道德具有美的外在表现形式，道德的情感在心灵中会表现为美的情感秩序，故，当一种情感或行为具有美的外形时，就表明该情感或行为是善的，"在对一致性的沉思中拥有了快乐的人们看来，效果的美就是智慧的证明，因为对他们而言，这就是善"①。以此为基础，与沙夫茨伯里一样，他也认为审美判断可直接履行道德判断之责。不过，需引起注意的是，支撑沙夫茨伯里和哈奇森从审美判断入手讨论道德判断的根本原因在于他和沙夫茨伯里一样都认为这两种判断都是由心灵中的内眼做出的判断，不过，当他构建道德情感主义理论体系时，他进一步用人性的原初结构对用以做出这两种判断的内眼进行了更深刻的解释。如前文所述，无论被用来履行审美判断和道德判断之职责的是内眼还是人性的原初结构甚或是休谟和斯密所说的同情，它们归根到底都属于情感机制。那么，这是不是意味着审美判断可以行道德判断之权？更确切地说，在审美判断和道德判断的情感或"语言"表达问题上，是不是意味着道德判断可以直接"借用"

---

① Francis Hutcheson, *An Inquiry into the Original of Beauty and Virtue in Two Treatises*, edited and with an introduction by Wolfgang Leidhold, Indianapolis: Liberty Fund, 2004, p.57.

审美判断中的苦乐感？事实上，理性主义道德哲学已给我们提供了可供参考的答案。康德的《纯粹理性批判》和《判断力批判》分别以理性为基础讨论审美判断和道德判断，但这并不等于说审美判断和道德判断是一回事，更确切地说，虽然审美判断和道德判断都以理性为基础，但并不意味着审美判断可以据此行使道德判断之权，也不等于说道德判断会把审美判断的"语言"表达据为己有。同理，就道德情感主义理论建设来说，当人们发现审美判断和道德判断都以情感机制为基础时，也不意味着二者可被完全等同为一回事，更不意味着道德判断可以直接把审美判断中的"语言"表达据为己有。如果说仅仅从道德情感主义理论建设的角度讨论审美判断和道德判断的关系略显抽象或枯燥，那么，现在让我们通过具体分析哈奇森等 18 世纪道德情感主义者的理论实践，以生动、具体的方式阐明二者的关系，以及情感主义道德判断拥有具有独立理论品性的道德判断"语言"的重要性。

哈奇森从审美判断中的苦乐感入手讨论道德判断并视审美苦乐感为道德判断"语言"。与沙夫茨伯里一样，他的道德哲学也始于对审美判断的关注，这种独特理论视角得以诞生是因为他面临着反对原子论式自爱说的理论任务。不过，与沙夫茨伯里不同的是，哈奇森所反对的不是霍布斯或洛克而是曼德维尔哲学中的原子论式自爱说。相同的理论任务不仅推动哈奇森为沙夫茨伯里辩护，而且推动他以一种相似的理论进路展开辩护，二者都从讨论审美判断入手理解道德情感并构建道德情感主义理论体系。与沙夫茨伯里一样，哈奇森发现审美能以"无功利"的方式直接令人产生愉快或不快的感觉，因为当美的对象作用于用以执行审美判断之责的"美的感官"或情感机制时，它会使人在尚未考虑到自身的利益得失时直接使人产生苦乐感，这种直接性表明审美苦乐感不会产生于对利益（私人的或公共的）的考量。同理，再次与沙夫茨伯里一样，这不仅使哈奇森找到了反驳原子论式自爱说的基础，而且使他试图赋予审美判断以道德判断之权并以审美判断为基础构建道德情感主义理论体系。由他构建的道德哲学视苦乐感为道德判断"语言"，视"普遍而平静的无功利的仁爱"为道德判断的基础。

不过，作为审美判断的"语言"，苦乐感会以一种无功利的方式被人知觉，那么，作为道德判断的"语言"，也会如此吗？哈奇森的道德哲学给我们提供的答案是否定的。善的情感或行为之所以为善，是因为它能获得他人的赞同，而该情感或行为之所以被赞同，原因在于它能在不考虑行为者本人的利益时增进他人的益处。"所谓道德善，指的是我们对行为中的某性质的认知，该性质能使不会从该行为受益的那些人对行为者产生赞同和爱。"① 这表明哈奇森认为道德善离不开对他人利益的增进，以此为基础，哈奇森进一步认为，"能为最大多数人带来最大利益的行为就是最好的行为"②。上述分析显示，虽然哈奇森借用了审美判断中的苦乐感为道德判断的"语言"表达，但道德判断中的苦乐感不仅不能像审美判断那样以一种无功利的方式运行，而且还被功利或功利主义倾向深深束缚。那么，作为地地道道的道德情感主义者，哈奇森为何在构建道德情感主义理论体系的过程中提出了具有功利主义倾向的道德判断原则？答案再次与哈奇森未能处理好审美判断和道德判断的关系有关。更确切地说，这些问题的存在表明，审美判断中具有无功利特征的苦乐感不可直接被用来作为情感主义道德赞同的表达善恶判断的道德"语言"。更确切地说，虽然哈奇森像沙夫茨伯里那样遵从了美学路径并以审美苦乐感为道德判断"语言"或情感表达，但当他基于苦乐感理解道德判断并构建道德情感主义理论体系时，上述分析充分表明，审美判断中的苦乐感无法被直接视为道德判断的"语言"。

事实上，在18世纪道德情感主义不断向前发展的过程中，哈奇森的学生亚当·斯密在构建其道德情感主义理论体系时依然把审美判断中的苦乐感视为道德赞同或道德判断的"语言"。但不同于哈奇森的是，或许是为了避免像哈奇森那样背离情感主义并陷入功利主义，斯密有意排除了苦乐感在其道德情感主义理论体系中的基础性地位，但这并不意味着斯密完全排除了沙夫茨伯里和哈奇森开创的以审美判断为基础构建道德情感主义理论体系的理论路径。研究显示，斯密的道德情感主义理论体系建立在经由同情而来的合宜性之上。所谓同情的合宜性，即位于同一道德语境中的

---

① Francis Hutcheson, *An Inquiry into the Original of Beauty and Virtue in Two Treatises*, edited and with an introduction by Wolfgang Leidhold, Indianapolis: Liberty Fund, 2004, p. 85.

② Francis Hutcheson, *An Inquiry into the Original of Beauty and Virtue in Two Treatises*, edited and with an introduction by Wolfgang Leidhold, Indianapolis: Liberty Fund, 2004, p. 125.

当事人和旁观者通过想象而实现角色互换，在此过程中对二者的情感进行比较，如果二者的情感具有相似性，那么，这说明二者的情感都具有合宜性，反之，则不具有合宜性。位于同一道德语境中的当事人和旁观者的情感之所以能表现出合宜性或相似性，根本上是因为二者都共同受到以同情为表现形式的情感机制的支配和制约，相同的情感机制和道德语境使二者具有了可供比较的基础。那么，以相同的情感机制和道德语境为轴心，具有合宜性的当事人和旁观者的情感将表现出对称性。众所周知，对称是十分古老的美学范畴。故，合宜性的本质是情感对称，更确切地说，是位于同一道德语境的旁观者和当事人的情感表现出的美学对称效果。当斯密把合宜性视为道德情感主义理论体系的基础时，事实上意味着他的全部理论体系都建立在具有美学本性的情感对称基础上。据此言之，当斯密指出同情令人快乐而不同情则令人不快时，这种苦乐感本质上是以上述美学对称为基础而产生的审美苦乐感。因此，虽然斯密并未像沙夫茨伯里和哈奇森那样直接围绕审美苦乐感构建道德情感主义理论体系，但他不仅延续并且深化了二者开创的以美学路径构建道德情感主义理论体系的理论传统。那么，对于道德情感主义理论体系建设来说，此乃成功之举吗？分析显示，这种理论进路使斯密的道德情感主义理论体系面临缺乏道德规范的理论难题。简言之，即使旁观者或当事人能以上述美学对称为基础表达道德赞同或道德判断，但这种赞同或判断的对象仅仅针对情感的对称性这种外在美学表现形式，无关情感的内在道德本性。进一步说，"公正的旁观者"在斯密的道德哲学体系中做出的道德判断仅仅针对情感的外在对称形式，不涉及情感的内在道德本性。换句话说，被判断为道德的情感是一种建立在合宜性也即具有对称性特征的情感或符合对称原则之上的情感，而非内在具有道德价值的情感（当然，不能排除这种情感本身内在具有道德价值，但这是与本话题并不冲突的另一个话题，为了使我们的讨论不偏离主题，我们暂不讨论该问题）。斯密道德情感哲学中的这种内在理论难题又被称为"游叙弗伦困境"[①]。随着斯密把道德哲学的地盘进一步扩展至政治经

[①]　关于斯密道德哲学中的"游叙弗伦困境"，请参考李家莲《论亚当·斯密道德哲学中的"游叙弗伦困境"》，《道德与文明》2018 年第 4 期。

济学，这种以求美为动力和目的的道德哲学便转变为以求美为动力和目的的政治经济学。《道德情操论》第四卷的论证显示，美不仅能增进社会公共利益，还能推动社会改革并增加国家财富。与此同时，存在于道德哲学中的"游叙弗伦困境"也被扩展到了政治经济学，由于具有美学本性的合宜性概念未能从情感内部规定其道德性，因此，直到晚年，斯密依然在不断修订《道德情操论》，以期解决社会财富的增长与道德情感的堕落这个令他倍感困惑的问题。

三　反思与评价

严格说来，在沙夫茨伯里的影响下，18世纪英国道德情感主义从一开始就与美学结下了不解之缘，其中尤以哈奇森和斯密为甚。哈奇森和斯密都围绕审美苦乐感构建道德情感主义理论体系，前者直接以苦乐感为基础展开理论建树，后者以这种苦乐感得以产生的原因——因同情而生的合宜性——为基础构建其全部理论体系。不过，哈奇森道德情感主义中的功利主义倾向以及斯密道德情感主义中的无规范倾向充分证明，具有无功利性特征的审美苦乐感固然曾经帮助18世纪英国道德情感主义者很好地反驳了原子论式自爱说，但以审美苦乐感为基础构建道德情感主义理论体系从根本上说是行不通的。简言之，道德情感固然会在心灵中外化为美的情感秩序并具有美的外在表现形式，但并不意味着凡是美的就是道德的，也不意味着审美判断可以行道德判断之权，更不意味着审美判断中的苦乐感可以直接被道德判断据为己有。更确切地说，就道德情感主义理论建设而言，道德情感主义需与美学划清界限并具备独立理论品性。

不过，这是不是意味着具有独立理论品性的道德情感主义须与美学彻底划清界限？当代西方道德情感主义的最新理论进展表明，答案是否定的。斯洛特的《道德情感主义》认为，情感主义道德判断以二阶移情为基础，道德的情感可以在二阶移情的层面使旁观者产生令人温暖的情感感受。这种对道德判断的解释看似完全排除了美学，但事实上，以一阶移情为基础的二阶移情与一阶移情之间依然存在情感对称性。这表明被斯洛特视为道德判断之基础的二阶移情实际上也具有以对称美为表现形式的外在表现，一如沙夫茨伯里所言，道德的情感是美的心灵秩序的外在表征。不过，需要再次引起注意的是，即使如此，也绝不意味着美的就是道德的，也就是说，绝不意味着审美判断可被用来行道德判断之权。简言之，虽然道德的情感具有美的外在表现形式，但道德判断不可以建立在审美判断的基础上，道德判断不可以审美判断的情感表达为"语言"。对于 18 世纪道德情感主义者来说，由于未能明确阐明二者的关系，因此该派道德哲学便始终具有挥之不去的美学特色。不过，即使如此，由于第一次确立了情感或心理学在道德哲学中的基础性地位，无论是对于道德情感主义思想史来说，还是对于当代道德情感主义理论建设来说，该派道德哲学还是因其给后人留下了丰厚的理论遗产——基于古老的人类本能而生的道德理论遗产——而值得被深入研究。

西方学界运气平等主义理论
研究述评

王培培*

（山西师范大学马克思主义学院，太原）

摘　要： 西方学者对运气平等主义进行了较为全面和系统的研究，主要表现在如下三个方面：首先，西方学者对运气平等主义的类型、核心要素以及罗尔斯是不是一个运气平等主义者等进行了研究；其次，西方学者又对运气平等主义的平等的分配物以及平等的分配模式的内部争论及其修正和辩护进行了研究；最后，西方学者还对运气平等主义的平等主义和非平等主义的外部批判进行了研究。通过分析发现，西方学者对运气平等主义的相关研究存在如下不足：首先，责任和运气的界限还具有模糊性；其次，分配模式没有一个符合道德直觉的论说方式；最后，非平等主义的外部批判从根本上偏离了平等主义。由此，对运气平等主义进行不具有张力的解释是必要的，而理想的平等一定是符合多元主义特征的平等。

关键词： 运气平等主义；责任；运气；环境

运气平等主义是平等主义立场中占据主导地位的平等理论之一。它兴起于 20 世纪 80 年代，一方面，它是随着西方以美国为代表的自由主义国家出现贫富差距而产生的，另一方面，它的出现也是为了回应保守自由主义者对福利国家的批判。正如安德森所言，"财富平等①现在是平等主义

＊　王培培，政治学博士，山西师范大学马克思主义学院讲师。

①　安德森有时也会用"财富平等"指代"运气平等主义"。

者中占主导地位的理论立场之一，包括理查德·阿内逊（Richard Arneson）、杰拉尔德·柯亨（Gerald Cohen）、罗纳德·德沃金（Ronald Dworkin）、托马斯·内格尔（Thomas Nagel）、埃里克·拉科夫斯基（Eric Rakowski）和约翰·罗默（John Roemer）在内的一系列理论家支持这一观点就是证明。菲利普·范·帕里斯（Vhilippe Van Parijs）也将这一原则纳入他的资源或资产平等理论"①。所有这些理论家都共享着运气平等主义的核心理念，"即人们拥有的利益的不平等如果源于人们自愿做出的选择，那么这种不平等是可以接受的；但是，如果这些不平等源于未经人们选择的环境因素，那么这些不平等就是不公正的"②，但是他们对"什么的平等"却持有不同的看法，其理论形态也各不相同。综观国外学者对这一理论的研究，主要包括以下几个方面。

一　运气平等主义的相关概念研究

（一）运气平等主义的类型研究

施洛米·西格尔（Shlomi Segall）将运气平等主义分为"原生运气平等主义"（brute luck egalitarianism）和选项运气平等主义（option luck egalitarianism）。原生运气平等主义认为应该中立化原生运气的影响，而选项运气平等主义认为坏的选项运气和坏的原生运气一样，在道德上都是任意的，都应该获得补偿。③伊丽莎白·安德森（Elizabeth S. Anderson）将运气平等主义分为迎合应得的运气平等主义（desert-catering luck egalitarianism）、迎合责任的运气平等主义（responsibility-catering luck egalitarianism）和民主平等（democratic equality）。迎合应得的运气平等主义将运气与应得进行对比，它承认市场的作用，根据遗传天赋、养育优势、机会等

---

① Elizabeth S. Anderson, "What is the Point of Equality?," *Ethics*, Vol. 109, No. 2, 1999, p. 290.

② 〔美〕塞缪尔·谢弗勒：《什么是平等主义?》，高景柱译，《政治思想史》2010 年第 3 期，第 76 页。

③ Shlomi Segall, "In Solidarity with the Imprudent: A Defense of Luck Egalitarianism," *Social Theory and Practice*, Vol. 33, No. 2, 2007, pp. 177-198.

因素纠正市场调节的结果。约翰·罗尔斯（John rawls）是其代表。迎合责任的运气平等主义将运气与责任进行对比，由于个人原因造成的问题，个人应该负责，而一些个人无法承担责任的问题，人们应该在集体责任中共享自己的命运。罗纳德·德沃金（Ronald Dworkin）是其代表。民主平等将运气与安全进行对比，认为平等主义从根本上讲是社会关系的平等，从底部、顶部和中间的平等主义进行约束，建立了允许收入变动范围的规则。在这种关系中，每个人都可以自由地做出选择，而不必受他人的影响。① 帕特里克·汤姆林（Patrick Tomlin）将运气平等主义分为标准（静态）运气平等主义（standard luck egalitarianism）和动态运气平等主义（dynamic luck egalitarianism）。"标准（或静态）运气平等主义（SLE）建议，根据公正的基线，我们对不平等是如何产生的（即，在多大程度上是由于当事人的责任）做出一次性判断，该判断将告知此类不平等是否公正，以及在多大程度上公正。公正的不平等定义了一个新的公正的基线，下一组选择将被用来衡量。"② 动态运气平等主义"接受（a）在确定可追溯到选择的不平等的公正性时，我们不应该问这个人在选择时是否或在多大程度上负有责任，而是在进行评估的时间点上，可以使拒绝持有和投资案例与运气平等主义一致，并且（b）这种责任可以减轻——人们不应该（必须）永远为他们的选择负责"③。

（二）对责任概念的相关研究

首先，是对罗尔斯（John rawls）责任的相关研究。罗尔斯认为社会是一个公平合作的体系，人们在社会基本结构的前提下自由地做出选择并对自己的选择负责，但是必须得有利于最不利者的利益。罗尔斯的相关论述引起了人们的争论。其中，柯亨、阿内逊和罗默对其进行了批判。柯亨

① Elizabeth S. Anderson, "How Should Egalitarians Cope with Market Risks?," *Theoretical Inquiries in Law*, Vol. 9, No. 1, 2008, pp. 239-270.
② Patrick Tomlin, "Choices Chance and Change: Luck Egalitarianism Over Time," *Ethical Theory and Moral Practice*, Vol. 16, No. 2, 2013, p. 396.
③ Patrick Tomlin, "Choices Chance and Change: Luck Egalitarianism Over Time," *Ethical Theory and Moral Practice*, Vol. 16, No. 2, 2013, p. 400.

认为社会中关于利益和负担的分配选择应该不受法律的限制。他认为罗尔斯关于责任的理论会形成新的不平等。第一，罗尔斯的差别原则并没有对那些有才能的人的自由选择构成限制，但是这会导致不平等，对穷人有害。第二，差别原则只适用于社会的基本制度而对人们在这种制度中做出的选择不构成约束。① 阿内逊也认为罗尔斯的社会责任理论是不一致的，人们既然为自己的目的负责就应该也为自己的不利条件负责，而这与他提出的差别原则不一致，除此之外，他还认为让人们对自己的目的负责会使不利者的生活悲惨成为可能。② 罗默也认为罗尔斯的责任观具有不一致性，并且人们不应该在无知之幕后面进行选择，因为人的天赋是处于动态变化之中的，而不是一成不变的。③

与之相反，马蒂亚斯·里斯（Mathias Risse）和迈克尔·布雷克（Michael Blake）对其进行了辩护。他们认为罗尔斯通过抵消人们不应得的不利因素为个人利益和负担的平等分配提供了新的视角。他们区分了平等的两种模式，直接理论和间接理论。平等的直接模式可以直接推导出分配平等，而间接模式必须依赖于相关的规范关系的存在。"社会仍然是自由和平等公民之间的公平合作体系。个人在这样确定的框架内为自己的行为负责，这意味着他们从这些约束中受益或承担他们选择的责任。"④ 由此他们认为对罗尔斯责任概念批判的理论家是基于直接模式对其进行的批判，而与之相反，罗尔斯是一个坚持间接分配模式的理论家，所以对罗尔斯的批判是不成功的，因为他们的批判是基于不同的维度而进行的。

其次，是有关德沃金与柯亨的责任观的研究。德沃金认为资源平等分配应该反映人们的抱负，但是也不能因为天赋而影响人们发挥作用的能力。他区分了选择和机会，认为人们应该为自身选择的结果负责，而不应

---

① G. A. Cohen, "Where the Action is: On the Site of Distributive Justice," *Philosophy & Public Affairs*, Vol. 26, No. 1, 1997, p. 5.

② Michael Blake and Mathias Risse, "Two Models of Equality and Responsibility," *Canadian Journal of Philosophy*, Vol. 38, No. 2, 2008, p. 190.

③ Michael Blake and Mathias Risse, "Two Models of Equality and Responsibility," *Canadian Journal of Philosophy*, Vol. 38, No. 2, 2008, p. 196.

④ Michael Blake and Mathias Risse, "Two Models of Equality and Responsibility," *Canadian Journal of Philosophy*, Vol. 38, No. 2, 2008, p. 185.

该为不幸的特征造成的结果负责。① 柯亨认为即使人们的不幸处境是人们选择的结果，但是也会受到原生运气的影响。他认为运气平等主义应该中立化非自愿的不利，基于此，如果人们的昂贵嗜好是与生俱来的而不是自觉培养的，那么这种昂贵嗜好也应该获得补偿。② 德沃金继续反驳道，如果人们以不是自愿选择为由不承担昂贵嗜好的责任，如果人们对所有这些嗜好不承担责任，那么社会就会承担所有的损失，这就又会还原为所批判的福利平等。③ 随后，德沃金在第九章中重新定义了责任的概念，认为人们应该对自己的选择负责，而不应该对自己控制范围之外的事情负责。④

再次，马克·弗莱尔贝（Marc Fleurbaey）对运气平等主义所强调的机会和责任之间的关系提出了反驳。他认为机会平等有两种版本，分别是硬决定论版本和软决定论版本。硬决定论版本认为机会平等等于结果平等，但是机会平等论者一般不遵循这一版本，相反，他们认为机会平等是不确定的，很难精确和具体。即使机会平等可以实现，也无法产生平等的结果，也会充斥着不平等，因此人们在机会平等不确定的前提下进行选择并对个人的选择负责就是不正确的，这就构成了对个人责任的质疑。⑤

最后，卡尔·奈特（Carl Knight）认为相对于运气平等主义面临的形而上学批评，它还是比结果平等对责任的解释更具有优越性，在实际适用性上是平等的。批评者认为，"如果运气平等主义者不知道那些看起来要为他们的劣势负责的人是否真的要为他们负责，那么他们就不知道是否要补偿他们"。奈特认为运气平等主义政府应该成立由权威人士组成的责任委员会来解决形而上学的相关问题，他们应该根据对责任形而上学的有根据的猜测来分配优势，这样国家委员会就会对硬决定论、相容论和自由意

---

① Ronald Dworkin, *Sovereign Virtue*：*The Theory and Practice of Equality*, Cambridge, Massachusetts：Harvard University Press, 2000, p. 287.

② G. A. Cohen, "On the Currency of Egalitarian Justice," *Ethics*, Vol. 99, No. 4, 1989, pp. 906-944.

③ Ronald Dworkin, *Sovereign Virtue*：*The Theory and Practice of Equality*, Cambridge, Massachusetts：Harvard University Press, 2000, p. 289.

④ Ronald Dworkin, *Sovereign Virtue*：*The Theory and Practice of Equality*, Cambridge, Massachusetts：Harvard University Press, 2000, p. 323.

⑤ Marc Fleurbaey, "Egalitarian Opportunities," *Law and Philosophy*, Vol. 20, No. 5, 2001, pp. 499-530.

志论都给予一定程度的重视。① 此外，奈特还在其文章"运气平等主义：平等、责任和正义"中提出了"负责任的自由主义"概念，这一概念遵循运气平等主义的解释框架，是对其责任概念的进一步解释。②

（三）对运气概念的相关研究

德沃金区分了两种运气，分别是选项运气（option luck）和原生运气（brute luck）。他认为保险是连接选项运气和原生运气的桥梁，因为人们是否购买保险是自己的选择，但是这不能从根本上消除这两种运气之间的差别。③ 休·拉兹比（Hugh Lazenby）区分了两种运气，即"不是由任何人选择的原生运气"（brute luck that is not chosen by any person）和"由某个外在的人选择的原生运气"（brute luck that is chosen by some external person）。他认为前一种运气是人们由于一些简单的偶然事件而无法避免的运气，对这种运气进行补偿是无可非议的，这主要通过普遍的征税从幸运者中获得。而后一种运气是由于别人的选择造成的，这种其他形式的选择应该通过完全禁止或征税的形式来予以限制。譬如，如果一个人将礼物赠予他人，就会对第三人产生不利的影响，这种礼物赠予就应该事先完全禁止或者通过征税重新分配资源。虽然禁止礼物的物质和非物质形式的给予符合运气平等主义，但是这也会产生新的问题，譬如，禁止送礼是否对那些喜欢送礼的人的机会构成了限制。④ 基思·道丁（Keith Dowding）将运气分为三种：偶然的原生运气、个人身份运气、选项运气。什么算作美丽取决于一个社会的审美，而个人身份运气的基因也可能与阶级有关。道丁认为一个人运气的程度可以看作"预期结果和实际结果之间的关系"⑤。史

① Carl Knight, "The Metaphysical Case for Luck Egalitarianism," *Social Theory and Practice*, Vol. 32, No. 2, 2006, pp. 173-189.

② Carl Knight, *Luck Egalitarianism: Equality, Responsibility, and Justice*, Edinburgh: Edinburgh University Press, 2009.

③ Ronald Dworkin, *Sovereign Virtue: The Theory and Practice of Equality*, Cambridge, Massachusetts: Harvard University Press, 2000, p. 73.

④ Hugh Lazenby, "One Kiss Too Many? Giving, Luck Egalitarianism and Other-Affecting Choice," *Journal of Political Philosophy*, Vol. 18, No. 3, 2010, pp. 271-286.

⑤ Keith Dowding, "Luck, Equality and Responsibility," *Critical Review of International Social and Political Philosophy*, Vol. 13, No. 1, 2010, pp. 71-92.

蒂芬·哈尔斯（Steven D. Hales）认为有三种运气，分别是控制（control）、概率（probability）和模态（modality）。控制理论属于道德运气的范畴，概率理论和模态理论属于认识论的范畴，然而控制理论在概率和模态论的运气理论下是不成立的，通过对这些运气理论的分析发现"道德运气、运气平等主义和道德特权在所有运气理论下都不真实。他们是道德世界的合法公民，前提是他们符合一种定制的运气理论，这种理论被理解为对某些事件或事实缺乏控制。然而，控制理论并不适合其他哲学上对运气的探究，就像在认识论中一样"[1]。

（四）对运气和责任的关系研究

苏珊·郝蕾（Susan Hurley）对运气和责任的关系进行了研究，认为这两者都不能为运气平等主义提供基础，因为这两者只能提供分配的通货，而不能确定分配的模式，而通货是推导不出模式的。基于人际解读，抵消坏运气导致的平等是无关紧要的，基于反事实的解读，会形成不同的分配模式，不一定是平等的分配模式。无论是实际还是反事实的状况，个人只对自己的状况负责，不对他人的状况以及与他人的关系负责，这就会造成不确定性的问题，因为归根结底都变成了运气问题，而这无法确定平等的基线到底在哪里。总之，郝蕾认为不平等是运气不同造成的，但是抵消运气也不一定就会形成平等的分配模式。理查德·阿内逊（Richard J. Arneson）对郝蕾的论点进行了回应，他认为应该将关于正义的实践前景的关注和理论性关注区分开，实践中不可行不代表理论就没有意义。此外，责任与应得也不只具有工具性的意义，也具有道德重要性。[2] 郝蕾在其新书《正义、运气和知识》中对运气平等主义的目标"中立化运气的影响"进行了批判。卡斯帕·李普特-拉什木森（Kasper Lippert-Rasmussen）

---

[1] Steven D. Hales, "A Problem for Moral Luck," *Philosophical Studies*, Vol. 172, No. 9, 2015, p. 2401.

[2] Susan Hurley and Richard J. Arneson, "Luck and Equality," *Proceedings of the Aristotelian Society*, *Supplementary Volumes*, Vol. 75, 2001, pp. 51-90. 郝蕾对运气和责任的关系的详细讨论可参见 S. L. Hurley, *Justice*, *Luck and Knowledge*, Cambridge, Massachusetts: Harvard University Press, 2003.

在对郝蕾中立化运气平等主义的批判的基础上认为运气平等主义的目标应该改为"中立化坏运气的影响"。因为郝蕾并没有证明中立化运气的影响能以非质疑的方式作为平等主义的正当性基础。[1] 图恩·德克尔（Teun J. Dekker）提出普遍获得一切可用的利益来为中立化运气辩护。这样在中立化运气的前提下，人们反对的不是不平等本身，而是人们没有同样的机会来获得各个级别的利益。"普遍获得一切可利用的利益满足了平等主义的约束。满足这一需求需要以平等的方式分配利益。如果一种分配模式的特点是利益不平等，那么运气中立者会要求将获得利益的机会重新分配给一种平等主义模式。"[2] 苏菲·斯特波尔斯基（Zofia Stemplowska）认为人们为他们不能控制的行为负责是不公平的，但是不让人们为不能控制的事情负责更不公平。譬如人们无意中获得一些资源，如果把一半分给他人他就会陷入困境的话，就不应该把他获得的资源分给他人。因为运气与一个人的能动性交织在一起，并不意味着人们不能为自己的行为负责，只有人们调整自己的行为来考虑他人对稀缺资源的需求，平等的道德地位的理想才能得到辩护。[3] 基思·道丁（Keith Dowding）认为应该根据对行为的控制程度来分配责任，这取决于多种因素，譬如选择和信息、行动与结果的关系。相反，运气是责任的另一面，但是不能用控制来定义运气，因为运气的好坏除了考虑个人选择外还需要考虑其他因素，如公约、社会风气。运气在很大程度上是由奖励结构定义的，强调人们为自己的行为负责就允许了不平等的存在，运气和责任是激励的附带现象，人们必须从可用的机会集中进行选择。"改变奖励结构不仅会影响运气的差异，还会影响以这样或那样的方式行事的动机，这将反映出人们有多负责任。也就是说，一个社会没有固定的运气或责任。相反，奖励结构将决定社会中每个人有多少运气和责任。"[4]

① Kasper Lippert-Rasmussen, "Hurley on Egalitarianism and the Luck-Neutralizing Aim," *Politics, Philosophy & Economics*, Vol. 4, No. 2, 2005, pp. 249-265.

② Teun J. Dekker, "Luck-Neutralization: A Defense," *The Journal of Value Inquiry*, Vol. 44, 2010, p. 195.

③ Zofia Stemplowska, "Holding People Responsible for What They do not Control," *Politics, Philosophy & Economics*, Vol. 7, No. 4, 2008, pp. 355-377.

④ Keith Dowding, "Luck, Equality and Responsibility," *Critical Review of International Social and Political Philosophy*, Vol. 13, No. 1, 2010, p. 78.

吉迪恩·埃尔福德（Gideon Elford）通过举例提出了与人们通常理解的运气平等主义不同的对运气和选择的理解。传统的运气平等主义认为原生运气的不平等是不可接受的，选项运气的不平等是可接受的。相反，埃尔福德认为原生运气的不平等是可以接受的，因为从运气的角度来看，我的情况更糟是因为我的选择，而他人的情况更好不是由于他们的选择，而是我的选择对他们产生了影响。易言之，我的选择对他人的原生运气产生了影响。如果原生运气平等化理论要求对我进行补偿，而这是违反直觉的，因为没有尊重我自己的选择。①

此外，还有一些学者基于新出现的问题探讨了责任和运气的关系。玛丽亚·保拉·费雷蒂（Maria Paola Ferretti）主要探讨了与技术和生物技术相关的风险问题，认为政府应该对风险承担责任，将其看成合作负担的非福利主义。个人应该对失业、年老和疾病负责，而政府应该承担风险，通过监管和税收将风险社会化。风险代表了可能的负面影响或利益前景，由于技术风险呈现出一些新的特征，因此对这些风险的处理就面临挑战。譬如，责任很难确定、面临不确定性的问题、需要与后代打交道等。② 休·拉兹比（Hugh Lazenby）探讨了运气平等主义在指导市场所产生的结果公平性方面的进展。他认为即使人们在进入市场之前是机会平等的，但是残酷的厄运有时也出现在市场交易所带来的选项集中，因此，运气平等主义也应该考虑如何衡量市场交易所带来的不平等。"在市场环境中，个人将经常面临不可避免的风险，这可能产生对市场产生的结果进行再分配的需求。这些技术问题更需要一种复杂的责任理论来决定如何衡量风险和对风险的接受程度，而不是拒绝运气平等原则。"③ 面对当前出现的全球气候变暖的新问题，约兰·杜斯-奥特斯特罗姆（Göran Duus-Otterström）提出了一种受益者付费原则（Beneficiary pays principle），将其置于矫正正义的

① Gideon Elford, "Equality of Opportunity and Other-Affecting Choice: Why Luck Egalitarianism Does Not Require Brute Luck Equality," *Ethical Theory and Moral Practice*, Vol. 16, No. 1, 2013, pp. 139–149.

② Maria Paola Ferretti, "Risk and Distributive Justice: The Case of Regulating New Technologies," *Science & Engineering Ethics*, Vol. 16, 2010, pp. 501–515.

③ Hugh Lazenby, "Luck, Risk and the Market," *Ethical Theory and Moral Practice*, Vol. 17, No. 4, 2014, p. 678.

规范背景下，该原则认为不公正行为的无辜受益者应该补偿同一行为的受害者，因为无辜受益者和受害者属于"共源问题"。前者补偿后者并不是因为这样做会更加公平，而是因为这样做会矫正对受害者的不公正行为。①约阿希姆·魏文迪奇（Joachim Wündisch）认为抽象的可原谅的无知②削弱了道德责任和当事人的责任，在这种情况下，赔偿责任是不合理的，但是如果这一行为将受害者推到了贫困线以下，分配正义理论会考虑给受害者重新分配资源。他认为，如气候变化等大规模危害的解决办法应该体现出可原谅的无知的开脱力量，但是造成受害者陷入困境也是不公平的。"在这里，受益者付费原则，甚至更普遍的运气平等主义，可能为从受益者到受害者，或者从运气好的人到运气不好的人的再分配提供实质性的基础。更一般地说，分配正义的其他理论可能适用于减轻受害者的地位。"③

（五）对罗尔斯是不是一个运气平等主义者的研究

采取这一研究进路的学者主要是塞缪尔·谢弗勒（Samual Scheffler）。他认为罗尔斯不是一个运气平等主义者，原因如下：首先，虽然罗尔斯认为人们的自然特征和社会地位具有偶然性，但是他并没有认为非选择的环境因素造成的不利都应该消除；其次，罗尔斯正义论的目的并不是消除原生运气的影响，而是构建一个民主社会的基本结构；再次，罗尔斯提出对不利者进行补偿并对造成不利的原因进行冒犯性检验；最后，罗尔斯认为使公民成为完全积极协作的这一目标为判断何种不利应获得补偿提供了一种标准，按照这一标准，即使一些不利源于坏的选项运气，它们也应该获得补偿，但是一些不利即使源于坏的原生运气，也不应该获得补偿。④

① Göran Duus-Otterström, "Benefiting from Injustice and the Common-Source Problem," *Ethical Theory and Moral Practice*, Vol. 20, No. 5, 2017, pp. 1067-1081.
② 可原谅的无知满足以下两个条件：首先，人们不知道他们的行为导致了该结果；其次，他们履行了程序认知的义务。
③ Joachim Wündisch, "Does Excusable Ignorance Absolve of Liability for Costs?," *Philosophical Studies*, Vol. 174, No. 4, 2017, pp. 837-851.
④ 〔美〕塞缪尔·谢弗勒：《什么是平等主义?》，高景柱译，《政治思想史》2010年第3期，第93~99页。

二　运气平等主义论者的内部争论及其辩护

运气平等主义论者的内部争论及其辩护主要包括两个方面：首先，指的是各学者都共享运气平等主义的基本理念，但是对平等的对象持有不同的观点；其次，指的是学者在赞同运气平等主义理论目标的前提下，对其中的论证过程进行修正并为其辩护。具体如下。

（一）运气平等主义的平等对象研究

运气平等主义是一种复杂的理论体系，有众多的代表性人物，主要以德沃金、阿内逊、柯亨和阿马蒂亚·森为代表。他们的运气平等主义理论都是在批判继承前者的基础上接续发展的。

其一，德沃金将资源作为运气平等主义的分配对象。他通过一个荒岛思想实验以及对选择和环境、原生运气和选项运气的区分将责任纳入平等理论之中，认为资源平等的理论目标是要实现"敏于抱负"（ambition-sensitive）和"钝于禀赋"（endowment-insensitive）。"一方面，我们必须承受违反平等的痛苦，允许任何特定时刻的资源分配（我们可以说）反映人们的抱负。也就是说，它必须反映人们作出的选择给别人带来的成本或收益。……但另一方面，我们不能允许资源分配在任何时候反映天赋（endowment-sensitive），即让它受到有着相同抱负的人在自由放任经济中造成收入差别的那一类能力的影响。"[1]

其二，阿内逊（Richard J. Arneson）在批判资源平等和福利平等的基础上，提出了福利机遇的平等。阿内逊通过构建决策树给出了个人可能的完备的生活历史，当每个人面临等价的决策树也就是面临有效等价的选项排列时，人们的福利机遇是平等的。当人们享有福利机遇的平等，并且他们处于实际的福利不平等时，这就是由他们自身的控制性因素造成的，他

---

① 〔美〕罗纳德·德沃金：《至上的美德——平等的理论与实践》，冯克利译，江苏人民出版社，2003，第 94 页。

们应该对此负责。① 卡斯帕·李普特-拉什木森（Kasper Lippert-Rasmus-sen）认为阿内逊的决策树有很多问题，福利机遇平等并不能作为平等主义的解释的充分条件，有时福利机遇的不平等也可以解释平等主义。此外，这一理论也不能解决风险性的不正义问题。② 阿内逊发文对拉什木森的批判进行了回应，进一步捍卫了其福利机遇平等理论。阿内逊认为虽然人们有相同的初始资源，但是人们转化资源的能力是不一样的，这也意味着人们有不同的机遇，以其他的方式来调整资源改变环境使得人们如合理期望那样得到相同的福利，才是真正的福利机遇平等。③

其三，柯亨关于什么的平等的回答受到了阿内逊的福利机遇平等的影响，他认为德沃金对福利平等的批判不能完全用福利机遇的平等来回应，因此，发展出了利益机遇的平等（equal opportunityfor advantage）或者更准确地说是可及利益的平等（equal of access to advantage）。这里所说的利益的范围要比福利的范围更广。此外，柯亨提出的可及利益的平等还基于对德沃金资源平等的批判。首先，柯亨认为资源平等拒绝对非自愿的嗜好进行补偿；其次，柯亨认为德沃金拒绝对昂贵嗜好进行补偿不是基于责任与坏运气的区分，而是基于偏好与资源的区分。④ 德沃金对柯亨对资源平等的批判做出了回应。首先，德沃金认为保险会为这种非自愿的嗜好提供解决办法；其次，他认为柯亨的这种划分方式会取消福利机遇平等和福利平等之间的区别，最终会消解个人的责任，因为人们总是会找到借口说自己的昂贵嗜好是坏运气的结果，而不是自己自愿选择的结果。⑤ 此外，安德烈亚斯·艾伯森（Andreas Albertsen）还认为柯亨提出了一种不同于传统的资本主义市场和市场社会主义的市场概念来适应他的运气平等主义立

---

① Richard J. Arneson, "Equality and Equal Opportunity for Welfare," *Philosophical Studies*, Vol. 56, 1989, pp. 77-93.

② 卡斯帕·李普特-拉什木森：《争论：阿内逊论福利机遇平等》，载葛四友编《运气均等主义》，江苏人民出版社，2006，第91~100页。

③ 理查德·阿内逊：《争论：福利机遇的平等——捍卫与放弃》，载葛四友编《运气均等主义》，江苏人民出版社，2006，第101~110页。

④ G. A. Cohen, "On the Currency of Egalitarian Justice," *Ethics*, Vol. 99, No. 4, 1989, pp. 906-944.

⑤ Ronald Dworkin, *Sovereign Virtue: The Theory and Practice of Equality*, Cambridge, Massachusetts: Harvard University Press, 2000, pp. 297-299.

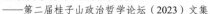

场。柯亨认为市场不能追踪运气对人们的持续影响，也缺乏相互关心的共同体，基于此，他建构的市场概念虽然也利用市场的供求机制，但是需要与社群主义相结合。"在柯亨精神盛行的社会里，有一种平等主义精神影响着人们的日常选择。人们感觉并表达了以一种有利于分配正义的方式生活、工作和生产的意愿。这种风气反映了人们对他们希望生活在什么样的社会中的偏好，是强迫人们加入共同体和分配正义的措施的直接替代。这种情景是有市场的，但它与资本主义和市场社会主义下的市场完全不同。这里的市场是一个，它的功能是发出哪里需要人们的信号，但同时提供分配正义和共同体，因为它得到了一种精神气质的补充，并且不依赖于金钱激励。"①

其四，阿马蒂亚·森（Amartya Sen）在其著作《论经济不平等/不平等之再考察》以及其文章《什么样的平等》中发展出了可行能力（capabilities）平等理论。我们从森提出的反对福利度量的论点可以看出，森的可行能力平等理论也强调机会的重要性，虽然与其他运气平等主义的研究进路相比可能不那么明显。柯亨指出，森的这一理论是一个中间福利，处于基本善之后、效用之前，它强调人们在基本善和福利之间能够得到什么，关注一个人能做什么或成为什么。譬如，它关注人们的营养水平、新陈代谢等。可行能力与罗尔斯相比，有两大重要变化：从实际状态到机会，从基本善或福利到功能。② 德沃金认为如果森的可行能力专注于一些复杂的功能，那么对这一概念的具体界定要么与资源平等一致，要么与某种形式的福利平等一致。而安德鲁·威廉姆斯（Andrew Williams）认为森的可行能力能够经受住这种考验。威廉姆斯举了个人和非个人性资源以及抱负相同的双胞胎安（Ann）和鲍勃（Bob）的例子来说明性别对人所产生的影响，并指出社会条件在资源和能力的转换率方面会产生人际相异性。除此之外，德沃金的连续性测试过于关注个人的道德信念和对能力的判断，而这产生的结果有可能是违反直觉的。譬如，某个人并不认为自己

---

① Andreas Albertsen，"Markets，Distributive Justice and Community：The Egalitarian Ethos of G. A. Cohen，" *Political Research Quarterly*，Vol. 72，No. 2，2019，p. 381.

② G. A. Cohen，"Equality of What？On Welfare，Goods and Capabilities，" *Recherches Économiques de Louvain/Louvain Economic Review*，Vol. 56，No. 3/4，1990，pp. 358-359.

的残疾是不利条件，那么他就没有处于不利地位，但是很显然这对他的生活产生了影响。森的可行能力并没有赋予个人的判断如此重要的作用。① 而德沃金认为威廉姆斯的例子是不恰当的，因为在安和鲍勃的例子中，这两个人所拥有的能力集是交叉的、非支配的。② 罗兰·皮耶里克（Roland Pierik）和英格丽德·罗伯斯（Ingrid Robeyns）希望解决德沃金和威廉姆斯的争论并指出了德沃金和森的平等理论的三个不同方面，通过分析发现威廉姆斯的分析仍然停留在德沃金的框架内，认为德沃金的平等理想是可欲的，但是他扩大了平等的辩论范围，认为福利和资源不是平等理论的唯一通货，这对于我们更深入地理解平等主义具有深远的意义。③

（二）对运气平等主义的修正及辩护研究

拉斯穆森认为德沃金对原生运气和选项运气之间的区别并没有真正体现平等主义，运气平等主义可以修正表述如下："如果每个人与其他人一样同等地履行了自己的责任而没有和他们同样好，那么这就是坏的。如果每个人都没有与其他人同等地履行自己的责任，那么反映不同责任履行的不平等（和不反映不同责任履行的平等）就没有那么糟糕。"④ 尼古拉斯·巴里（Nicholas Barry）在分析原生运气平等主义所面临的两个问题的基础上，提出了修正的运气平等主义（a revised theory of luck egalitarianism）。首先，巴里认为，有时人们对选项运气负责违背了运气平等主义的初衷；其次，原生运气平等主义（德沃金的资源平等）对选择的背景条件的平等性关注不够充分，因为只局限于分配平等，而没有扩展其背景条件关注的范围；再次，他认为柯亨发展的控制性责任观则更为复杂，真正的选择的界限很难界定；最后，他提出了修正的运气平等主义："如果一个人的幸福水平没有被选择，如果相关的选择不是真实的，这可以被认为是运气的

---

① Andrew Williams, "Dworkin on Capability," *Ethics*, Vol. 113, No. 1, 2002, pp. 23-39.

② Ronald Dworkin, "'Sovereign Virtue' Revisited," *Ethics*, Vol. 113, No. 1, 2002, p. 137.

③ Roland Pierik and Ingrid Robeyns, "Resources Versus Capabilities: Social Endowments in Egalitarian Theory," *Political Studies*, Vol. 55, 2007, pp. 133-152.

④ Kasper Lippert-Rasmussen, "Egalitarianism, Option Luck, and Responsibility," *Ethics*, Vol. 111, No. 3, 2001, p. 549.

问题。根据运气平等主义，我们应该均衡运气对个人生活的影响程度。这意味着那些享有好运的人有义务与他们的同胞分享好运的好处，而运气不好的受害者有权从运气较好的人那里获得赔偿。只有当个体的不同选择被证明是合理的，并且满足平等的条件时，个体才会不平等地富裕。"① 这一版本的运气平等主义避免了不可补偿的选项运气的问题，也对背景不平等对选择的影响很敏感。丹尼尔·马科维茨（Daniel Markovits）认为运气平等主义将个人责任置于分配正义的核心源于对责任追踪的精确定位，而这种责任追踪又与平等主义的目标不一致，会产生对人才的奴役和政治上的从属关系。基于此，马科维茨发展了一种更为温和的运气平等主义版本，这不仅包含分配平等的理想，还将公民之间政治团结的愿景置于其核心地位。"它的基础是毫不掩饰的道德，并利用选择和机会之间的区别来服务于道德人格的规范而非自然化的理想。根据这种运气平等主义的观点，选择和机会之间的区别是由责任的分配来确定的，人们将从真正平等的地位采取这种分配，知道他们需要合作，并向被动接受者分享合作的好处和负担，但总是坚持他们也仍然是当事人和真正的自由公民，他们保留对自己的选择的责任，因此他们也可以主宰自己的生活。"② 罗兰·皮耶里克（Roland Pierik）发展了德沃金关于"自然禀赋"和"社会禀赋"的概念，将奴隶制的赔偿纳入了运气平等主义的框架之中，以此扩大了运气平等主义关注的范围，展现了一个更为全面的运气平等主义版本，提供了更为全面的平等主义政策而不仅仅是简单的个人资源的再分配方案。③ 帕特里克·汤姆林（Patrick Tomlin）发展了一种动态运气平等主义，该理论认为责任和运气的区分不应该是静止的，而是动态的。这一理论受到了德里克·帕菲特（Derek Parfit）关于个人身份的讨论的启发，认为人们在某一时刻做出的选择会随着时间的推移而转变为运气问题，这时人们对这一

---

① Nicholas Barry, "Reassessing Luck Egalitarianism," *The Journal of Politics*, Vol. 70, No. 1, 2008, p. 144.

② Daniel Markovits, "Luck Egalitarianism and Political Solidarity," *Theoretical Inquiries in Law*, Vol. 9, No. 1, 2008, pp. 307–308.

③ Roland Pierik, "Reparations for Luck Egalitarians," *Journal of Social Philosophy*, Vol. 37, No. 3, 2006, pp. 423–440.

选择的责任就会减弱。汤姆林认为他的这一理论更好地阐明了将责任纳入平等理论的解释："如果你对不平等负有责任，你就不能抱怨不平等，只有当生活在不平等中的人现在对不平等负有责任时，情况才会如此。"①他还探讨了两种动态运气平等主义社会的实现途径，分别是向后看的补偿机制和前瞻性的阻断机制。前者主要是通过财富税将资源从幸运者向不幸者的转移来实现，前提是不幸者不再对自己之前的选择负责。后者寻求减少当前选择对未来人的影响，从而防止基于选择的运气出现。针对郝蕾提出的运气平等主义的"无聊问题"，杰拉尔德·朗（Gerald Lang）提出了相对基线运气平等主义（baseline-relative luck egalitarianism），这一理论避免了运气平等主义所面临的一些问题，如偏好和多元化的问题等，但是他认为这一理论也不是没有问题的，譬如它所强调的基线确定取决于平等主义的内容是不是良性的，因为这使得基线的确定是灵活的、不确定的，这就是所谓的"欠决定问题"。②

科克-肖·谭（Kok-Chor Tan）发展了一种制度运气平等主义（institutional luck egalitarianism）来为运气平等主义辩护，这一理论的主要目的就是通过制度干预来调节运气对一个人分配正义的影响，它只是证明了分配平等为什么重要，而没有提供具体的分配模式。此外，谭认为他所发展的制度运气平等主义也可以直接为全球分配平等进行辩护，而全球秩序也需要一种全球分配承诺来解决人们出生地和自然资源分布的任意性所导致的问题。③ 克里斯蒂安·斯梅尔（Christian Schemmel）认为制度运气平等主义不是民主互惠（democratic reciprocity）的对手，相反，是民主互惠的一种表达，但是在全球分配正义的问题上，它的范围要比民主互惠的范围要广。"民主互惠侧重于社会合作的安排，并试图回答这种安排在什么时候、在什么条件下被视为公平的问题。那么，至少就分配而言，制度运气

---

① Patrick Tomlin, "Choices Chance and Change: Luck Egalitarianism Over Time," *Ethical Theory and Moral Practice*, Vol. 16, No. 2, 2013, p. 400.

② Gerald Lang, "How Interesting is the 'Boring Problem' for Luck Egalitarianism?," *Philosophy and Phenomenological Research*, Vol. 91, No. 3, 2015, pp. 698-722.

③ Kok-Chor Tan, "A Defense of Luck Egalitarianism," *The Journal of Philosophy*, Vol. 105, No. 11, 2008, p. 675. 也可参见 Kok-Chor Tan, *Justice, Institutions, and Luck: The Site, Ground, and Scope of Equality*, Oxford: Oxford University Press, 2012。

平等主义可以被视为这种公平合作条件的一个提案。"① 阿基拉·伊努（Akira Inoue）对谭的制度运气平等主义进行了批判。他认为即使谭的制度运气平等主义试图容纳各种个人和非个人的价值观，呈现出多元化的特征，但是他的论证是失败的。因为虽然这一理论避免了形而上学和实用性挑战的批判，但是其还是依赖于运气和选择的区分，而这又是不充分和不恰当的。"在评估社会制度时，我们应该质疑我们对运气/选择切割的社会共享观念。否则，在分配正义的运气平等主义原则下管理的社会机构仍然是保守的，以便符合社会习俗和惯例。"②

戴维·米勒（David Miller）在其文章中指出，运气平等主义具有内在的不一致性。运气平等主义认为人们应该为自己的选择负责，而不应该为未经选择的不平等负责。然而，当人们的选择的不平等也产生了人们不能为之负责的不平等的时候，其内在的不一致就出现了。易言之，我们的选择对我们来说是选项运气，但是对他人来说就是原生运气。当要消除原生运气的不平等，而允许选项运气的不平等存在的时候，不一致就出现了。③ 吉迪恩·埃尔福德（Gideon Elford）对米勒的批判进行了回应，他认为这种不一致只是自由和平等的普遍冲突，并不是运气平等主义的内部不一致。"运气平等主义并非不连贯的主要原因是，它并不要求个人选择所导致的不平等的全部程度，而只要求存在于个人选择对自己造成的后果中的那部分不平等。因此，运气平等主义观点认为，许多通过对他人的影响而产生的不平等是不公平的（没有收到礼物的人比收到礼物的人更不公平），这是有道理的。"④

---

① Christian Schemmel, "Luck Egalitarianism as Democratic Reciprocity? A Response to Tan," *The Journal of Philosophy*, Vol. 109, No. 7, 2012, p. 441.

② Akira Inoue, "Can Luck Egalitarianism Serve as a Basis for Distributive Justice? A Critique of Kok-Chor Tan's Institutional Luck Egalitarianism," *Law and Philosophy*, Vol. 35, No. 4, 2016, pp. 391–414.

③ David Miller, "The Incoherence of Luck Egalitarianism," in Alexander Kaufman ed., *Distributive Justice and Access to Advantage: G. A. Cohen's Egalitarianism*, Cambridge: Cambridge University Press, 2015, pp. 131–150.

④ Gideon Elford, "The Coherence of Luck Egalitarianism," *Ethical Theory and Moral Practice*, Vol. 20, No. 3, 2017, p. 626.

针对运气平等主义面临的缺乏非工具性内在价值及同时抵消原生运气和选项运气的批判，施洛米·西格尔（Shlomi Segall）进行了辩护。首先，西格尔提出了一种非对称观点（the asymmetrical view），该观点认为"一个人比另一个人更差是不好的，这不是自己的过错或选择。就平等而言，一个人与另一个人平等，并不是因为她自己的优点或努力，这从来都不是坏事"①。这一观点可以将运气平等主义锚定在一个平等主义的价值中。其次，西格尔认为应该将运气平等主义的不公平理解为个人之间以及个人内部这两种情况，并且只有个人内部造成的不公平才可以获得补偿。

三 运气平等主义的外部批判及其辩护

运气平等主义的外部批判主要是质疑运气平等主义本身能否证成。这又主要分为两个方面。一方面是平等主义的外部批判，主要指的是关系平等对运气平等主义的批判。从这一角度进行研究的学者主要有伊丽莎白·安德森（Elizabeth S. Anderson）、塞缪尔·谢弗勒（Samuel Scheffler）等。另一方面是非平等主义的外部批判。采取这一研究进路的学者主要有阿内逊（Richard J. Arneson）、哈里·法兰克福特（Harry Frankfurt）、德里克·帕菲特（Derek Parfit）、菲利普·范·帕里斯（Philippe van Parijs）等人。

（一）平等主义的外部批判

首先是安德森对运气平等主义的整体性批判。安德森认为，运气平等主义从整体上是论证失败的，因为它没有表达对所有公民的平等尊重和关心，并且这一理论的关注点过于狭窄，只关注一些私人占有或者享有的善，而忽略了更广泛的政治运动。她提出了关注范围更为广泛的民主平等理论，认为运气平等主义关注的是分配平等，而民主平等关注的是社会关系的平等。具体主要从以下几个方面进行了批判。首先是坏的选项运气的

---

① Shlomi Segall, "What's So Egalitarian About Luck Egalitarianism?," *Ratio*, Vol. 28, No. 3, 2015, p. 359.

受害者。譬如，没有保险的司机如果发生了事故，根据埃里克·拉科夫斯基（Eric Rakowski）的说法，这一司机没有权利要求得到医疗救助，即使活下来成为残疾人，社会也没有义务对他进行帮助。阿内逊对这一问题的看法与拉科夫斯基一致。"运气平等主义者告诉非常糟糕的选项运气的受害者，他们选择了冒险，他们应该得到他们的不幸，所以社会不需要保护他们免受贫困和剥削。然而，一个允许其成员陷入如此深渊的社会，由于完全合理的（对于依赖的照顾者，甚至是强制性的）选择，几乎不尊重他们。"① 其次是家长制问题。安德森认为虽然运气平等主义会对坏的选项运气的受害者所面临的批判进行修正，但也是基于家长式的作风。运气平等主义者采取的强制性保险计划实际上是在告诉公民他们太笨了以至于无法管理自己的生活。再次是罕见疾病的受害者。安德森认为德沃金所设想的医疗保险是在人们不知道自己发病的概率的情况下购买的，如果人们对发病的概率进行判断，并认为罕见疾病发生在自己身上的概率极小，那么人们就不选择购买这种保险，因此医疗保险就区别对待了患罕见疾病和普通疾病的人。最后是坏的原生运气的受害者。安德森认为运气平等主义者对坏的原生运气的受害者的补偿不是基于对他们的尊重，而是怜悯他们。

针对安德森的外部批判，德沃金做出了相应的回应。首先，针对安德森对粗心大意的司机的批判，德沃金回应道："资源平等会坚持让一个受了重伤、拒绝投保、无力支付急救费用的人在街上流血致死吗？不。在这种情况下，一个致力于资源平等的共同体将有充分的理由要求人们为基本医疗上保险，就像许多政治共同体现在所做的那样（部分地，例如，要求雇主为低工资的雇员提供保险）。"② 其次，针对家长式作风的问题，德沃金回应道，家长式作风的问题取决于人们对自由概念的认识，他捍卫与资源平等相吻合的自由观，因此不谴责这种家长式作风，但是他认为其他形式的家长式作风确实不利于人们对自由和平等的关系的正确认识。再次，

---

① Elizabeth S. Anderson, "What is the Point of Equality?," *Ethics*, Vol. 109, No. 2, 1999, p. 301.

② Ronald Dworkin, "Sovereign Virtue Revisited," *Ethics*, Vol. 113, No. 1, 2002, p. 114.

针对安德森提出的罕见疾病的问题，德沃金回应道，不能因为疾病很罕见就拒绝为患有罕见疾病的人提供基本的保险，共同体应为这些负担不起治疗罕见疾病费用的人提供医疗保障。最后，针对安德森提出的坏的原生运气的受害者的羞耻感问题，德沃金反驳道，"资源平等建议的再分配不是基于怜悯或任何自卑的判断，而是基于对那些运气不好和没有公平机会的人的尊重和关心，以防他们遭受厄运"①。

针对安德森的批判，亚历山大·考夫曼（Alexander Kaufman）为运气平等主义进行了辩护。他认为运气平等主义的代表性理论都可以从各自的角度回应安德森提出的运气平等主义不能为疏忽和依赖的受害者提供援助的质疑。"阿内逊会判断安德森的受害者没有得到平等的福利机会；柯亨会判断他们对自己的劣势不负责；德沃金会判断他们没有得到平等的资源。"② 尽管如此，安德森的批判也具有贡献：表明在人们缺乏基本需要的时候，无论他们的选择如何都应该获得援助。卡尔·奈特（Carl Knight）也为运气平等主义进行了辩护。他认为安德森的民主的平等至少在依赖照顾者的情况下对运气平等主义进行了必要的纠正。但是，在大多数情况下运气平等主义者提供了对平等主义的更多关注。譬如，安德森只要求保证最低限度的资源，但是高于最低水平的分配对于正义来说至关重要，如果只保证最低水平的资源，就会允许阶级的划分，这与平等主义不相容。此外，安德森认为最低限度的资源可以在几代人之间传递，显然这也违反平等主义的直觉。③ 亚历山大·布朗（Alexander Brown）批判性地审视了安德森对运气平等主义的一系列异议，提出了一种多元的平等观，认为运气平等主义和民主的平等都是正义的适当目标。"一个平等的社会是这样一个社会：我们努力减轻原生的运气对人们生活的影响，尽可能将自愿选择的代价归咎于个人本身，但同时努力消除极端贫困、剥削、压迫和无法获

---

① Ronald Dworkin, "Sovereign Virtue Revisited," *Ethics*, Vol. 113, No. 1, 2002, pp. 116-117.
② Alexander Kaufman, "Choice, Responsibility and Equality," *Political Studies*, Vol. 52, 2004, p. 829.
③ Carl Knight, "In Defence of Luck Egalitarianism," *Res Publica*, Vol. 11, No. 1, 2005, pp. 55-73.

得有价值的功能。"① 尼古拉斯·巴里（Nicholas Barry）回应了安德森对运气平等主义的批判，认为如果对运气平等主义理解得当，它可以逃脱安德森对其的批判。首先，巴里认为运气平等主义在一定程度上也会谴责安德森所提出的非物质的不平等和不公正。其次，现实世界出现的不平等很少是由选项运气单独造成的，但是这并没有削弱原生运气和选项运气的区别。最后，即使出现了运气平等主义无法解决的不平等，也可以使其与其他的平等主义正义原则相结合。② 施洛米·西格尔（Shlomi Segall）认为，运气平等主义可以应对安德森提出的放弃疏忽大意的司机的反对意见，这可以用其他社会政策作为运气平等主义的补充，譬如，社会团结。③ 乔纳森·沃尔夫（Jonathan Wolff）对运气平等主义进行了批判，认为对不利者的帮助会羞辱那些不利者的自尊，但即使是这样，安德森提出的民主的平等也不能作为运气平等主义的替代物，因为它们的侧重点各有不同，分配模式是以公平的方式分配物品，而社会模式是创造人人平等的社会。④ 安德森认为运气平等主义和关系平等的最根本分歧是论证的分歧，而其实质性的分歧主要表现为通货分歧、任意性分歧和领域分歧。卡斯帕·李普特-拉什木森（Kasper Lippert-Rasmussen）认为运气平等主义和关系平等所产生的分歧并不是真正意义上的分歧也即正当性分歧，而是不同的探究路线，这些探究路线相互补充，共同致力于一种多元平等主义正义观。⑤

其次是塞缪尔·谢弗勒对运气平等主义的批判。谢弗勒对运气平等主义的批判得益于安德森的论述，主要包括以下两个方面。一方面，运气平等主义者对选择和环境的区分，在哲学上是形而上学的，因为这两者在实

---

① Alexander Brown, "Luck Egalitarianism and Democratic Equality," *Ethical Perspectives*, Vol. 12, No. 3, 2005, p. 331.

② Nicholas Barry, "Defending Luck Egalitarianism," *Journal of Applied Philosophy*, Vol. 23, No. 1, 2006, pp. 89–107.

③ Shlomi Segall, "In Solidarity with the Imprudent: A Defense of Luck Egalitarianism," *Social Theory and Practice*, Vol. 33, No. 2, 2007, p. 198.

④ Jonathan Wolff, "Fairness, Respect and the Egalitarian Ethos Revisited," *The Journal of Ethics*, Vol. 14, No. 3/4, 2010, pp. 335–350.

⑤ Kasper Lippert-Rasmussen, "Luck Egalitarians Versus Relational Egalitarians: On the Prospects of a Pluralist Account of Egalitarian Justice," *Canadian Journal of Philosophy*, Vol. 45, No. 2, 2015, pp. 220–241.

际生活中很难进行区分；在道德上是不可行的，会产生一些违反直觉的结果。另一方面，谢弗勒认为运气平等主义所理解的平等是一种分配理念，其目标是中立化原生运气的影响，补偿人们所遭遇的不幸，而人们通常所理解的平等是反对压迫、等级、阶级以及非民主的权力分配。①

同年，德沃金撰文对谢弗勒的批判进行了回应。首先针对谢弗勒所说的选择和环境的区分问题，德沃金也承认，二者确实很难区分。"必须特别考虑这些因素，在某些情况下，这种区别可能很难区分，尽管我补充说，虚拟的保险机制可能会使在某些情况下没有必要划清界限。"② 其次，德沃金认为真正的平等社会并不存在各个维度的平等冲突的情况，而是以公民的"平等利益、平等发言权和平等地位为目标"。他认为分配的平等是主权国家至上的美德，这也体现了他对政治平等的关注，而不是谢弗勒所说的"仁慈的暴君"产生分配的平等。③

谢弗勒随后又在《哲学与公共事务》上发文对德沃金的回应进行了进一步地回应。首先谢弗勒认为他对于选择和环境的区分是，"如果任何一个人认同并影响选择的个人特征被归入（不可补偿的）选择而不是（可补偿的）环境，那么，与德沃金陈述的立场相反，才能甚至残障往往需要如以分类"④。其次，谢弗勒认为他与德沃金的分歧不是德沃金所说的平等的不同维度的相对重要性，而是这些维度之下的普遍理想的性质。最后，谢弗勒认为，基本的平等理念不是政府应该平等对待其公民，而是人类关系的规范理想。⑤

2005 年，谢弗勒又进一步重申了自己对选择和环境的看法以及自己所构想的关系平等理论，他认为运气平等主义的弊端在于将责任纳入平等

① 〔美〕塞缪尔·谢弗勒：《什么是平等主义?》，高景柱译，《政治思想史》2010 年第 3 期，第 91 页。

② Ronald Dworkin, "Equality, Luck and Hierarchy," *Philosophy & Public Affairs*, Vol. 31, No. 2, 2003, p. 193.

③ Ronald Dworkin, "Equality, Luck and Hierarchy," *Philosophy & Public Affairs*, Vol. 31, No. 2, 2003, pp. 190–198.

④ Samuel Scheffler, "Equality as the Virtue of Sovereigns: A Reply to Ronald Dworkin," *Philosophy & Public Affairs*, Vol. 31, No. 2, 2003, p. 201.

⑤ Samuel Scheffler, "Equality as the Virtue of Sovereigns: A Reply to Ronald Dworkin," *Philosophy & Public Affairs*, Vol. 31, No. 2, 2003, p. 204.

并倾向于僵化和缺乏同情心的道德主义，基于责任的平等主义在复制保守主义的优点的同时，也会复制其缺点。他认为，"一个平等的社会支持成员之间的相互尊重和自尊，鼓励人际交往的自由，并且不会对人们之间的自我理解或真实关系设置特殊障碍。它还使人们有可能培养一种团结意识和参与共同命运的意识，而不依赖于不可持续的神话或虚假意识的形式。出于所有这些原因，一个平等的社会有助于促进公民的繁荣。生活在这样一个社会中的价值也不纯粹是工具性的。相反，平等地生活在社会中本身就是一件好事"①。

此外，以下学者也研究了运气平等主义和民主平等之间的关系。马克·纳文（Mark Navin）认为，运气平等主义可以涵盖关系平等所强调的因素来为运气平等主义辩护。他认为和关系平等一样，压迫在运气平等主义者看来也是不公平的因素，即使这是人们选择的结果。首先，人们在做出选择的时候，其所掌握的信息可能是不充分的。运气平等主义者认为只有人们对选择有足够的控制力时，才应对造成的后果负责。其次，人们对他们所处的压迫状态负有持续的责任也是不公正的。譬如，一个人可能不记得他当时做出的选择或者他现在的性格与他当时做出选择时的性格截然不同。② 罗尔斯认为分配正义的标准是基本利益，而柯亨认为罗尔斯未能充分考虑共同体的价值，并指出了生活于共同体中的人具有分享、相互慷慨并关心他人的需要。理查德·米勒（Richard W. Miller）认为，当我们在思考如何共同生活的时候，柯亨的运气平等主义与罗尔斯的共同体愿望和政治选择都必须让步，但是柯亨提出的共同体所面临的紧迫问题对我们继续研究有很重要的启发作用。③ 萨加尔·桑亚尔（Sagar Sanyal）根据谭的制度运气平等主义的基础性和实质性原则描述了政治平等主义，进而提供了对制度运气平等主义的独特批评。政治平等主义关注一个人的自主和非

---

① Samuel Scheffler, "Choice, Circumstance, and the Value of Equality," *Politics, Philosophy & Economics*, Vol. 4, No. 1, 2005, p. 19.

② Mark Navin, "Luck and Oppression," *Ethical Theory and Moral Practice*, Vol. 14, No. 5 2011, pp. 533-547.

③ Richard W. Miller, "Relationships of Equality: A Camping Trip Revisited," *The Journal of Ethics*, Vol. 14, No. 3/4, 2010, pp. 231-253.

支配的重要性，是民主平等的一个版本，其主要的优势是逃脱了谭对民主平等无法解决全球分配正义问题的指责。桑亚尔认为，运气平等主义和民主平等并不是不相容的，这两者可以共同阐述平等的价值。①

（二）非平等主义的外部批判

1. 迎合责任的优先主义

阿内逊认为，安德森提出的对运气平等主义的批判以及她所提出的民主平等取得了不错的成绩，因此作为回应，他并不想要捍卫所有类型的运气平等主义，而是从运气平等主义的外部确认一种理论，这种理论并不弱于安德森的民主平等，他将这种理论称为迎合责任的优先主义（responsibility-catering prioritarianism）。"粗略地说，这种观念是，正义要求最大化人类福利的函数，这个函数给予提高那些过得不好的人的福利以优先性，在过得不好的人中间，根据他们先前的行动，对其状况不负有实质性责任的人又享有优先性。"② 阿内逊认为，迎合责任的优先主义能够避免安德森对运气平等主义的批判，"优先主义的根源性观念是作为一个正义的问题，一个人应该帮助不幸者，一个人过得越差，那么帮助他的道德命令就越紧迫。帮助某人的道德根据是他们处境的坏性质，而不是一个人处境与他人的处境相比如何的任何决定"③。

2. 优先性原则和充足原则

哈里·法兰克福特（Harry Frankfurt）发展了一种充足原则，该学说不依赖于人与人之间的比较，认为人们平等拥有财富不是每个人拥有相同数量的财富，而是拥有足够的财富。足够意味着达到一个标准，而不是达到极限。将资源给没有达到足够标准的人意味着把资源给需要它们的人，但是将这些额外的资源给予有需要的人也并不意味着会改善他们的状况，

---

① Sagar Sanyal, "A Defense of Democratic Egalitarianism," *The Journal of Philosophy*, Vol. 109, No. 7, 2012, pp. 413-434.
② 理查德·阿内逊：《运气均等主义与优先主义》，载葛四友编《运气均等主义》，江苏人民出版社，2006，第270页。
③ 理查德·阿内逊：《运气均等主义与优先主义》，载葛四友编《运气均等主义》，江苏人民出版社，2006，第273页。

对他们来说，最重要的是要达到门槛水平。法兰克福特认为，不平等只有在违反了充足原则的情况下才是不道德的。① 德里克·帕菲特（Derek Parfit）发展了一种优先性的观点，该观点认为当一些人越差的时候，给予他们利益就越紧迫，这不是因为他比其他人过的差，而是因为他处于较低的绝对水平。优先主义者关注人们的绝对水平而不是人们的相对性，这是与平等主义者的根本的结构性差别。②

理查德·诺尔曼（Richard Norman）承认帕菲特所说的优先性的观点，也认为其植根于仁爱和同情等道德信念，但是他不认为优先主义可以作为平等的替代物。诺尔曼认为，在善的社会分配中有三个相关的道德概念，分别是优先性的集体版本（共享相同的关注，成为社会良知）、基本需要的思想（门槛概念）以及平等的思想（社会正义的核心）。他认为这三个概念不能相互替代，都是道德中不可缺少的部分。③ 罗杰·克里斯普（Roger Crisp）认为，平等主义会面临拉平的反驳，而优先性观点和拉平观点是一样荒谬的，因为它认为当人们的生活达到一定水平的时候，即使他们比其他人过得更差，这也是无关紧要的，在一定程度上，它无法解释一些需要我们提供补偿的情况。相反，充足原则借助功利主义的仁慈的旁观者，认为对任何生物的同情都是正当的，直到达到一个阈值水平过上足够好的生活，达到一定的福利水平。④ 拉里·特姆金（Larry S. Temkin）在对克里斯普的论点进行总结的基础上为平等主义进行了辩护。他认为优先考虑一个人而不是另一个人，这是因为其状况更值得我们同情，这是正确的，但是克里斯普将同情作为优先考虑一个人的唯一基础，这是有待商榷的。尽管克里斯普认为充足原则在挑战优先性原则方面很成功，但是这并不能削弱平等主义的重要性。"平等主义者和反平等主义者的区别在于她对生活不公平的反应。平等主义者观点的本质是，相对不公平是不好的，

---

① Harry Frankfurt, "Equality as a Moral Ideal," *Ethics*, Vol. 98, No. 1, 1987, pp. 21-43.
② Derek Parfit, "Equality and Priority," *Ratio*, Vol. 10, No. 3, 1997, pp. 202-221.
③ Richard Norman, "Equality, Priority, and Social Justice," *Ratio*, Vol. 12, No. 2, 1999, pp. 178-194.
④ Roger Crisp, "Equality, Priority, and Compassion," *Ethics*, Vol. 113, No. 4, 2003, pp. 745-763.

如果我们能够对生活中的不公平做些什么，我们就有理由这样做。这些原因可能会被其他原因压倒，但它们并不像反平等主义者认为的那样，完全没有力量。"① 哈里·布里格豪斯和亚当·斯威夫特（Harry Brighouse and Adam Swift）对以"地位善"（Positional Goods）来解决平等、优先、充足等概念的技术性问题进行了批判，认为这一概念并不能解决这三方面之间的争论。地位善是一个相对性概念，其绝对价值取决于"一个人相对于其他人拥有多少"。他们通过这一概念为不平等辩护，认为平等是一个错误的理想，支持拉平是有悖常理的，而如果不公正的不平等有利于处境最差者的利益，这也是可辩护的。譬如，如果一些分配的不平等违反了表面上的公平分配准则，但是为不利者带来了更多的利益，这是合理的。此外，政治和法律投入的不平等使得一些人有一定的影响力，但是这在总体上会促成政治和法律程序的正确性，这也是合理的。但是这也会导致一些问题，譬如，对不平等的全面辩护就会涉及对动机的辩护，有的动机是合理的，有的却不是。布里格豪斯和斯威夫特认为，地位善的不平等是得不到辩护的，因为在这些善方面的不平等会使一些人对另一些人的绝对地位产生不利影响，这与为不平等进行辩护从而得到正当的分配结果的初衷是相悖的。②

3. 无条件的基本收入

菲利普·范·帕里斯（Philippe Van Parijs）发展了一种区别于运气平等主义的资源理论，即无条件的基本收入（unconditional basic income）或者可以称为基本收入理论。该理论认为，基本收入"是支付给每个公民的补助，不论他或她的职业状况和婚姻状况如何，也不论他或她的工作表现如何或是否有工作。换句话说，这是一种个人有保障的最低收入，既没有经济情况调查，也没有（愿意）工作的条件"③。该理论的优点是，可以帮助穷人摆脱失业的陷阱、可以实现资源从男性向女性的重新分配、可以

① Larry S. Temkin, "Egalitarianism Defended," *Ethics*, Vol. 113, No. 4, 2003, p. 775.

② Harry Brighouse and Adam Swift, "Equality, Priority, and Positional Goods," *Ethics*, Vol. 116, No. 3, 2006, pp. 471–497.

③ Philippe Van Parijs, "Why Surfers Should be Fed: The Liberal Case for an Unconditional Basic Income," *Philosophy & Public Affairs*, Vol. 20, No. 2, 1991, p. 102.

增加农民的收入等，基本收入"与富裕社会的非熟练工人、被排斥的年轻人、依赖他人的家庭主妇、两班制父母和长期失业者的命运直接关联"，其缺点是会导致身体健康的人依靠别人的工作来生活。① 安德鲁·威廉姆斯（Andrew Williams）对帕里斯提出的基本收入理论进行了批判：其一，将工作岗位作为外部资产纳入基本收入的做法是不成功的，因为这会剥夺工作者的闲暇；其二，依赖市场的可转让性来提高基本收入也容易受到批判，因为创造自由以破坏其他自由为代价；其三，没有证明基本收入的提供不应该受到补偿标准更具限制性的原则的约束。② 斯图尔特·怀特（Stuart White）对帕里斯的基本收入论点进行重构，为其进行辩护，称其为"外部资产论点"。这一论点强调互惠原则的重要性，但是这也没有经受住对基本收入的剥削异议。帕里斯没有成功地对其进行反驳，尽管适当的基本收入理论可能不会遭受剥削的异议。③

此外，克里斯汀·沃格特（Kristin Voigt）针对安德森提出的苛刻异议，尝试着为运气平等主义进行辩护，但是并未成功。他认为苛刻异议被其支持者夸大了，因为现实中没有一项选择是真正由纯粹的选项运气决定的，但是这也给运气平等主义带来了一些问题，譬如，如果为真正的选项运气的受害者提供免费的帮助，运气平等主义者会认为这是不公平的。沃格特认为，解决这个问题的三种策略——迎合责任的优先主义、最低门槛策略以及强制保险——都是有问题的，要么与运气平等主义的原则相悖，要么会限制人们冒险的自由。④

① Philippe Van Parijs, "Why Surfers Should be Fed: The Liberal Case for an Unconditional Basic Income," *Philosophy & Public Affairs*, Vol. 20, No. 2, 1991, pp. 101-131. 也可参见 Philippe Van Parijs ed., *Arguing for Basic Income: Ethical Foundations for a Radical Reform*, New York: Verso, 1992; Philippe Van Parijs, *Real Freedom for All: What (If Anything) Can Justify Capitalism?*, Oxford: Oxford University Press, 1995。

② Andrew Williams, "Resource Egalitarianism and the Limits to Basic Income," *Economics and Philosophy*, Vol. 15, No. 1, 1999, pp. 85-107.

③ Stuart White, "Liberal Equality, Exploitation, and the Case for an Unconditional Basic Income," *Political Studies*, Vol. 45, No. 2, 1997, pp. 312-326.

④ Kristin Voigt, "The Harshness Objection: Is Luck Egalitarianism Too Harsh on the Victims of Option Luck?," *Ethical Theory and Moral Practice*, Vol. 10, No. 4, 2007, pp. 389-407.

四　简要的回顾与展望

国外学者对运气平等主义的研究较为深入，对很多方面都进行了较为系统的分析，主要表现在三个方面。首先是对运气平等主义的类型、责任、运气以及责任和运气之间的关系进行了研究。其次是运气平等主义内部存在争论，对运气平等主义进行修正或辩护，其中内部争论主要涉及的是追求"什么样的平等"，学者提出了资源、福利机遇、可及利益和可行能力平等。对运气平等主义的修正产生了一些运气平等主义的新的表述和理论，譬如，将分配平等与政治团结的愿景相结合、将奴隶制的赔偿问题纳入运气平等主义之中。最主要的修正是提出了新的运气平等主义，譬如相对基线运气平等主义以及制度运气平等主义。最后是对运气平等主义进行了外部批判，这又分为平等主义的外部批判和非平等主义的外部批判。平等主义的外部批判主要指的是以安德森和谢弗勒为代表的关系平等主义对运气平等主义的批判，其认为运气平等主义只关注分配平等而忽略了人与人之间的社会地位以及社会关系的平等；非平等主义的外部批判主要指的是迎合责任的优先主义、充足原则和优先性原则对运气平等主义的批判。

虽然国外学者对运气平等主义有较为系统的分析和研究，但他们的研究存在以下不足。首先，虽然对责任和运气之间的关系研究较为深入，但是这两者之间的关系到底如何界定，还存在模糊性。其次，内部争论的主题主要涉及的是分配的通货问题，而对分配模式的争论没有一个一以贯之的主线，即使对运气平等主义的修正涉及了分配模式的问题，但也无法应对运气平等主义所面临的批判，其理论本身也存在问题。最后，虽然对运气平等主义的外部批判提醒我们应该注意运气平等主义关注范围的狭窄问题，但是非平等主义的外部批判从根本上偏离了平等主义。总之，对运气平等主义进行一贯的不具有张力的解释是学界以后努力的方向。

超越资本文明：中国式现代化新道路
及其新文明逻辑的双重性质

高　伦　邝光耀[*]

（复旦大学马克思主义学院，上海）

摘　要："现代化"本就是"现代文明"开创之过程。西方文明语境中的"现代化"是"资本主义现代化"的代名词，其以"资本逻辑"即"资本"同"现代形而上学"的共谋为形式规定。"资本主义现代化"缔造了世界历史性的"资本文明"，诞生了"现代"式的文明逻辑。但"资本主义现代化"有其现实局限，必将被"社会主义现代化"所超越。"社会主义现代化"在当前社会主义实践中呈现为创造人类文明新形态的中国式现代化新道路，其以充分占有"资本文明"积极成果为前提的新文明逻辑具有双重性质：既坚持合乎历史规律的理论路向，又展开切中现实要求的实践活动。中国式现代化新道路创造的人类文明新形态，"新"在其以人民至上、共同富裕、协调发展、和谐共生、命运与共的新文明逻辑为现实趋向。

关键词：现代化；资本文明；中国式现代化新道路；人类文明新形态

要把握文明形态与现代化的联系，有以下三个问题须予以澄清。首先，何谓"文明"？清代文学家李渔曾以"辟草昧而致文明"[①] 应答，即

---

[*]　高伦，复旦大学马克思主义学院博士研究生；邝光耀，复旦大学马克思主义学院博士研究生。

[①]　（清）李渔：《闲情偶寄》，郁娇校注，江苏凤凰文艺出版社，2019，第62页。

"文明"总以"野蛮""蒙昧"的对立面出现；civilization（文明）的拉丁词根"civilis"（罗马公民的），也总与"barbarus"（蛮族的）一词相对出现。因此，从词源学上来看，"文明"指涉了一种比较性概念，它总表现为相较于落后社会形态而言的先进社会形态。其次，何谓"现代化"？就字面上来看，"化"意即状态、性质的转变，"现代化"乃"现代"之动态展开、实现的过程；若从经验现象层面理解，"现代"便呈现为生活世界中的"现代社会"，因此"现代化"也就是"现代社会"的铺展、建设过程，其可感知的经验要素如下："第一，工业化；第二，民主政治；第三，市场经济；第四，先进的科学技术；第五，合理化、世俗化和都市化。"① 最后，"文明"同"现代化"何以关联？"现代化"作为"现代社会"之动态铺展过程，它必然要求"传统文明"退场，并"完全改变了先前的整个社会"而表现为新的"文明时代"②。因此，现代化无疑可被理解为开创了一种新"文明"即"现代文明"。

"现代化"本就是"现代文明"开创、展开、实现的过程，中国式现代化新道路开创了人类文明新形态亦复如是。习近平总书记在"七一"重要讲话中提出："我们坚持和发展中国特色社会主义，推动物质文明、政治文明、精神文明、社会文明、生态文明协调发展，创造了中国式现代化新道路，创造了人类文明新形态。"③ 此论断不仅是对中国共产党领导中国人民历经百年奋斗与发展取得辉煌成就的高度凝练与总结，更是未来中国特色社会主义现代化发展目标的鲜明指向。"中国式现代化新道路"何以开启出不同于西方现代社会的"现代化"新模式？何以创造出一种超越资本文明的新文明形态？本文将以历史唯物主义对"资本主义现代化"及其文明逻辑局限性的反思为出发点，探究中国式现代化新道路超越西方现代化模式的理论与实践双重性质，把握人类文明新形态及其新文明逻辑新在何处。

---

① 俞吾金等：《现代性现象学：与西方马克思主义者的对话》，上海社会科学院出版社，2002，第30页。
② 《马克思恩格斯文集》第4卷，人民出版社，2009，第193页。
③ 习近平：《在庆祝中国共产党成立100周年大会上的讲话》，人民出版社，2021，第13~14页。

一　西方文明语境中的"现代化"："资本"与"现代形而上学"的共谋

"现代"这一前提性概念最初乃是西方文明及其历史发展的产物。据德国历史学家恩斯特·库尔提乌斯（Ernst Robert Curtius）所释："'现代'这个词……是晚期拉丁语留给现代世界的遗产之一。"① 因此，"现代"一词可追溯至晚期拉丁词"Modernus"，词根为"Modo"（最近、刚才）的"Modernus"的初始词义是指时间概念上的"当下的时刻"。而当时间概念上的"现代"，即"当下的时刻"作为特定的历史阶段概念被使用时，其中必然关涉到对历史进程本身的领会。换言之，当全部的历史断裂出一个独特的"现代"阶段时，便意味着"现代"同"传统"（或称为"前现代"）已具有了截然不同的本质。

一方面，如果仅从线性时间维度来看，我们会发现西方学者多以"十七世纪"作为"现代"和"传统"的分界线。如英国历史学家约翰·伯瑞（John Bury）认为，"现代史始于 17 世纪"②；吉登斯亦指称，"一个时间段"意义上的"现代""大约十七世纪出现在欧洲"③。然则若仅从时间维度上区分形式上的"现代"与"传统"，无法给予"现代"内容上的根本规定性。故此，追溯"现代"与"传统"之本质差异需深入经验现象领域，即探寻"现代社会"降生的本质特征。学者俞吾金将"现代社会"之降生归纳为五个方面："第一，工业化；第二，民主政治；第三，市场经济；第四，先进的科学技术；第五，合理化、世俗化和都市化。"④ 此五方面准确而全面地描述了经验内容领域的"现代"内涵。另一方面，对"现代"之探讨不能仅停留于经验层面，即描述"现代社会"之降生及其

---

① 转引自〔美〕马泰·卡林内斯库《现代性的五副面孔》，顾爱彬、李瑞华译，译林出版社，2015，第 12 页。
② 〔英〕约翰·伯瑞：《进步的观念》，范祥焘译，上海三联书店，2005，第 46 页。
③ 〔英〕安东尼·吉登斯：《现代性的后果》，田禾译，译林出版社，2011，第 1 页。
④ 俞吾金等：《现代性现象学：与西方马克思主义的对抗》，上海社会科学院出版社，2002，第 30 页。

可感知的经验要素。还需进一步明确的是"现代社会"之诞生、展开、实现的过程何以可能，即"现代"内容规定性背后的历史动因。对此，马克思和韦伯分别给出不同答案。马克思明确指出，"'现代社会'就是存在于一切文明国度中的资本主义社会"①，即当资本主义生产方式取缔封建生产方式时，一个"摆脱了中世纪的杂质"的现代社会也就从传统社会中破土而出，换言之，马克思将"现代社会"诞生的历史原因归于生产方式的变革。韦伯同样认为"现代生活中最能决定命运的力量"是"资本主义"②，但他认为"单单还原于经济的原因无论在何种意义上，在无论何种文化现象的范围内，甚至在'经济'事件的范围内都不是包罗无遗的"③，因此，有别于马克思，韦伯将以"理性化"为本质的资本主义精神视为"现代社会"展开之动因。要而言之，马克思和韦伯虽均视"现代社会"为"资本主义社会"，但其侧重点分别是经济动因和文化动因。

一方面，马克思指出"资本主义现代化"以"资本"为主要原则。他将"资本"比作"现代社会"之"普照的光"④，即"资本"作为"支配一切的经济权力"⑤ 必将以生产方式现代化为起点逐步扩展为对全部社会生活的"现代化"改造，如马克思所言："随着新生产力的获得，人们改变自己的生产方式，随着生产方式即谋生的方式的改变，人们也就会改变自己的一切社会关系。"⑥ 这是因为"资本"总是持有"超越自己界限的一种无限制的和无止境的欲望"⑦，它必须占领全部的经济生活、政治生活、文化生活，将自身贯彻到最遥远的边缘，才能摧毁对资本增殖的一切限制，才能维持自身的不断循环。"资本"对"资本主义现代化"的原则性作用，具象化如下：其一，在经济生活领域，"资本"以生产工业化

---

① 《马克思恩格斯文集》第 3 卷，人民出版社，2009，第 444 页。
② 〔德〕马克斯·韦伯：《新教伦理与资本主义精神》，于晓、陈维刚等译，陕西师范大学出版社，2005，导论第 4 页。
③ 〔德〕马克斯·韦伯：《社会科学方法论》，韩水法、莫茜译，商务印书馆，2013，第 24 页。
④ 《马克思恩格斯文集》第 8 卷，人民出版社，2009，第 31 页。
⑤ 《马克思恩格斯文集》第 8 卷，人民出版社，2009，第 31~32 页。
⑥ 《马克思恩格斯文集》第 1 卷，人民出版社，2009，第 602 页。
⑦ 《马克思恩格斯全集》第 30 卷，人民出版社，1995，第 297 页。

不断促进生产力的发展、生产方式的变革，并以社会大生产瓦解人的分散状态，从而塑造出普遍意义上的两大阶级即资产阶级和无产阶级，并最终塑成"人格化的资本"①的社会权力，即资产阶级全面统摄经济生活及其交往关系的感性现实权力；其二，在政治生活领域，"资本"必须使自身从封建压迫中解放出来，它要求资产阶级以推翻封建制度为前提建立现代国家，从而确立"资本"对现代世界的全面宰治，此即资产阶级在经济上的进展总是"伴随着相应的政治上的进展"②，换言之，"资本"主导的社会权力必将派生出附属自身的政治权力；其三，在文化生活领域，"资本"为整个"现代社会"描绘了生活背景，即以商品交换和资产增殖为生活取向的市民社会，此般市民社会树立了以理性人为主体、以逐利为目标的现代价值，它"把宗教虔诚、骑士热忱、小市民伤感这些情感的神圣发作，淹没在利己主义打算的冰水之中"③。此外，"资本"据自身本性即贯彻到最遥远的边缘，"开拓了世界市场，使一切国家的生产和消费都成为世界性的了"④。随着资本全球化进程的逐步推进，"资本主义现代化"亦扩散到世界的每个角落、每个领域，"资本"便成为一切民族的共同原则。

另一方面，马克思揭示了"现代形而上学"是与"资本"共谋的观念形态，同"资本"一道奠定了"资本主义现代化"之基本纲领。正如马克思所言，"现代形而上学"可被称为"资本"的"唯灵论的荣誉问题"⑤，倘非如此，便无法揭示"资本主义现代化"之"僧侣本性"⑥，从而陷入马克思所批判的"实践政治派"之缺陷当中，即囿于现实本身而无法体认理论对现实的"抽象继续"⑦作用。"现代形而上学"之所以成为"资本"原则的观念形态，一则，取决于其剥离人类同自然、主体同客体的内在联系，并冠"僵死客体"之名于自然以祛除其神圣性，将自然降格

---

① 《马克思恩格斯全集》第 33 卷，人民出版社，2004，第 343 页。
② 《马克思恩格斯文集》第 2 卷，人民出版社，2009，第 33 页。
③ 《马克思恩格斯文集》第 2 卷，人民出版社，2009，第 34 页。
④ 《马克思恩格斯文集》第 2 卷，人民出版社，2009，第 35 页。
⑤ 《马克思恩格斯文集》第 1 卷，人民出版社，2009，第 3 页。
⑥ 《马克思恩格斯文集》第 1 卷，人民出版社，2009，第 12 页。
⑦ 《马克思恩格斯文集》第 1 卷，人民出版社，2009，第 9 页。

为可被运用于资本增殖的纯粹质料，从而指明自然必须以人之生产活动为其增添纯粹形式，即"人始终是认识与改造它的主体的存在"①，并以此准则来树立"人格化的资本"即资产阶级之理性主体地位；二则，"现代形而上学"不仅将自然或者客体视为单纯的质料，还将其当作人类意识的外化形式，即以"意识的内在性"弥合绝对主体同绝对客体之间的裂隙，因而，所谓的感性自然无非是早已被意识自我所设定的抽象理念。"现代形而上学"所遵循的"意识的内在性"，还滋生了两种看似对立的学派，一端是"思辨哲学"，它将全部的现实自然指认为"想象的主体的想象活动"②，从而所有对象、客体和基质都被纳入主体之内；另一端是"实证主义"，其将现实自然视为"僵死的事实的汇集"③，故而主体可依据经验知识对其进行工具性改造。实则"思维哲学"和"实证主义"根本上"分享了同一个理论根源，即理性形而上学"④。换言之，在"现代形而上学"仅以"意识的内在性"面对现实自然时，导致抽象理性成为主体的唯一准则，并以此完成了主体对对象的思辨式指认及范畴式构建，最终使得主体只能以抽象范畴塑成的经验知识完成对现实自然的"理性"认识及改造。

要而言之，马克思指明了原初语境中的"现代化"无非"资本主义现代化"的代名词，其以"资本逻辑"为形式规定，即"资本"同"现代形而上学"的共谋塑成了整个"现代社会"。一是"资本"之于"资本主义现代化"具有原则性作用，其为"现代文明""奠定世俗基础并为其制订根本方向"⑤；二是"现代形而上学"作为"资本"原则的观念形态，一方面树立了资产阶级的理性主体地位，另一方面则确证了资产阶级可依据以"理性"为准则的抽象范畴来彻底认识并改造外部自然。

① 夏巍：《论马克思诠释历史的新视域》，《教学与研究》2019年第5期，第40页。
② 《马克思恩格斯文集》第1卷，人民出版社，2009，第526页。
③ 《马克思恩格斯文集》第1卷，人民出版社，2009，第526页。
④ 夏巍：《论马克思诠释历史的新视域》，《教学与研究》2019年第5期，第41页。
⑤ 吴晓明：《论马克思对现代性的双重批判》，《学术月刊》2006年第2期，第47页。

二 "资本主义现代化"的文明逻辑：
"资本文明"及其界限

如前所述，"现代化"本身就是开创"现代文明"之过程。"资本"对全部社会生活的"资本主义现代化"改造，不可避免地缔造了世界历史性的"资本文明"。马克思如是说："只有资本才创造出资产阶级社会，并创造出社会成员对自然界和社会联系本身的普遍占有。由此产生了资本的伟大的文明作用……资本按照自己的这种趋势，既要克服把自然神化的现象，克服流传下来的、在一定界限内闭关自守地满足于现有需要和重复旧生活方式的状况，又要克服民族界限和民族偏见。资本破坏这一切并使之不断革命化，摧毁一切阻碍发展生产力、扩大需要、使生产多样化、利用和交换自然力量和精神力量的限制。"[①] 进而，马克思揭露了"资本主义现代化"资本至上、无限扩张、理性万能、征服自然、世界历史的文明逻辑及其必然遭遇的危机边界。

第一，"资本主义现代化"具有资本至上的文明逻辑。马克思表示，"在资产阶级社会里，资本具有独立性和个性，而活动着的个人却没有独立性和个性"[②]，亦即"资本"奠定了"现代文明"的世俗基础，所以唯有资本占据了"现代社会"的绝对统治地位，唯有"资本"具有自我意识，活动着的人只是资本逻辑的附庸。与其说人被雇佣劳动所支配，毋宁说工人的活劳动被"资本"这种"死劳动"所支配，就连资本家也只是"人格化的资本""资本职能的单纯执行者"[③]，他们的逐利行为并非为了获取更多的使用价值，而只是为了促进资本的持续增殖，此即马克思所言："生产者丧失了对自己生活领域内全部生产的支配权，这种支配权商人也没有得到。"[④]

第二，"资本主义现代化"具有无限扩张的文明逻辑。马克思指出，

---

① 《马克思恩格斯文集》第8卷，人民出版社，2009，第90~91页。
② 《马克思恩格斯文集》第2卷，人民出版社，2009，第46页。
③ 《马克思恩格斯全集》第33卷，人民出版社，2004，第343页。
④ 《马克思恩格斯文集》第4卷，人民出版社，2009，第194页。

"资本的趋势是（1）不断扩大流通范围；（2）在一切地点把生产变成由资本推动的生产"①，因此，奠定"现代文明"之世俗基础的"资本"势必依据自身的增殖原则塑造出"无限扩张"的文明逻辑。换言之，"资本"必然要求以自身的面目重构整个人类社会，亦即将资本增殖化为人类社会前进的普遍动力。这使得"资本"一方面依据"现代形而上学"赋予的"理性"准则整合社会劳动并将其按照同一性原则进行抽象量化，最大限度提升劳动力的"平均的熟练程度、技巧和速度"②，进而通过驱使劳动超出自然需要的界限、不断攫取工人的剩余劳动来实现自我增殖；另一方面，它还要求革新全部的生产方式，将自然科学及科学化的技术与生产过程相结合，"赋予生产以科学的性质"③，以不断促生"新的需要、新的生产部门"④。换言之，无限扩张的文明逻辑要求"资本"以其在经济生产领域的组织支配地位，整合起可利用的全部社会劳动，并把人和机器科学地结合成整体的生产过程，进而以量化同一性的方式持续剥削工人剩余价值，以实现自身源源不断的增殖。

第三，"资本主义现代化"具有理性万能的文明逻辑。理性万能的文明逻辑归根结底源于"资本"原则的"抽象继续"，即"现代形而上学"。此文明逻辑在生产生活中的表现形式可概为四方面：一是以专门化为准则的生产方式，马克思指出自工场手工业起，"各种特殊的局部劳动分配给不同的个体，而且个体本身也被分割开来，转化为某种局部劳动的自动的工具"⑤；二是以技术化为标准的生产工具，"理性"准则以"力学、化学等等在技术上的应用来解决"⑥ 专业分工中的生产问题，并通过自动化的机器完成部门生产的统一化；三是以可计算性来安排的现实生活，即以同一的"量"为准则的知性科学对全部现实生活进行标准化衡量与计数，从而将现实生活的一切领域纳入"资本"的自我增殖中，并依据"理性"

---

① 《马克思恩格斯文集》第 8 卷，人民出版社，2009，第 89 页。
② 《马克思恩格斯全集》第 43 卷，人民出版社，2016，第 198 页。
③ 《马克思恩格斯文集》第 8 卷，人民出版社，2009，第 188 页。
④ 《马克思恩格斯文集》第 1 卷，人民出版社，2009，第 102 页。
⑤ 《马克思恩格斯文集》第 5 卷，人民出版社，2009，第 417 页。
⑥ 《马克思恩格斯文集》第 5 卷，人民出版社，2009，第 437 页。

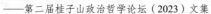

推算出使用何种材料可获取最大程度的资本增殖；四是以工具性为价值的精神生活，切断了阻碍生产交换的传统道德，如"宗教虔诚、骑士热忱、小市民伤感这些情感的神圣发作"，即它"无情地斩断了把人们束缚于天然尊长的形形色色的封建羁绊"①。

第四，"资本主义现代化"具有征服自然的文明逻辑。马克思声称资本的增殖原则必然会促生征服自然的文明逻辑。"资本"的本性就是要摧毁一切可能阻碍资本增殖的外部界限，由于纯粹的、自发的外部自然无法被纳入资本生产秩序，所以"资本"要求人类摆脱对自然的单纯崇拜和绝对依赖，将人与自然的直接的、依附的统一变换为建立在生产活动上的支配性统一，即促进人类依据自身对象性本质力量来能动地改造自然的能力，从而使得自然以消费品或者生产资料的形式服从于人的需要。这就要求"资本""探索整个自然界……要把自然科学发展到它的最高点"②，破除一切对自然的非理性依附，从而将流传下来的、野蛮的、愚昧的生产生活方式转换为理性的、科学的生产生活方式，也就是以"现代形而上学"赋予的"理性"准则来摆脱对自然必然性的盲目崇拜，让人内在地介入自然、控制自然，最终使自然成为资本增殖所需的单纯外部生产要素，以扩大生产领域、加快资本流通。

第五，"资本主义现代化"具有世界历史的文明逻辑。马克思认为，在资本逐利、增殖逻辑下形成的世界市场经济秩序中，各民族或各国家之间外部交往的形式和交往关系取决于该民族或该国生产力、分工和内部交往的发展程度与发展水平。"随着生产力的这种普遍发展，人们的普遍交往才能建立起来……最后，地域性的个人为世界历史性的、经验上普遍的个人所代替"③，换言之，"资本"直接催生了世界历史的形成。因为，一方面，"资本"内在的扩张本性势必会"通过国际竞争来强行传播自己的生产方式"④，故而"创造世界市场的趋势已经直接包含在资本的概念本

---

① 《马克思恩格斯文集》第2卷，人民出版社，2009，第34页。
② 《马克思恩格斯文集》第8卷，人民出版社，2009，第89~90页。
③ 《马克思恩格斯文集》第1卷，人民出版社，2009，第538页。
④ 《马克思恩格斯全集》第31卷，人民出版社，1998，第128页。

身中"①；另一方面，资本主义生产方式和交通工具的变革为人类普遍交往的实现提供了外在条件，"一切民族甚至最野蛮的民族都卷到文明中来了"②，过去那种地方的、民族的或者闭关自守的状态已经被世界历史性的资本文明所摧毁了。

　　由此可知，原初语境中的"现代化"及其缔造的"现代文明"不过是"资本主义现代化""资本文明"的代名词，倘若我们仍遵循如此"现代化"的"理论前件"，必然只能陷入一种"实证主义"困境，即将"资本主义现代化"视为永恒的自然规律、将"资本文明"视为文明与历史的终点。只有当"资本文明"这一"现代化"的理论前件被祛除，并返回到被"理论前件"所遮蔽的社会现实本身时，关于"现代化"及"现代文明"的批判性反思才得以生成，关于新的现代化道路及新的文明形态的历史性创造才得以可能。实则在理论上，这一批判性反思已由马克思恩格斯共同完成：历史唯物主义及其资本主义批判理论阐明了"资本主义现代化"缔造的"资本文明"有其不可逾越的现实界限，即"资本不可遏止地追求的普遍性，在资本本身的性质上遇到了限制"③。

　　其一，资本至上的文明逻辑中潜藏着劳动抽象化与劳动过程去主体性，表现为"奴役性"和"剥削性"的合谋。一方面，"资本文明"以"资本"的绝对统治地位为前提，这使得工人沦落至为资本增殖而服务的简单附属物，无产者被资本家驱使着不断超出自身的劳动界限，并被资本家牢牢固定在机器上，所以"他们不仅仅是资产阶级的、资产阶级国家的奴隶，他们每日每时都受机器、受监工、首先是受各个经营工厂的资产者本人的奴役"④，换言之，工人不仅持续遭受着身体规训和精神锻造以维持资本的不断增殖，本为劳动过程主体的工人本身还被降格为从属于资本的被动客体；另一方面，"资本文明"以生产资料的私人占有为前提，这使得与生产资料相分离的工人必须出售自身的全部劳动力，以从资本家处换取可维持基本生存需要的微薄工资。此外，出于资本增殖的绝对原则，

---

① 《马克思恩格斯文集》第 8 卷，人民出版社，2009，第 88 页。
② 《马克思恩格斯文集》第 2 卷，人民出版社，2009，第 35 页。
③ 《马克思恩格斯文集》第 8 卷，人民出版社，2009，第 91 页。
④ 《马克思恩格斯文集》第 2 卷，人民出版社，2009，第 38 页。

资本家还通过不断延长工人的工作时间、增加单位时间内工人的劳动量等方式，来加强对工人"剩余劳动"的无偿剥削与占有。正如恩格斯所说："生产的每一进步，同时也就是被压迫阶级即大多数人的生活状况的一个退步。"①

其二，无限扩张的文明逻辑中蕴含着生产领域的基本矛盾，表现为"普遍利益"与"私人利益"的撕裂。一方面，"资本文明"的降生，以生产方式从手工协作到大工业生产的变革为起点，出于"资本"无限扩张的内在要求，它必将不断促进机器的扩大运用、交通工具的革新等，以促使生产不断扩大至最终社会化。另一方面，生产资料却又天然归属于私人利益性质的资本家。因此，社会劳动规模越大、生产出的产品越多，与生产资料相分离的工人反而越贫穷、越难以支付得起购买被自身不断生产出的劳动产品的费用，此即马克思所指的"生产资料的集中和劳动的社会化，达到了同它们的资本主义外壳不能相容的地步"②。马克思如此描述资本主义生产方式之基本矛盾带来的恶果："只要指出在周期性的重复中越来越危及整个资产阶级社会生存的商业危机就够了……在危机期间，发生一种在过去一切时代看来都好像是荒唐现象的社会瘟疫，即生产过剩的瘟疫。"③ 概言之，资本主义生产方式以资本增殖为目的不断扩大生产，最终必然导致生产过剩的经济危机，即资本主义生产关系规定性地限制了生产力的持续发展，资本主义自身不可克服的生产社会化和生产利益私人占有之间的根本矛盾将持续通过周期性经济危机的形式爆发。而经济危机在晚期资本主义社会将表现为大量的过剩人口和产业后备军无法被"消化"，并进一步导致公民失业、工人罢工等社会危机。

其三，理性万能的文明逻辑中隐匿着精神生活的本末倒置，表现为"片面性"和"抽象性"的症结。"资本文明"所强调的"理性"准则，无非只是用于资本增殖的工具理性。恰如资产阶级式的"平等和自由仅仅是交换价值的交换的一种理想化的表现"④，它们并非出自人类的"普遍

---

① 《马克思恩格斯文集》第 4 卷，人民出版社，2009，第 197 页。
② 《马克思恩格斯文集》第 5 卷，人民出版社，2009，第 874 页。
③ 《马克思恩格斯文集》第 2 卷，人民出版社，2009，第 37 页。
④ 《马克思恩格斯全集》第 30 卷，人民出版社，1995，第 199 页。

理性"，而是源于资本的"工具理性"，此即马克思所指的"利己主义打算的冰水"吞噬了一切崇高的、神圣的道德情感。并且，弥漫于现实生活的"理性"准则以主体对客体的绝对权力为前提，仅以抽象的范畴规定感性现实，其中隐含着非理性的双重危机：一方面，"资本"是现代社会的唯一主导者，它促使其代言人即资产阶级暂时性地获得了对"毫无主体性"的无产阶级之绝对权力；换言之，"理性"内含的主体对客体的权力实则招致了一种有产阶级支配无产阶级的社会权力；另一方面，"理性"以抽象范畴规定感性现实，必然进一步带来人与对象性的感性现实相分离并同样被抽象范畴所统摄，不仅是劳动生产领域的工人"转化为局部机器的有自我意识的附件"①，资本主义社会中的所有原子化个体同样"受抽象统治"②。

其四，征服自然的文明逻辑中隐藏着生态环境的严重破坏危机，表现为"工具性"和"掠夺性"的偏差。尽管"现代形而上学"通过人与自然的截然二分将自然视为单纯的客体，而非具有"活的灵魂"的自然神，进而树立了现代人至高无上的主体性。然而，此般"资本文明"主导下"自然观"的必然缺陷是仅以工具理性态度对待作为人的感性对象的外部自然以及自然与人的关系，即马克思指出的"只有在资本主义制度下自然界才真正是人的对象，真正是有用物"③。当自然被视为单纯的"生产资料"和"消费品"，资本又需要不断向外部扩张并实现自我增殖时，必然引致的结果是人类无止境地掠夺和攫取自然资源。马克思以土地为例，指出了此般情境的必然恶果："资本主义生产……破坏着人和土地之间的物质变换，也就是使人以衣食形式消费掉的土地的组成部分不能回归土地，从而破坏土地持久肥力的永恒的自然条件。"④

其五，世界历史的资本文明逻辑展露出的总体发展不平衡性，表现为"支配性"和"从属性"的弊端。马克思指出"资本文明"的要旨乃是

① 《马克思恩格斯文集》第 5 卷，人民出版社，2009，第 557 页。
② 《马克思恩格斯文集》第 8 卷，人民出版社，2009，第 59 页。
③ 《马克思恩格斯文集》第 8 卷，人民出版社，2009，第 90 页。
④ 《马克思恩格斯文集》第 5 卷，人民出版社，2009，第 579 页。

"资本""按照自己的面貌为自己创造出一个世界"①，但是这一过程不可避免地会引发"城乡差距""南北差距"，亦即马克思所说："正像它使农村从属于城市一样，它使未开化和半开化的国家从属于文明的国家，使农民的民族从属于资产阶级的民族，使东方从属于西方。"② 马克思在论述英国殖民侵略对印度历史发展产生的影响时便指出："不列颠人给印度斯坦带来的灾难，与印度斯坦过去所遭受的一切灾难比较起来，毫无疑问在本质上属于另一种，在程度上要深重得多……"③ 换言之，"资本主义现代化"以先发现代化地区对后发外生性现代化地区的"强权"支配为直接基础，以牺牲后发外生性现代化地区人民的本土利益与民族特质为必要环节，它不可避免地造成了贫富差距的扩大、国际格局的不平等。

概言之，马克思指出"资本主义现代化"缔造的"资本文明"有其内部的危机边界：一方面，它无法抽离自身的资本生产领域的基本矛盾，且塑造了将以暴力形式摧毁自身的无产阶级；另一方面，其凭靠的"理性"准则只是抽象同一性的"工具理性"，这种片面理性原则下滋生的征服自然的文明逻辑只把自然当作单纯工具性的资源掠夺对象，且"资本文明"不断要求对外扩张、获取新的原料及商品倾销地，这势必会酿成地区性冲突的恶果。

三 "中国式现代化新道路"及其新文明逻辑的双重性质

马克思论证了"资本主义现代化"及其缔造的"资本文明"内含着不可逾越之界限，因此资本主义绝非永恒，资本文明亦只是作为现实历史进程的一个环节而终将被扬弃。他指出："被剥削被压迫的阶级（无产阶级），如果不同时使整个社会一劳永逸地摆脱一切剥削、压迫以及阶级差别和阶级斗争，就不能使自己从进行剥削和统治的那个阶级（资产阶级）

---

① 《马克思恩格斯文集》第 2 卷，人民出版社，2009，第 36 页。
② 《马克思恩格斯文集》第 2 卷，人民出版社，2009，第 36 页。
③ 《马克思恩格斯文集》第 2 卷，人民出版社，2009，第 678 页。

的奴役下解放出来。"① 换言之，无产阶级唯有以"社会主义现代化"替代当前的"资本主义现代化"，他们自身才能从剥削、压迫中脱身而出；全部社会唯有以"无产阶级"为物质力量，才能摆脱资本主义生产关系的束缚。此般由无产阶级领导的"社会主义现代化"，最终会创造出超越资本文明的"新文明"。"社会主义现代化"在当前的社会现实中则呈现为创造出人类文明新形态的中国式现代化新道路。

首先，中国式现代化新道路之所以能够创造出"人类文明新形态"，在于其坚持合乎历史规律的理论路向。合乎历史规律即"中国式现代化新道路"契合而非逆历史趋势，它必须遵循"我国仍处于并将长期处于社会主义初级阶段，我国仍然是世界最大的发展中国家，社会主要矛盾是人民日益增长的美好生活需要和不平衡不充分的发展之间的矛盾"② 的基本国情，换言之，历史现实表明中国仍需充分"占有资本主义制度所创造的一切积极的成果"。因此，创造出"人类文明新形态"的"中国式现代化新道路"既以充分占有"资本文明"之积极成果为现实导向，又以超越"资本文明"本身（的内在局限）为根本目标。由此产生的理论诉求是，"中国式现代化新道路"必须坚持以中国化的马克思主义为指导思想。

"党之所以能够领导人民在一次次求索、一次次挫折、一次次开拓中完成中国其他各种政治力量不可能完成的艰巨任务，根本在于坚持解放思想、实事求是、与时俱进、求真务实，坚持把马克思主义基本原理同中国具体实际相结合、同中华优秀传统文化相结合，坚持实践是检验真理的唯一标准，坚持一切从实际出发，及时回答时代之问、人民之问，不断推进马克思主义中国化时代化。"③ 换言之，中国化的马克思主义必然要求结合中国之基本国情，坚持为中国现代化建设提供切合实际要求的理论指引。当前的基本国情，是我国处于并将长期处于社会主义初级阶段，且"培养社会的人的一切属性，并且把他作为具有尽可能丰富的属性和联系的人，因而具有尽可能广泛需要的人生产出来……是以资本为基础的生产

---

① 《马克思恩格斯文集》第2卷，人民出版社，2009，第14页。
② 《中共中央关于党的百年奋斗重大成就和历史经验的决议》，人民出版社，2021，第72页。
③ 《中共中央关于党的百年奋斗重大成就和历史经验的决议》，人民出版社，2021，第66~67页。

的一个条件"①。改革开放前，中国曾因受苏联模式的影响，仅从意识形态斗争的单一片面视角看待"资本文明"，实行单一的生产资料公有制和高度集中的计划经济体制，由此导致了中国现代化征程一段时期的自我封闭。党的十一届三中全会后，以邓小平同志为主要代表的中国共产党人及时扭转了这一错误局面，开启了改革开放和社会主义现代化建设新时期，形成了中国特色社会主义理论体系，实现了马克思主义中国化新的飞跃。改革开放 40 多年来，中国化的马克思主义"始终坚持以经济建设为中心，不断解放和发展社会生产力"② 的基本路线，走出了仅从意识形态斗争视角看待"资本文明"的错误倾向，"中国式现代化新道路"由此得以既"大胆吸收和借鉴当今世界各国包括资本主义发达国家一切反映现代化社会化生产规律的先进经营方式、管理方法"③，又防止"资本"无序扩张且引导"资本"有序发展。

其次，"中国式现代化新道路"之所以能够创造出"人类文明新形态"，在于它是切中现实要求的实践活动。习近平总书记强调："社会主义并没有定于一尊、一成不变的套路，只有把科学社会主义基本原则同本国具体实际、历史文化传统、时代要求紧密结合起来，在实践中不断探索总结，才能把蓝图变为美好现实。"④ "中国式现代化新道路"不仅要坚持合乎历史规律的理论路向，而且正展开切中现实要求的实践活动。切中现实要求即"中国式现代化新道路"立足于人类社会发展的历史性规律，不断实现自我调整以积极回应时代要求。由此产生的实践诉求是，"中国式现代化新道路"必须一方面以中国共产党的领导为根本保证，另一方面以中国特色社会主义道路为实践指引。

一方面，"中国式现代化新道路"必须以中国共产党的领导为根本保证。中国百年现代化征程证明，只有坚持中国共产党的领导，中国才能走上现代化道路。历史经验表明，中国共产党领导的新民主主义革命让中国摆脱了半殖民地半封建社会，让中国人民和中华民族摆脱了"三座大山"

---

① 《马克思恩格斯文集》第 8 卷，人民出版社，2009，第 90 页。
② 习近平：《在庆祝改革开放 40 周年大会上的讲话》，人民出版社，2018，第 11~12 页。
③ 《改革开放三十年重要文献选编》下册，中央文献出版社，2008，第 1004 页。
④ 《习近平谈治国理政》第 3 卷，外文出版社，2020，第 76 页。

的压迫，实现了民族独立和人民解放，为"中国式现代化新道路"创设了根本社会历史条件；中国共产党领导的社会主义革命和建设，建立了较独立、完整的现代工业体系和国民经济体系，为"中国式现代化新道路"奠定了根本政治前提和制度基础；中国共产党领导的改革开放和社会主义现代化建设，始终坚持解放和发展社会生产力，为"中国式现代化新道路"提供了体制保证和物质条件；中国共产党领导的新时代中国特色社会主义建设，实现了全面建成小康社会的百年目标，开创了"中国式现代化新道路"的伟大成就。因此，没有顺应历史潮流、勇担历史重任、敢于作出巨大牺牲的中国共产党，中华民族就无法摆脱积贫积弱之命运，中国人民就无法实现国家富强、民族振兴、人民幸福的伟大梦想。简言之，中国共产党的领导地位既不是与生俱来的，也不是自封的，而是"历史和人民选择了中国共产党"①；"中国式现代化新道路"的伟大成就也充分证明了中国共产党没有辜负历史和人民的选择。

另一方面，"中国式现代化新道路"必须以中国特色社会主义道路为实践指引。中国特色社会主义道路是夺取"中国式现代化新道路"伟大成就的实践基石，它以中国具体实际、社会主义建设规律和人类社会发展规律为现实依据。因此党和人民不断总结实践经验，探索并落实符合中国国情的中国特色社会主义道路，推动"中国式现代化新道路"回应时代诉求，符合中国人民的根本利益，实现中华民族的伟大复兴，"只要我们既不走封闭僵化的老路，也不走改旗易帜的邪路，坚定不移走中国特色社会主义道路，就一定能够把我国建设成为富强民主文明和谐美丽的社会主义现代化强国"②。改革开放以来，中国共产党人创新性地发展了马克思主义经典作家对于社会主义模式道路的设想，也突破了苏联模式的高度集中经济体制，要求利用"资本"并限制"资本"，使社会主义同市场经济有机结合，由此开创了中国特色社会主义道路。中国特色社会主义道路就是"中国式现代化新道路"，它一方面突破了教条主义、外部反思的苏联现代化道路，另一方面拒斥了"资本主义现代化"道路，切实地面向中国之具

---

① 《中共中央关于党的百年奋斗重大成就和历史经验的决议》，人民出版社，2021，第8页。
② 《中共中央关于党的百年奋斗重大成就和历史经验的决议》，人民出版社，2021，第68页。

体现实、面向最广大人民之根本利益。

"中国式现代化新道路""新"在何处？其创造的"人类文明新形态"同"资本文明"有何具体不同？习近平总书记强调了其五大显著特性："我国现代化是人口规模巨大的现代化，是全体人民共同富裕的现代化，是物质文明和精神文明相协调的现代化，是人与自然和谐共生的现代化，是走和平发展道路的现代化。"① 这些特性深刻透彻地总结了"中国式现代化新道路"的新文明逻辑，可归结为以下五点。

其一，"中国式现代化新道路"开创了人民至上的文明逻辑。"资本主义现代化"文明逻辑是资本至上，通过调控人口以支撑经济普遍交往，释放了市场活力、提升了发展效率，但不可避免地招致了劳动主体即最广大人民群众生活质量的普遍下降。"中国式现代化新道路"同样以规模庞大的人口为现实前提，但其本质不同于"资本主义现代化"，它要求借助市场经济体制大力发展社会生产力以解决"人民日益增长的美好生活需要和不平衡不充分的发展之间的矛盾"，生发了一种人民至上的新文明逻辑。这是因为中国共产党领导的"中国式现代化新道路"始终"坚持人民主体地位，尊重人民首创精神，践行以人民为中心的发展思想，维护社会公平正义"②，始终将保障和改善民生视为首要任务，力图实现全体人民共享改革发展成果。简言之，"中国式现代化新道路"实现了人类文明从资本至上到人民至上的文明逻辑转换，创造了人民至上的"人类文明新形态"。

其二，"中国式现代化新道路"开创了共同富裕的文明逻辑。"资本主义现代化"的无限扩张文明逻辑，虽然促成了生产的高度社会化，整合了分散的生产生活，但其中又隐藏着生产领域的基本矛盾。在资本主义生产过程中，生产资料被资本家所占有，生产者却只能出卖劳动力以获取生活必需品，最终引致国家内部的贫富分化、社会分裂。与之相反，"中国式现代化新道路"坚持共同富裕的文明逻辑，它通过不断完善工资制度，调整再分配机制并发挥第三次分配作用来改善收入和财富分配格局，并要

---

① 习近平：《把握新发展阶段，贯彻新发展理念，构建新发展格局》，《求是》2021年第9期，第7~8页。
② 《中共中央关于党的百年奋斗重大成就和历史经验的决议》，人民出版社，2021，第73页。

求现代化发展成果由最广大人民群众共享，明确提出在 2035 年建成社会主义现代化强国时，"全体人民共同富裕基本实现"的战略目标。这是因为"中国式现代化新道路"始终遵循着"共同富裕是社会主义的本质要求，是人民群众的共同期盼。我们推动经济社会发展，归根结底是要实现全体人民共同富裕"①的基本信念，不断通过为人民谋幸福夯实党的长期执政基础。要言之，"中国式现代化新道路"以共同富裕的文明逻辑，突破了"资本主义现代化"必然导致贫富分化的内在缺陷，创造了共同富裕的"人类文明新形态"。

其三，"中国式现代化新道路"开创了持续协调发展的文明逻辑。"资本主义现代化"的理性万能文明逻辑通过科技进步改进社会生产方式，在一段时期内促进了社会物质文明与物质财富的极大丰富和飞速增长，然则资本与技术的合谋又引致人类精神文明的匮乏，即仅以原子化的利己主义和工具理性为精神诉求，以片面量化标准之精神文明促进人与自然相对立的物质文明发展。"中国式现代化新道路"与之相反，其要求在发展物质文明的同时兼顾精神文明，其文明建设一方面坚持以社会主义核心价值观为文化强国战略指明方向，以社会主义先进文化、革命文化、中华优秀传统文化培根铸魂，培养社会主义"四有新人"；另一方面大力推进文化产业全面发展，完善公共文化服务体系，促进文化产业的社会效益和经济效益相统一，为中国人民提供丰富优秀的精神食粮。由此，"中国式现代化新道路"以物质文明和精神文明协调发展的文明逻辑，克服了"资本主义现代化"精神文明建设片面化和抽象化的缺陷，创造了持续协调发展的"人类文明新形态"。

其四，"中国式现代化新道路"开创了和谐共生的文明逻辑。"资本主义现代化"以征服自然的文明逻辑实现了社会成员对外部自然的普遍占有，拓宽了生产的外部界限，但又因其对自然资源的无限制攫取，造成了生态环境的严重破坏危机。"中国式现代化新道路"则要求"扎实推进生

---

① 《中共中央关于制定国民经济和社会发展第十四个五年规划和二〇三五年远景目标的建议》，人民出版社，2020，第 54 页。

态文明体制改革，促进人与自然和谐共生"①，以新发展理念完善全球环境治理，走可持续、绿色环保的发展道路，并致力构建人与自然生命共同体。"中国式现代化新道路"坚持"人的主观能动性的发挥，决不能凌驾在自然遭受控制、掠夺和破坏的痛苦之上"②，承继了马克思"完成了的自然主义，等于人道主义……完成了的人道主义，等于自然主义"③ 的科学判断。概言之，"中国式现代化新道路"坚持和谐共生的文明逻辑，以经济发展和生态保护相统一为基本要求，实现了对"资本主义现代化"征服自然的文明逻辑的内在超越，创造了人与自然和谐共生的人类文明新形态。

其五，"中国式现代化新道路"开创了命运与共的文明逻辑。"资本主义现代化"的世界历史文明逻辑创设了世界市场并克服了民族界限，初步实现了世界人民的普遍联系与自然属性及人的属性的普遍利用，但又同步造成了国际格局的不平等，即先发现代化地区对后发现代化地区的支配和奴役。与之相反，"中国式现代化新道路"拒斥"资本文明"内在的"零和博弈"的既定思维，弘扬和平、发展、公平、正义、民主、自由的全人类共同价值，建设相互尊重且合作共赢的新型国际关系，强调各种文明的交流互鉴，推动人类社会共同进步、维护人类世界和平共生，由此生发了命运与共的文明逻辑。"中国式现代化新道路"勾画了人类命运与共的全球治理方案，"为解决人类重大问题，建设持久和平、普遍安全、共同繁荣、开放包容、清洁美丽的世界贡献了中国智慧、中国方案、中国力量"④。

结　语

概言之，"中国式现代化新道路"之所以能够超越"资本主义现代化"道路，并创造出"人类文明新形态"，是因为其坚持合乎历史规律的

---

① 何立峰：《推动全面深化改革向广度和深度进军》，《人民日报》2021 年 12 月 7 日。
② 夏巍、刘旭娜：《人与自然关系的哲学再省察——从启蒙批判谈起》，《理论探索》2020 年第 4 期，第 9 页。
③ 《马克思恩格斯文集》第 1 卷，人民出版社，2009，第 185 页。
④ 《中共中央关于党的百年奋斗重大成就和历史经验的决议》，人民出版社，2021，第 64 页。

理论路向与切中现实要求的实践活动相统一，把马克思主义的普遍真理同我国的具体实际相结合，以充分占有"资本文明"之积极成果为前提，超越了"资本"与"现代形而上学"共谋的"资本文明"逻辑，开创了不同于西方现代社会的社会主义现代化新模式。"中国式现代化新道路"创造的"人类文明新形态"，"新"在以人民至上、共同富裕、协调发展、和谐共生、命运与共的新文明逻辑为现实趋向。

马克思历史辩证法视角下的
中国式现代化道路

张湘沂*

（南京师范大学公共管理学院，南京）

摘　要：依托马克思对黑格尔历史辩证法的"颠倒"，通过消解黑格尔思辨哲学产生的意识形态幻象，回归人类真实现实，到对象实际的此岸世界——资本主义社会进行批判，在发现资本主义自我毁灭的"钥匙"的同时，可以深刻地理解中国式现代化道路的历史正当性以及历史辩证法经验。中国式现代化道路超越西方现代化资本至上的原则，将人民视为社会历史发展的逻辑主体；跳出西方现代化的根本矛盾，遵循社会历史发展的基本规律；抛弃西方现代化顾此失彼的发展模式，坚持用全面协调的理念把握社会历史发展的基本维度；终结西方现代化维护阶级利益的狭隘目光，以实现人的自由而全面发展作为社会历史发展的目标指向，丰富发展了中国现代化史、世界社会主义发展史以及世界现代化史。

关键词：中国式现代化；历史辩证法；人类文明新形态

黑格尔作为辩证法的集大成者，第一次将整个自然的、历史的和精神的世界描述为运动变化和发展的，提出"辩证法是现实世界中一切运动、一切生命，一切事业的推动原则"①，并试图揭示其内在联系，从而形成

---

*　张湘沂，南京师范大学公共管理学院博士研究生。
①　〔德〕黑格尔：《小逻辑》，贺麟译，商务印书馆，1980，第177页。

了对客观事物的辩证法，但这种辩证法是建立在唯心主义基础之上的。马克思在扬弃黑格尔历史辩证法的基础之上建构出唯物主义的历史辩证法，创造性把唯物主义和辩证法结合起来分析社会历史发展进程，进一步揭示了人类社会历史发展的主体原则、一般规律、发展维度与发展归宿，关注人的解放与自由全面发展。马克思赞扬黑格尔的辩证法以一种特别的形式说明了人类历史发展的问题，但是黑格尔用"巨大的历史感"来考察世界历史，他认为绝对精神是先于自然界和人类社会永恒存在着的实在，是宇宙万物的内在本质和核心，并将绝对精神作为辩证运动的绝对主体，并称其为"在真理中作为主体的存在"①，将人类社会隐藏在神秘主义的东西下。也就是说，黑格尔悄无声息地将人类社会编织进其思辨的辩证法之中，将整个物质世界变成了思想世界，把历史变成了思想史，彻底掉进了唯心主义的泥潭。这样一来，"辩证法在黑格尔手中神秘化了，在他那里，辩证法是倒立着的"②。马克思完成了这一步颠倒，但是马克思的颠倒并不仅仅是从唯心主义转向唯物主义阵营那么简单，确切地说是费尔巴哈完成了这样的颠倒，但如果费尔巴哈颠倒得足够彻底，马克思也不会将费尔巴哈当作黑格尔的俘虏。正如阿尔都塞所说："事物的颠倒显然并不会因简单的位置移动而改变本质和内容！用头着地的人，转过来用脚走路，总是同一个人！"③ 确实如此，对理论的颠倒绝不是通过简单的位移就能实现的，其中的合理成分也不是像剥去果皮就能露出果肉般昭然若揭，若想将黑格尔辩证法的合理内核真正从其神秘外壳下剥离出来，就需要对黑格尔历史辩证法进行抽丝剥茧、追本溯源式的深入剖析。正如海德格尔在阐述尼采对柏拉图主义的"颠倒"时表示："对以往最高价值的批判并非简单地就是一种对它们的驳斥，把它们宣布为不真实的，而是要揭示出它们的起源，即它们如何起源于某些设定，后者恰恰必须肯定那个为被设定的价值所否定的东西。"④ 这样一来，若要实现对黑格尔历史辩证法彻底的颠倒并进行最高价值批判，就要抛弃黑格尔的强调纯粹哲学化的解决路

① 〔德〕黑格尔：《精神现象学》，邓晓芒译，人民出版社，2017，第11页。
② 《马克思恩格斯文集》第5卷，人民出版社，2009，第22页。
③ 〔法〕路易·阿尔都塞：《保卫马克思》，顾良译，商务印书馆，2010，第61页。
④ 〔德〕马丁·海德格尔：《尼采》上卷，孙周兴译，商务印书馆，2002，第221页。

径，将绝对精神对于历史的"抽象的、逻辑的、思辨的表达"还原至人类社会的运动过程中，就要坚持无产阶级立场，从黑格尔所设定的"市民社会"的起源开始批判，也就是对资本主义社会进行批判。西方现代化道路下的资本主义社会以资本为中心、违背历史发展规律、采用单维度的发展模式、混淆历史发展的逻辑归宿等问题带来了一系列社会危机，相比之下，中国式现代化道路坚持人民至上，遵循社会发展基本规律，在全面协调发展的维度下，旨在实现人的自由全面的发展，为人类文明的进步与发展提供第二条现代化之路。

一　以人民为中心的逻辑起点：中国式现代化道路的主体

马克思从黑格尔所设定的"市民社会"出发，敏锐地发现了其中资产阶级和无产阶级之间的矛盾冲突，如果从政治经济学角度阐释其本质，资产阶级和无产阶级的冲突其实根源于资本与劳动的矛盾。这样一来，如果我们不能首先理解资本主义中"资本"的属性，也很难揭示出隐藏于其中的资本与劳动关系的秘密。资本主义制度主宰下的西方现代化道路，时刻遵循以资本为本的价值取向和资本至上的价值原则，使资本逐渐成为"资产阶级社会的支配一切的经济权力"①。这样一来，原本作为历史发展主体的人也成为被资本支配的对象，逐渐沦为生产工具，作为人的本质的劳动也因此发生了异化。中国式现代化道路摒弃西方现代化遵循的资本至上的原则，在历史唯物主义的立场上坚定人的主体地位，坚持以人民为中心，增强人的主观能动性，在把资本纳入社会主义发展秩序的前提下利用资本，坚守发展为了人民、依靠人民的基本原则，从而创造了无数个中国奇迹。

马克思多次提及资本的作用，无论是说资本在建立普遍联系上，"创造出社会成员对自然界和社会联系本身的普遍占有"②，还是说资本的发

---

① 《马克思恩格斯选集》第2卷，人民出版社，2012，第707页。
② 《马克思恩格斯文集》第8卷，人民出版社，2009，第90页。

展潜力，可以"摧毁一切阻碍发展生产力、扩大需要、使生产多样化、利用和交换自然力量和精神力量的限制"①，资本的作用都不容置疑，也无可替代。但是，资本的生存之道就是资本本身的增殖，资本一旦停止增殖，就变成了消费基金，以资本为主导原则的现代人类经济生活也就崩溃了。因此，资本的生命力就在于不断投入生产以实现增殖的目的。对于资本家来说，他们需要不断将积累的剩余价值投入生产，以获得比其他资本家还要多的利润，否则就会被其他资本家吞噬，从此沦为工人，于是"竞争使资本主义生产方式的内在规律作为外在的强制规律支配着每一个资本家。竞争迫使他不断扩大自己的资本来维持自己的资本，而他扩大资本只能靠累进的积累"②。资本家就像社会中的主动轮一样，在竞争的规律下狂热地追求资本的增殖，肆无忌惮地迫使工人为了生产而生产，即使资本家想逃离这种核心使命，竞争的规律也会重新把他们拉回资本增殖的轨道上来。换句话说，资本主义的"强制进步"让资本家成为欲望的奴隶，作为资本的人格化，资本家发生了异化，使得"扩大自己的生产规模的单纯的实际可能性也变成了同样的强制性命令"③。而资本家便将"强制进步"转化为对工人更为强烈的压迫与剥削。正如德国哲学家西美尔所说："在资本主义社会，资本家只关心工人的使用价值，即他们可以用来生产资本和利润的程度。"④ 也就是说，一个人的使用价值在多大程度上转化为资本、转化为利润，成为决定资本主义社会中社会关系的标准。为了获得更多的剩余价值，劳动分工俨然成为资本主义社会的又一利器。亚当·斯密看到了劳动分工所带来的显著优势，于是在资本主义制度下，工人的任务被分成许多细小的部分，这也就意味着，要在当今的阶级状况下谋生，工人必须专门从事高度专业化、单一枯燥并且无数次重复的生产，在不知不觉中人的主体性和能动性就被削弱了，人彻底沦为工具般的存在。与此同时，资本家还给劳动者"洗脑"，使其沉浸在专业化的"宗教"里不能自拔，人类就这样被简化为在资本生产中具有最大使用价值的专门活动工

① 《马克思恩格斯文集》第8卷，人民出版社，2009，第91页。
② 《马克思恩格斯文集》第5卷，人民出版社，2009，第683页。
③ 《马克思恩格斯文集》第3卷，人民出版社，2009，第555页。
④ 〔德〕西美尔：《货币哲学》，陈戎女、耿开君、文聘元译，华夏出版社，2018，第321页。

具，人再也不需要发挥作为人特有的主观能动性，"动物的自然状态竟表现为人类发展的顶点"①。人逐渐变成作为手段的存在，而不是作为目的的存在，人成为作为手段的存在，对马克思来说，就是人的异化。

对历史辩证法主体的初始设定使西方现代化以人的全面异化为代价，在追求资本快速扩张的同时，将人的本质逐渐忘却，让本应该是一种自觉且有意识的、富有无限创造性的劳动变成机械的重复性动作。我们必须承认的是，在西方资本主义扩展到全球的当下，我们无法逃避资本，也离不开资本，相反要利用资本，但与此同时绝不能放任资本无序扩张。虽然资本的本性是唯利是图，剥削工人的本性也难以改变，但是中国式现代化道路通过强大的社会主义公有制经济和国家资本体系来约束和规范资本的社会关系属性，控制和引导资本逻辑的现代本性来发挥它应有的市场效应和积极的社会作用，使其为社会主义经济建设服务。正如恩格斯指出，资本逻辑的现代本性是现代社会进程中的一种必然的社会力量，"社会力量完全像自然力一样，在我们还没有认识和考虑到它们的时候，起着盲目的、强制的和破坏的作用。但是，一旦我们认识了它们，理解了它们的活动、方向和作用，那么，要使它们越来越服从我们的意志并利用它们来达到我们的目的，就完全取决于我们了"②。在中国式现代化道路的规范下，资本逻辑的现代本性逐渐服从我们的意志，我们要利用它达到我们的目的。

此外，中国式现代化高度重视人民的主体劳动在人类社会发展动力系统中的重要作用，还原劳动的本性，将人民看作劳动主体，坚持发展依靠人民、发展为了人民、发展成果由人民共享的人民立场。中国式现代化道路把马克思基本原理同中华优秀传统文化相结合，坚持发展依靠人民，发扬中华优秀传统文化中的"民生在勤，勤则不匮"的劳动美德，倡导尊重劳动、热爱劳动的价值理念，以按劳分配的基本原则作为制度保障；坚持发展为了人民，传承"民惟邦本""恤民惠民"的民本思想，将人民立场作为中国共产党的根本政治立场。习近平总书记在广西考察时曾提出，让

① 《马克思恩格斯文集》第 3 卷，人民出版社，2009，第 554 页。
② 《马克思恩格斯选集》第 3 卷，人民出版社，2012，第 811 页。

人民生活幸福是"国之大者"①，他曾多次强调："我们党和政府做一切工作出发点、落脚点都是让人民过上好日子。"② 坚持发展成果由人民共享，弘扬"凡治国之道，必先富民""制民恒产"的富民观，追求全体人民共同富裕的美好图景。也就是说，人民作为劳动主体，在创造财富的同时也享受着劳动成果，在实现自身价值的同时也实现了生活需要和精神需要的满足，规避了资本主义私有制下的异化劳动。在实现中华民族伟大复兴的伟大征程上，充分调动人民参与现代化事业的积极性和创造性，实现发展动因的内源化，促使人民完成从"旁观者"到"建设者"的身份转变，促使人民群众不断为中国现代化的建设和发展注入经验智慧和强大动力。中国式现代化在以人为本的逻辑前提下，扬弃西方现代化道路中资本的力量，驾驭和超越资本逻辑的本性和现代性，使得劳动者的潜力得到激发，劳动价值得到彰显，劳动创造现代化美好生活的愿景将最终得以实现。

二　生产力与生产关系的矛盾运动：中国式现代化道路的发展规律

黑格尔在《历史哲学》中提出，历史是"世界精神"运行的合理必然路线，他认为"我们所研究的对象——世界历史——是属于'精神'的领域"③，这种所谓的精神实为一种逻辑思维，是脱离了人并与客观世界相分离的、只以概念形式表现出来的思维运动。这样一来，历史运动就变成精神的辩证运动，也即"概念的内在发展"，这就导致人类历史在他的笔下成为"抽象的、绝对的思维的生产史，即逻辑的思辨的思维的生产史"④。马克思曾评价道："黑格尔善于用诡辩的巧妙手法把哲学家借助感性直观和表象从一个对象过渡到另一个对象时所经历的过程，说成是臆想

---

① 《解放思想深化改革凝心聚力担当实干 建设新时代中国特色社会主义壮美广西》，《人民日报》2021年4月28日，第1版。
② 《习近平"三节课"教你看齐党中央：讲作风 不腐败 重人民》，2016年1月15日，人民网，http://politics.people.com.cn/n1/2016/0115/c1001-28057674.html。
③ 〔德〕黑格尔：《历史哲学》，王造时译，上海书店出版社，2001，第16页。
④ 《马克思恩格斯文集》第1卷，人民出版社，2009，第203页。

出来的理智本质本身即绝对主体所完成的过程。"① 马克思主张消解理念世界，从黑格尔思辨哲学中撤离出来，"把辩证法的本质性导回到现实的历史中"②，以现实历史的发展规律学说取代了黑格尔的历史规律学说。马克思的历史辩证法指出，人作为历史发展的逻辑起点，也是活动主体，且"是处在现实的、可以通过经验观察到的、在一定条件下进行的发展过程中的人"③，而现实的人创造历史的前提就是首先满足生存的需要，"必须能够生活"，"为了生活，首先就需要吃喝住穿以及其他一些东西"④，但是自然环境所能直接提供的生存资料毕竟很少，"因此第一个历史活动就是生产满足这些需要的资料，即生产物质生活本身……是一切历史的基本条件"⑤。于是，物质生产自然而然就变成人类生存发展的前提，逐渐形成了通过改造自然和获得物质生产和生活资料的能力，即生产力。当然，满足基本生活需要后，人会提出更高要求、更多层面的需要，就像马克思恩格斯在《德意志意识形态》中阐述的那样："满足需要的活动和已经获得的为满足需要而用的工具又引起新的需要。"⑥ 但是单个人无法满足自己所有的需求，"他们只有以一定的方式共同活动和互相交换其活动，才能进行生产"⑦。由此，人们逐渐生发出了一种意识，即我们要与其他个体共同存在，并且通过生产与其他个体互动来维持这种共同存在。因此，人需要在生产过程中不断构建完善与外界的社会关系，包括社会生产总过程中产生的生产、分配、交换和消费的关系，形成相对稳定的生产关系。马克思指出："一切历史冲突都根源于生产力和交往形式之间的矛盾。"⑧ 也就是说，生产力与生产关系的矛盾运动一定程度上推动着社会形态的更替，使人类从蒙昧走向文明。

洞穿黑格尔意识形态幻象，退回现实世界，用生产力与生产关系运动

---

① 《马克思恩格斯文集》第 1 卷，人民出版社，2009，第 280 页。
② 吴晓明：《论马克思辩证法的"实在主体"》，《哲学研究》2020 年第 8 期。
③ 《马克思恩格斯选集》第 1 卷，人民出版社，2012，第 153 页。
④ 《马克思恩格斯文集》第 1 卷，人民出版社，2009，第 531 页。
⑤ 《马克思恩格斯文集》第 1 卷，人民出版社，2009，第 531 页。
⑥ 《马克思恩格斯文集》第 1 卷，人民出版社，2009，第 531 页。
⑦ 《马克思恩格斯选集》第 1 卷，人民出版社，2012，第 340 页。
⑧ 《马克思恩格斯选集》第 1 卷，人民出版社，2012，第 196 页。

规律来看待社会主义推翻资本主义的必然性，结论更是不言而喻。我们不能简单地将社会制度更替的原因归结为无产阶级和资产阶级的矛盾对立，而后主张无产阶级通过暴力革命推翻资本主义制度，其实这背后蕴藏着生产力与生产关系的相互作用。在资本主义创造了比以往一切世代所创造的全部生产力还要多、还要大的生产力的同时，资本主义经济关系变得越来越狭窄，逐渐无法容纳巨大的生产力，资产阶级由生产力的解放者变成了生产力发展的阻碍者。马克思曾指出："受到迄今为止一切历史阶段的生产力制约同时又反过来制约生产力的交往形式，就是市民社会。"① 这时，大批大批的生产资料闲置下来无法变成资本，作为"产业后备军"的无产阶级也过剩了。资本主义的生产方式已经无法容纳如此巨大的生产力的发展，如同封建社会所有制关系当初无法适应生产力的发展，已然成为束缚生产力发展的桎梏时就必须要"被炸毁"一样，资本主义要重走封建社会的老路，"唯一可能的出路，就是实行社会革命，把社会生产力从过时的社会制度的桎梏下解放出来，把真正的生产者、广大人民群众从雇佣奴役状态中解放出来"②。正如恩格斯在《社会主义从空想到科学的发展》中提到："一方面，资本主义生产方式暴露出它没有能力继续驾驭这种生产力。另一方面，这种生产力本身以日益增长的威力要求消除这种矛盾，要求摆脱它作为资本的那种属性，要求在事实上承认它作为社会生产力的那种性质。"③ 也就是说，一方面，资本主义在发展生产力的同时，也表现出它与自己所产生的生产力不相容的一面，这也就不难理解为什么会出现资本主义在无所顾忌地疯狂发展生产力的同时还要时刻准备好毁灭生产力。另一方面，面对资本主义下"猛烈增长着的生产力对它的资本属性的这种反作用力"④，生产力迫切想要打破资本特殊属性的枷锁，"要求承认生产力的社会本性的这种日益增长的压力"⑤。从这个角度来说，社会化生产的本性开始排斥资本主义狭隘的生产关系，只有在社会主义下社会化

① 《马克思恩格斯文集》第 1 卷，人民出版社，2009，第 540 页。
② 《马克思恩格斯文集》第 4 卷，人民出版社，2009，第 336 页。
③ 《马克思恩格斯选集》第 3 卷，人民出版社，2012，第 808 页。
④ 《马克思恩格斯选集》第 3 卷，人民出版社，2012，第 665 页。
⑤ 《马克思恩格斯选集》第 3 卷，人民出版社，2012，第 665 页。

生产的本性才能摆脱资本的束缚。

列宁在谈及社会形态更替的多样性时曾指出："世界历史发展的一般规律，不仅丝毫不排斥个别发展阶段在发展的形式或顺序上表现出特殊性，反而是以此为前提的。"① 也就是说，不同国家民族根据国情可以实现超越一个甚至几个社会形态而跨越式地向前发展。马克思曾提醒道："一个社会即使探索到了本身运动的自然规律……它还是既不能跳过也不能用法令取消自然的发展阶段。但是它能缩短和减轻分娩的痛苦。"② 近代以来，由于中国资产阶级具有软弱性和妥协性，革命和解放的重任就落在无产阶级肩上，这样一来，中国虽成功跨越"卡夫丁峡谷"，建立社会主义制度，但不能跨越生产的工业化、市场化、社会化、现代化的历史过程。中国不像马克思所设想的那样，能利用资本主义"遗留下来的材料、资金和生产力"，然后在此基础上开始新的发展。在新中国成立初期，新生政权的经济根基十分薄弱，中国生产力极度落后，中国共产党在过渡时期以"一化三改"作为发展生产力的根本途径。党的八大将党的工作重心转移到经济建设上，通过开展经济建设，为生产力的发展积极奠定物质基础。改革开放以来更是开创具有中国特色的社会主义市场经济体制，以生产资料公有制为主体，多种所有制并存，以按劳分配为主体，多种分配方式相结合的经济制度。因此，为了发展生产力，中国的努力与尝试不曾中断。

三 全面协调的发展理念：中国式现代化道路的发展维度

马克思之前的德国古典哲学家就已经开始从总体上考察事物之间的普遍联系与相互作用，黑格尔首次揭示运动和发展的内在联系，但作为唯心主义哲学家的黑格尔却将"普遍联系"视为"绝对理念"，从而将世界的"现实联系"颠倒为"幻想""虚构""造作"的联系。马克思继承了其中的"合理内核"，提出"辩证法在考察事物及其在观念上的反映时，本

---

① 《列宁选集》第 4 卷，人民出版社，2012，第 776 页。
② 《马克思恩格斯文集》第 5 卷，人民出版社，2009，第 10 页。

质上是从它们的联系、它们的联结、它们的运动、它们的产生和消逝方面去考察的"①。在对黑格尔唯心主义"整体联系观"批判地继承的基础上，马克思创立了具有划时代意义的"普遍联系"学说，并发展出全面协调的重要思想。马克思主义认为，人类社会是一个各个环节和要素相互联系、相互依存的有机体。社会有机体的各个环节和要素是经常处于变化中的，且每一个环节和要素的变化都影响着社会的整体运行，因此要运用辩证的思维方法观察和处理问题，善于统筹把握各要素和各环节之间的关系，推动社会有机体良好平稳运行。全面协调发展是社会进步的必然要求，也是中国式现代化的题中应有之义。

纵观西方现代化发展史，它在追求一方面价值的同时忽视了另外一方面的价值。简括地说，西方现代化在解放人的消费欲望，使得物质利益被重视的同时，导致了道德信仰的失落；它在追逐经济高速发展的同时，导致了生态环境的破坏；在强调科学技术发展的同时，又使得科技理性与价值理性走向了对立。因此在西方建构的现代性文明中存在诸多矛盾，国际冲突、环境危机、劳资矛盾、精神危机等问题更是层出不穷。回顾中国现代化发展史，全面协调的发展理念贯彻始终。新中国成立初期，基于经济文化落后的窘况，党将现代化建设的重心放在了工业领域。之后，现代化部署逐步突破了工业领域并延伸至其他领域。改革开放以来，党对现代化的认识和部署更加清晰和深刻。邓小平在《目前的形势与任务》讲话中指出："现代化建设的任务是多方面的，各个方面需要综合平衡，不能单打一。"② 党的十二大报告提出在建设发达的物质文明的同时，一定要努力建设高度的社会主义精神文明，这个转变标志着我国现代化发展布局开始由单一物质文明向"两个文明"转变。党的十五大报告更进一步提出，要在以经济建设为中心的基础上强化社会主义民主法制和精神文明建设，这标志着经济、政治、文化"三位一体"的总体布局逐步趋于成熟。2005年，党中央立足国情，在"三位一体"的基础上增加社会建设，使得中国特色社会主义事业布局迎来"四位一体"的时代。

---

① 《马克思恩格斯选集》第3卷，人民出版社，2012，第397页。
② 《邓小平文选》第2卷，人民出版社，1994，第250页。

进入新时代，我们党立足新发展阶段，加快重构现代化发展逻辑，统筹推进"五位一体"、协调推进"四个全面"，正式开启全面建设社会主义现代化国家新征程。实践表明，我国"五位一体"全面推进的现代化取得了巨大成效。就作为发展根本的经济建设来说，在新冠疫情仍然肆虐的2021年，在全球各国经济呈现出普遍的"负增长"状态时，我国国内生产总值（GDP）还维持在比上年增长8.1%的稳定发展态势，稳居世界第二大经济体;[①] 就作为发展保证的政治建设来说，中国特色社会主义民主政治建设的制度化、规范化、程序化，极大地提高了政治发展水平，推动中国特色社会主义民主政治建设迈上新的台阶；就作为发展灵魂的文化建设来说，中国特色社会主义坚持以马克思主义理论为指导，积极将马克思主义基本原理与中华优秀文化相结合，极大地提振了文化自信；就作为发展保障的社会建设来说，社会的和谐是经济平稳发展的重要保障，也是人民安居乐业的基本前提。社会保障体系、法治体系的逐步完善，有力保障了百姓生命财产安全和各种合法权益;[②] 就作为发展基础的生态文明建设来说，我国坚持践行"绿水青山就是金山银山"的理念，致力于实现经济社会和生态环境全面协调可持续发展。从中国共产党推进现代化的历史演进过程可以看出，我国的总布局从建设初期的"两手抓"升级至"三位一体""四位一体"，再到现在的"五位一体"，使得社会主义现代化建设的内容和布局不断充实和完善，并逐步实现了从局部现代化到全面现代化的转变。

四　人的自由全面发展：中国式现代化道路的目标指向

现代化是人类社会通向生产力高度发达和人自由全面发展的更高水平社会的必经阶段，现代化的本质在一定程度上可以说就是人的现代化。正如张一兵教授阐释道："马克思的历史唯物主义研究生产力与生产关系、

---

① 《中华人民共和国2021年国民经济和社会发展统计公报》，2022年3月1日，国家统计局网站，http://www.zgxxb.com.cn/pc/content/202203/01/content_11570.html。
② 韩喜平：《中国共产党对实现共同富裕的百年探索》，《国家治理周刊》2021年第9期，第10~17页。

政治经济学研究经济关系本身不是目的，也不是一种对外部社会规律的简单的旁观式的客观反映，马克思始终关注着人类主体的生存和发展状况，人类的解放与全面自由的发展是他共产主义的最终目的。"① 反观黑格尔的辩证法，他把人的本质归结为自我意识，对象化为具有创造力的绝对精神，认为在意识中得到自我实现与全面发展就意味着在现实生活中实现全面发展，于是黑格尔以思辨中的扬弃代替现实生活的扬弃，代替马克思的实践的扬弃。马克思认为，现实的人，生活的历史前提，首先不是思想或精神，而是人的肉体存在。其实，在青年时期，马克思深受黑格尔哲学的影响，身陷"自我意识"的囹圄，直到在《莱茵报》时期，马克思遇到了"物质利益难题"时，他才发现其中端倪。他在《关于林木盗窃法的辩论》中看到穷人由于贫穷买不起炭火而不得不捡地上凋落枯死的树枝取暖，却被判"盗窃罪"的荒谬事实时，愤慨"获得胜利的是被奉为神明的林木，人却成为牺牲品遭到了失败"②。于是，他在对社会现实问题的关注与思考中逐渐认识到，自我意识、理性精神等形而上学的哲学话语根本不能解决现实的物质利益难题。于是马克思就是通过这样的"物质利益难题"进而关注人的现实利益方面。

马克思的"历史辩证法"是在阶级对立的前提下运作的。资本主义社会"使阶级对立简单化了。整个社会日益分裂为两大敌对的阵营，分裂为两大相互直接对立的阶级：资产阶级和无产阶级"③，而且"现代的资产阶级私有制是建立在阶级对立上面、建立在一些人对另一些人的剥削上面的产品生产和占有的最后而又最完备的表现"④。这样一来，人的现代化变成了少数人的现代化，是资产阶级的部分人的自由，是资产阶级部分人的富裕。资本主义下私有财产是国家制度的支柱，国家维护私有财产。"在一极是财富的积累，同时在另一极，即在把自己的产品作为资本来生产的阶级方面，是贫困、劳动折磨、受奴役、无知、粗野和道德堕落的积

---

① 张一兵：《回到马克思：经济学语境中的哲学话语》，江苏人民出版社，2014，第569页。
② 《马克思恩格斯全集》第1卷，人民出版社，1956，第243页。
③ 《马克思恩格斯选集》第1卷，人民出版社，2012，第401页。
④ 《马克思恩格斯文集》第2卷，人民出版社，2009，第45页。

累。"① 于是，穷者愈穷、富者愈富的马太效应愈演愈烈。梁启超1904年在纽约目睹了现代西方的阶级现象："美国全国之总财产，其十分之七属于彼二十万之富人所有；其十分之三属于此七千九百八十万之贫民所有。故美国之富人则诚富矣，而所谓富族阶级，不过居总人口四百分之一。"② 作为西方社会运行前提的阶级属性，使得资本主义社会呼喊的"自由、平等、博爱"注定只能是带有阶级属性烙印的口号，人的解放与自由全面的发展也绝不会在资本主义社会实现。于是，马克思的"历史辩证法"就果断建立在"消灭阶级对立"的基础上，消除两极分化、实现共同富裕是实现全人类自由解放的前提。共同富裕为人的全面发展奠定了坚实的客观基础，共同富裕也是人全面发展的目标追求。中国式现代化道路是在不以践踏个人价值为代价的基础上追求共同富裕。共同富裕作为中国特色社会主义的本质要求，也是中国共产党百年来始终如一的价值追求。"共同"即全体，代表了对阶级的消灭，富裕在社会主义社会不再是资产阶级的特权，对特殊阶级利益的袒护也不复存在。中国共产党作为全体人民的代言人，将实现全体人民的共同富裕作为奋斗目标。党的十八大以来，以习近平同志为核心的党中央把握新时代新国情新变化，将实现全体人民共同富裕摆在更加重要的位置。作为共同富裕的难点，乡村建设始终是一块"难啃的骨头"，但是中国共产党坚守目标不放松，从脱贫攻坚取得全部胜利到巩固攻坚成果再到助力乡村振兴，再度诠释了什么叫作"共同富裕的道路上一个都不能少"的决心与勇气。

当然，中国式现代化道路将实现"共同富裕"作为社会主义的初心使命，"富裕"不仅仅是物质利益上的满足，自由也不仅仅是虚无缥缈的口号，相比于资本主义制度下抽象的人权自由，中国式现代化道路赋予人民真正的自由，为实现人的自由全面发展创造条件。马克思在评价市民社会成员的自由时说："自由这一人权一旦同政治生活发生冲突，就不再是权利。而在理论上，政治生活只是人权、个人权利的保证，因此，它一旦同

---

① 《马克思恩格斯选集》第3卷，人民出版社，2012，第806页。
② 梁启超：《新大陆游记》，湖南人民出版社，1981，第46页。

自己的目的即同这些人权发生矛盾，就必定被抛弃。"① 资本主义制度下自由的形式与现实之间存在本质差别，二者一旦产生矛盾，遭到抛弃的一定是形式。也就是说，本应该作为权利保证的政治生活，实则也只是保证资产阶级的利益。无独有偶，在立法权理论上黑格尔也狡黠地将人民"踢出局外"。黑格尔提出立法权应该有"三个环节"：第一个环节是"君主"，是最高决断环节的主体；第二个环节是"政治要素"，主要作为咨议环节出现；第三个环节是"等级要素"，也就是市民社会的成员。黑格尔认为，由于市民社会的成员具有单一性和特殊利益的先天属性，他们普遍只关注自己的"私人事务"，而不关注"普遍事务"，而立法却是要解决国家的普遍事务，所以市民社会成员无法胜任这一重任，只能由从事普遍事务的君主和官僚担任立法主体。而马克思否认黑格尔将官僚机构视作普遍理性的代表和维护者。他认为官僚机构就前提而言是利己主义"同业公会精神"②，就实质而言是"作为形式主义的国家"③。显而易见，黑格尔试图将行政权与立法权变成王权的附庸，他唯恐人民通过各种权利来制约王权。我们不难从西方民主制度中窥出端倪，西方民主虽强调公民权利，倡导分权制，看似实现的是"人民的统治"，但实际上是少数人、精英操纵的民主。所谓的普选权，看似赋予全体人民绝对的民主、绝对的权利，实则如著名政治学家加埃塔诺·莫斯卡所言，"绝大多数选民事实上是消极被动的，他们与其说是在自由选择自己的代表，还不如说只拥有在众多候选人中做出选择的有限权力"④。

中国式现代化道路将人的现代化摆在突出位置，追求人的自由全面发展。通过高质量发展不断增进民生福祉，为实现全体人民共同富裕夯实物质基础；通过大力发展文化产业，丰富文化产品与文化服务，为促进人民精神生活共同富裕提供精神文明发展动力；通过扎实推进生态文明建设，打造人与自然和谐共生的美好愿景，为人民幸福生活增添生态获得感与幸

① 《马克思恩格斯文集》第 1 卷，人民出版社，2009，第 43 页。
② 《马克思恩格斯全集》第 3 卷，人民出版社，2002，第 58 页。
③ 《马克思恩格斯全集》第 3 卷，人民出版社，2002，第 59 页。
④ 〔意〕加埃塔诺·莫斯卡：《政治科学要义》，任军锋、宋国友、包军译，上海人民出版社，2005，第 2 页。

福感；通过坚持以人民为中心的政治制度，为人民当家作主提供有力的制度保障。中国式现代化道路开创的全过程人民民主作为中国特色社会主义民主政治的最新实践，更是人民性的生动阐释，是在继承和发展马克思主义人民民主思想基础上开创的人类民主文明新形态。全过程人民民主在所有环节上一个都不能少，是包含民主选举、民主协商、民主决策、民主管理、民主监督的，能实现全链条、全方位、全覆盖的民主；全过程人民民主在实现方式上具有可操作性，是社会主义民主的真实性和具体性的鲜明表现，是具备制度程序的，能真实具体实现人民当家作主的、最广泛、最真实、最管用的民主。顶层设计和具体实践都从不同纬度充分说明了中国式现代化与西方现代化的本质区别，中国式现代化追求人的自由全面发展，让人民成为社会主体，追求对人的本质的复归，在保证劳动生产力高度发展的同时也保证人民作为生产者的全面发展，这使中国式现代化不仅是人口规模巨大的现代化，也是要实现人的自由全面发展的现代化。

五　中国式现代化道路的历史意义

一百多年来，在马克思主义现代化理论的指导下，中国共产党团结带领中国人民开创了中国式现代化新道路，创造了人类文明新形态，不仅深刻改变了中华民族的前途命运，也深刻影响和改变了世界发展的面貌和进程，为国际社会主义事业的发展、世界现代化发展和人类文明史的发展作出了中国贡献。

中国式现代化道路与近代以来中国对现代化事业的追求一脉相承，也是中国特色社会现代化的最新贡献。回想近代以来求索现代化的历程，无数仁人志士前仆后继，尝试了改良主义、无政府主义、自由主义等却都无法解决中国的问题。就在内忧外患之际，中国共产党人找到了马克思主义，并积极运用马克思主义基本原理解决各种重大理论和实践问题，成功探索出新民主主义革命道路、社会主义革命道路、社会主义建设道路，深刻改变了中华民族的前途和命运。与此同时，中国共产党及时将马克思主义基本原理与中国具体国情相结合，构建起马克思主义中国化理论体系，在不同时期针对面临的不同问题系统回答了什么是社会主义、怎样建设社会主义，建设什么样的党、怎样建设党，实现什么样的发展、怎样发展等重大理论实际问题。中国式现代化道路，正是在遵循科学社会主义理论与中国现代化实践相结合的方法论前提下所取得的突出成果，正是由于党带领全国人民牢牢把握和立足于社会主义初级阶段这个最大国情，才探索出的一条充分体现人民意愿、彰显社会主义制度优势的中国式现代化新道路。

不仅如此，作为世界社会主义阵营的一员，中国式现代化道路克服传统社会主义模式局限，开辟了社会主义现代化道路的新选择。20 世纪国际社会主义运动在经历了中西欧国家武装起义失败与中国大革命失败，苏联解体、东欧剧变这两次低潮后，科学社会主义终于又能重新焕发蓬勃生机，这有力地驳斥了"社会主义崩溃论"，"共产主义在 21 世纪将'不可逆转地在历史上衰亡'"[①] 等各种"终结论"，同时也"意味着科学社会主义在二十一世纪的中国焕发出强大生机活力，在世界上高高举起了中国特色社会主义伟大旗帜"[②]。如今，中国特色社会主义以稳健的步伐迈入新时代，一方面雄辩地说明了中国把科学社会主义旗帜举住了、举稳了，也引导世人正确认识社会主义，坚定走社会主义的信心。社会主义只要与本国国情、时代特征结合好，就能走出一条通往人类解放的现实道路。习近平总书记指出："现代化道路并没有固定模式，适合自己的才是最好的，不能削足适履。每个国家自主探索符合本国国情的现代化道路的努力都应该受到尊重。"[③] 另一方面，中国现代化道路的成功探索用实践说明了社会主义不是忠于搞革命搞暴力的主义，而是善于促建设的主义，重塑了社会主义在世界人民心目中的形象。

放眼世界现代化发展历程，西方一度掌握唯一话语权。西方现代化固守的"西方优先"原则，本质上是一种推行霸权主义和单边主义行径的对抗性思维。西方资本主义国家将西方文明制度塑造成"历史的终点"，宣

---

① 〔美〕兹·布热津斯基：《大失败——二十世纪共产主义的兴亡》，军事科学院外国军事研究部译，军事科学出版社，1989，第 1 页。

② 《习近平谈治国理政》第 3 卷，外文出版社，2020，第 8 页。

③ 习近平：《加强政党合作 共谋人民幸福——在中国共产党与世界政党领导人峰会上的主旨讲话》，人民出版社，2021，第 8 页。

称西方现代化是各国通向现代化的唯一道路，企图让发展中国家成为西方的"依附者"，但就当西方国家将所谓的"普世价值"这一"福音"移植到其他发展中国家时，"福音"俨然变成了"符咒"。西方不仅没有履行要带领发展中国家走出发展困境的约定，反而造成了人类社会现代化进程中的"西方之乱"甚至是"世界之乱"。不同于西方现代化中的"丛林法则"与零和博弈，中华民族五千多年来所传承的"天下大同""协和万邦"的文化基因是在承认事物多样性的前提下，倡导彼此共存、共同发展的人类命运共同体理念。在中华民族天下情怀滋养下的中国式现代化道路超越西方现代化模式，破除了西方意识形态的唯一性，将西方现代性模式从人类现代化的"普世模式"还原为地区性发展模式，"宣告了各国最终都要以西方制度模式为归宿的单线式历史观的破产"①。同时也"给世界上那些既希望加快发展又希望保持自身独立性的国家和民族提供了全新选择"②。对于作为后发现代化国家的发展中国家，在遭遇现代化进程中的普遍问题时，还要正确处理发展与独立、摆脱贫困与摆脱依附之间的关系问题。针对这个问题，我国贡献了中国智慧与中国方案，放弃遵循西方现代化模式"亦步亦趋式"发展，反对"中心—边缘"的二元结构，在保持开放合作、积极吸收一切文明成果的同时，又能有效抵制西方国家资本、价值观的入侵，走出了一条"既能发展又能独立"的现代化之路。

当今世界面临着严峻的全球性挑战和世界性难题，需要回答"世界怎么了、我们怎么办"③这一时代之问。我们怎么办？和平还是战争？互利共赢还是零和博弈？文明共存还是冲突对抗？人类又一次站在选择的十字路口。中国以创造出的人类文明新形态回答"时代之问"。面对是和平还是战争的问题，中国式现代化道路开创的人类文明新形态超越西方霸权思维，坚决摒弃冷战思维、强权政治，坚持各国之间相互尊重，共同维护世界和平；面对是互利共赢还是零和博弈的问题，中国式现代化道路开创的人类文明新形态提倡"开放、包容、普惠、平衡、共赢"的理念，引导经

① 《习近平关于社会主义政治建设论述摘编》，中央文献出版，2017，第 7 页。
② 《十九大以来重要文献选编》（上），中央文献出版社，2019，第 8 页。
③ 《习近平谈治国理政》第 2 卷，外文出版社，2017，第 537 页。

济全球化向普惠性的方向发展，促进共同繁荣；面对开放还是封闭的问题，中国式现代化道路开创的人类文明新形态打破了西方主张的"文明冲突论"，在尊重不同国家和民族文明多样性的同时，树立起平等、互鉴、对话、包容的文明观，倡导"文明共存"。中国式现代化将中华文明中的"美美与共，天下大同"理念以及和平、发展、正义、民主、自由的全人类共同价值展现在世人面前。

从对黑格尔所设定的前提"市民社会"的批判中可以看出，马克思历史辩证法与黑格尔历史辩证法从根本上来说是完全异质的，对黑格尔历史辩证法的颠倒不是仅仅从唯心主义到唯物主义的转变，而是要彻底消解黑格尔哲学的"思辨性"，让黑格尔"失去双脚"的辩证法真正站立在人类社会的真实现实上，从幻想中退回现实。在颠倒中，马克思是从现实的个人出发分析说明了人类历史的生产关系，社会发展规律和历史发展目标，形成了具有自身特殊内在规定性的历史辩证法。中国式现代化道路是对马克思历史辩证法理论的应用与发展，我国在揭示了西方现代化道路自身矛盾性的同时，从历史发展的逻辑起点、历史发展规律、历史发展维度、历史发展目标与历史发展意义等方面分析论证中国式现代化，也验证了中国式现代化道路的合理性与必然性，破解了现代化等同于选择西方资本主义道路的思维定式，为世界各国探索现代化道路提供了全新选择。习近平总书记指出："中国发展为广大发展中国家走向现代化提供了成功经验、展现了光明前景。"[①] 进入新时代，要坚持中国特色社会主义制度下的现代化道路，在推进中华民族伟大复兴的同时也为其他国家和地区的发展不断提供中国方案、贡献中国智慧。

---

① 习近平：《在庆祝改革开放 40 周年大会上的讲话》，人民出版社，2018，第 21 页。

时间视域下帛书《黄帝四经》的政治理性

王雯雯[*]

（上海交通大学人文学院，上海）

　　摘　要：时间观在中国古代哲学中有独特的理解，帛书《黄帝四经》在时间视域下彰显了早期中国思想的政治理性。帛书《黄帝四经》以"一"即"道"为时空之始源，将"道"和社会治理的规律放到最初的"时间"中去理解，而形成对于人类历史、文化、政治的周知和把握，实质上蕴含着对于古之始源的回溯以知今的社会历史时间观。帛书《黄帝四经》从天道出发，天道及其所代表的天时、历法、法治观念既赋予了君王执政立法的合法性，也对帝王治国管理形成制约性。君王需要"修德待时""胥时而动""平衡而止"才可实现"天下可一"，这个"一"既是政治社会的一统，更是回归时间上的始源之"一"即道，最终形成"治身即治国"之个体工夫与国家治理的内外时间的统一。时间性还体现在君王对于"道"之"时"与"极"的工夫运用上，既表现为对于自然时间诸如日月、四时、历法的觉察，也反映为对于"时机""时度""极度"的把握，更显现在政治治理的次第时序上。

　　关键词：《黄帝四经》；时间观；政治理性

　　中国传统思想文化有自己独特的时间观。儒家思想言"三不朽""慎终追远"，关注主体精神至善圆满和"以亲亲"为血缘纽带的权力核心的

---

　　* 王雯雯，上海交通大学人文学院中国语言文学专业博士研究生，上海交通大学人文学院国学教育研究中心秘书长。

时间传承，而形成了生生的关怀天下的内在时间①的永恒；老子哲学显现出对于宇宙始源的时空追溯；庄子道教思想开始探讨延续主体的身体生存时间而形成生命的超越；佛学则用业报轮回打破时间的间断性进而达至生命的超越与永恒。昼出夜伏、寒来暑往、四季更替，时间呈现出连续性与间断性的特征，远古人类生产生活根据时间被网格化切分而逐渐形成早期历法。《易经·系辞传》曰："古者庖牺氏之王天下，仰则观象于天，俯则观法于地，观鸟兽之文与地之宜，近取诸身，远取诸物。"《易经》之卦象源于对天地鸟兽物我的品察，物—象—数反映出的正是对于人和家国天下及天地万物规律的时间记录，进而形成了对于主体命运和政治态势的时间性推演。西汉易学更是与节气历法相结合，提出了"六日七分说"②。仰观宇宙之大，俯察品类之盛，日月星辰作为远古时期朝作夜憩的时间量尺和客观参照物，"以通神明之德，以类万物之情"，最终人与天地万物相感通。天人关系也逐渐形成了中国古代时间观的独特视角。司马迁在《史记·太史公自序》中讲："道家使人精神专一，动合无形，赡足万物。其为术也，因阴阳之大顺，采儒墨之善，撮名法之要，与时迁移，应物变化。立俗施事，无所不宜。指约而易操，事少而功多。"太史公又言，"圣人不朽，时变是守"。显然，"时变是守"是《黄帝四经》的重要主线。时间不仅是早期中国思想文化背后的全程在场者及观察言说者，也是人类

---

① 所谓内在时间，指的是意识主体所经历的时间，内在时间不同于自然时间，更深刻关切到意识主体生命本身的时间流动和内在变化。儒家对于时间的理解表现在两个方面，其一是个体精神的圆满即"立德立功立言"之"三不朽"所达至的内在时间永恒而形成的生生之道；其二是以"亲亲"和"孝"为纽带的血缘性时间传承及诚善之性和权力的代际传递。儒家以仁善为本体，人人皆可为尧舜，个体通过立人成人成圣而达至圆满，"诚者，天之道也，诚之者，人之道也"，人人自是天道之诚善本性而能成贤，这正是主体精神上达成的内在时间永恒。在这个层面乃内在时间与外在自然时间相合一形成诚善的生生之道，正如张载在《正蒙·诚明》中所言："天所以长久不已之道，乃所谓诚。"所以，由亲亲而外扩到整个人伦社会，《论语》言，"父在，观其志，父没，观其行"，"慎终追远，民德归厚矣"，这种对于"孝"的代际传承，也正是内在时间的血缘连续性，由下至上，进而整个儒家形成了尧舜禹汤文武周公至孔孟的圣贤之道，这正是以仁爱为核心王道理念的权力传递和内在时间上的又一个层面的永恒。

② 杭辛斋：《学易笔谈·读易杂识》，张文江点校，中华书局，2017。关于"六日七分"说，该书在第50页有重要阐释，最早的记载是在《易纬》中，将六十四卦与四时、七十二候等历法相关联，"《易纬》卦气，六十四卦中，提出坎、震、离、兑为四伯，亦曰四监，以主一年二十四气。……余六十卦，以中孚起冬至，每卦主六日七分"。

理性与政治文明的记录者，更是天人关系视域下主体命运和政治态势的动态引领者，也同时是帛书《黄帝四经》①重要但鲜少有研究者关注的基本问题。

成书于战国或秦汉之际②，抄写时间在公元前179年至公元前169年汉文帝时期③，而出土于1973年长沙马王堆汉墓的帛书《黄帝四经》，其政治哲学沿用了老子道之总原理概念，创造性地提出"道生法"，并在宇宙论、本体论和人性论层面论证了君王和法度的合法性，君王"称以权衡"并"察名责实"运用法度而施政治国，在"道""法""形名"等多重关系中，时间构成了重要的联结。本文将在时间视域下重新考察《黄帝四经》的政治哲学，旨在探析早期中国哲学的时间观，并试图揭示其时空秩序下的政治理性。

一 "观古索无"的宇宙论

"观之大（太）古，周其所以。索之未无，得之所以。"这是《道原》也是《黄帝四经》的末句，陈鼓应注译："此四句，是关于'道'的体、用说的最为精辟的概括；它既是《道原》的点睛之笔，也是《四经》的

---

① 目前有关《黄帝四经》的文本整理和注释类著作主要有：1974年、1976年和1980年马王堆汉墓帛书整理小组编制的、文物出版社出版的《马王堆汉墓帛书》；余明光1993年出版的《黄帝四经今注今译》和2016年出版的《黄帝四经新注新译》；陈鼓应2007年出版的《黄帝四经今注今译——马王堆汉墓出土帛书》；由裘锡圭主编，湖南博物馆、复旦大学出土文献与古文字研究中心编纂，中华书局2014年出版的《长沙马王堆汉墓简帛集成》。本文引用的《黄帝四经》的经文文本，主要取自余明光《黄帝四经新注新译》（岳麓书社，2016），同时引用了陈鼓应和裘锡圭版本。为避文繁，不再一一注明。作为出土简帛，不同版本稍有差异，"□"表示残缺的字，"（）"内是根据上下文意补足的字。另外主要参考的注本是陈鼓应注译《黄帝四经今注今译——马王堆汉墓出土帛书》，商务出版社，2007；裘锡圭主编，湖南省博物馆、复旦大学出土文献与古文字研究中心编纂《长沙马王堆汉墓简帛集成》第4册，中华书局，2014。
② 关于《黄帝四经》的成书年代问题，学术界目前还没有达成共识，学界的观点涵盖了从战国早期到汉初，即战国早期、战国中期、战国末期、秦汉之际和汉初。余明光先生在《黄帝四经新注新译》中认为帛书成于战国中期，即公元前4世纪前后，而陈鼓应先生在《黄帝四经今注今译——马王堆汉墓出土帛书》中总结帛书至迟作成于战国中期，成书早于《管子》四篇。
③ 唐兰：《〈黄帝四经〉初探》，《文物》1974年第10期，第48~52页。

文眼所在。"①"太古"是从整个人类群体心理时间角度对过去未开化时期的表达和划分，"未无"是对社会文明未开始之"无"时期更前时间段的描述，或者说是对前宇宙亘古时期的时间定位；简言之，都是对于时间始源的表述。这正是将"道"和社会政治治理的规律及政治理性放到最初的"时间"中去理解，通过回溯至"太古""未无"时代进行"观""索"，而生发出对于"道"之体用的认知，进而形成对于人类历史、文化、政治的周知和把握。

对于宇宙始源的追问是人作为思维主体的存在者对于存在本身的发问，这一思考本身就形成了人类最初的时空观。"上下四方曰宇，古往今来曰宙"，宇宙概念在中国古代《庄子》《尸子》《文子》《三苍》等著作中都频繁出现。《说文解字》言："宇，屋边也，《易》曰：'上栋下宇。'"②《说文解字》曰："宙，舟舆所极覆也。"段玉裁注曰："舟舆所极覆者，谓舟车自此至彼而复还此如循环然。……然则宙之本义谓栋。一演之为舟舆所极复。再演之为往古来今。"③ 简言之，宇乃空间，宙乃时间。时间的流逝本身会带来空间的形成。墨子《经下》说"行修以久"，是说人行走的距离会产生时间，即在空间中移动会伴随着时间的流动。从物理学角度来说就是物质运动伴随着时间的推移而筑成空间，进一步就是运动产生时间，物质在运动的时间中形成空间，这本身可以说空间是时间的结果和艺术品，宇宙的本源也是时间性的，因此对于宇宙始源的探求本质上就是对于时间的追问。

> 恒先之初，迥同大（太）虚。虚同为一，恒一而止。湿湿梦梦，未有明晦。神微周盈，精静不配（熙）。古（故）未有以，万物莫以。古（故）无有刑（形），大迥无名。天弗能复（覆），地弗能载。小以成小，大以成大。盈四海之内，又包其外。在阴不腐，在阳不焦。一度不变，能适规（蚑）侥（蛲）。鸟得而蜚（飞），鱼得而流

① 陈鼓应注译《黄帝四经今注今译——马王堆汉墓出土帛书》，商务出版社，2007，第413页。
② （汉）许慎撰，（清）段玉裁注《说文解字注》，上海古籍出版社，1998，第338页。
③ （汉）许慎撰，（清）段玉裁注《说文解字注》，上海古籍出版社，1998，第342页。

（游），兽得而走。万物得之以生，百事得之以成。人皆以之，莫知其名。人皆用之，莫见其刑（形）。①

《道原》开篇用"恒先"② "初"来描述宇宙，并将宇宙所呈现出的混沌状态称为"太虚"。"恒""先""初"在这里都是时间上的始端、源头、原初的意义。"夫为一而不化"，"恒""不化"作为"一"的特征，都是从时间层面来表现道所具备的稳定永恒不变的特征，不受外部环境而改变自身，因"不化"进而能化生万物。这里"一"即"道"，是宇宙在生成层面的恒定状态，是具有终极价值和永恒特征的宇宙最高本体。"一者其号也"，"一"就是道的称号，"一"即"道"。《列子·天瑞》讲："故生物者不生，化物者不化。自生自化，自形自色，自智自力，自消自息。"③ 向秀注曰："若使生物者亦生，化物者亦化，则与物俱化，亦奚异于物？明夫不生不化者，然后能为生化之本也。"顺着《列子·天瑞》篇的逻辑，道乃不被生化，自生而能生天下，此乃道之性。回归《道原》篇，作为宇宙始源的道必然具备不能化生的稳定恒定特征，这既是从认识论层面也是从时间的持续性及始源性角度对人类之所以存在的追溯。《说文解字》对于"一"的表述是："惟初太始，道立于一，造分天地，化成万物。"段玉裁《说文解字注》转《汉书》进一步解释"一"，"元元本本，数始于一"④。"元，始也"，以元释一，"一"就兼具了时空的始源和造生万物本源的意义。《道德经》第三十九章讲："昔之得一者，天得一以清，地得一以宁，神得一以灵，谷得一以盈，万物得一以生，侯王得一而以为负。"⑤ 老子这里将"一"作为道来阐释。因而，"一"是道之本，

① 余明光：《黄帝四经新注新译》，岳麓书社，2016，第269页。
② 关于帛书中是"恒先"还是"恒无"，学界目前尚有争议。如果按照日本学者浅野裕一对于该篇的推测，可能参考了上博简的《恒先》。陈鼓应在《黄帝四经今注今译——马王堆汉墓出土帛书》中释义说恒无之初，裘锡圭在《长沙马王堆汉墓简帛集成》中注释"恒先"为"亘先"，是"极先、最先、最初"的意思；王中江认为，"恒"本身是恒久、恒常，"恒""先"都是时间概念。
③ （晋）张湛注，（唐）卢重玄解，（唐）殷敬顺、（宋）陈景元释文《列子》，陈明校点，上海古籍出版社，2014，第1页。
④ （汉）许慎撰，（清）段玉裁注《说文解字注》，上海古籍出版社，1998，第1页。
⑤ （魏）王弼注，楼宇烈校释《老子道德经注校释》，中华书局，2008，第106页。

天地万物包括君王得"一"而能具足自我获得自我的实现。《道原》在宇宙论的描述上，虽然尽可能地用言表意，但通过"太虚""一"来进行宇宙生成不同时间节点上抽象状态的描绘，是抽象之道而具象化成为语言的表达方式，这里就形成了"太虚"到"一"的过程。在"道"即"一"创生万物的过程中，也是在时间意义上的呈现，因此，宇宙的溯源可以说是时间的溯源，世界的展现也是时间的流动。"一"作为数字之始而抽象化描述宇宙状态的语词，已经具备了形而上的超越性，是作为"道"的名号来表示宇宙始源的抽象意义，并内含了时间、空间、逻辑和认识上的初始意义。

"恒一而止"，"恒"描述时间的持续，在此表示道的永恒和独立性特征。"在阴不腐，在阳不焦。一度不变，能适规（蚑）侥（蛲）。"这里指的正是"道"之"恒"，不因外部环境而改变自身。"恒"，《说文解字》释："常也……心以舟施，恒也"，"古文恒从月"。《说文解字注》"往复遥远，而心以舟运旋，历久不变"，"月上弦而就盈，于是有恒久之义，故古文从月"①。"恒"古义乃表示月亮盈亏之间的反复，有永恒、持久、恒常之义。"恒一而止"，恒是对于最高原理"道""一"的恒久特征的表达。因此，恒乃主体由日月居于天地之间亘古不变、盈亏周而复始的自然时间之道，推演为万物的恒定之理。具体在帛书中，"恒"是"一"即"道"在时间意识中的永恒性特征，而万物在道的时间展开下生成，"恒"也是万物之理，是时间意识下天地自然和社会政治的恒定规律。如《经法·道法》所言：

> 天地有恒常，万民有恒事，贵贱有恒立（位）。畜臣有恒道，使民有恒度。天地之恒常，四时、晦明、生杀、鍒（柔）刚。万民之恒事，男农、女工。贵贱之恒立（位），贤不宵（肖）不相放（妨）。畜臣之恒道，任能毋过其所长。使民之恒度，去私而立公。②

天地有"恒常"之道，"推天道以明人事"，政治生活和社会治理亦

---

① （汉）许慎撰，（清）段玉裁注《说文解字注》，上海古籍出版社，1998，第1页。
② 余明光：《黄帝四经新注新译》，岳麓书社，2016，第52页。

有恒常之理，人事上的"恒"是不同自然环境和社会分工下有差异有规律的恒，天地之恒乃是四时有度，而万民之恒就是男女分工的差异，推至政治治理则是君王选贤任能，公正对待百姓。这正是天道之恒常下的社会规律及其反映出的政治理性。

《经法·道法》还从宇宙本体论层面揭示了君王、君权和法的合法性。"道生法。法者，引得失以绳，而明曲直者殹（也）。[故]执道者，生法而弗敢犯犯殹（也），法立而弗敢废殹（也）。夫能自引以绳，然后见知天下而不惑矣。"① 这里对道、法和君王之间的关系做了阐明。该篇形而上地构建了宇宙本源和总原理之道，道有造万物和把控生死存亡祸福的功能，对于道体本身的描述是"虚无形，其裒冥冥，万物之所从生"，基本与老子哲学中对于道的形的概括一致，这里未有具体的宇宙生成图式历程，尚处于本体概念上的生成。道生万物并生法和君王，"道生法"为法律本身进行了合法性规定，并阐释了法的公正裁决功能，由道生法推及执道者，即君王秉持天道而立法，法制设立而不能废弛，法既然由道生必能辨明天下而不惑，君王也能通过立法而治理天下。显而易见，这里的"法"是实践层面具体的法度、法规的意思，这也是《经法·道法》篇不同于老子"道法自然"作为动词效法的意义，直接与治国理政进行联结，但是整个《黄帝四经》并没有提到具体的法度条文。在"道生法"这个层面上，君王作为执道者同时是立法者，一方面天道赋予其立法权和执政权，另一方面，法令本身也对王权构成了制约，"生法而弗敢犯殹（也），法立而弗敢废殹（也）"②，所谓"执道者"角色，君王本身理应是顺天时执天道的践行者，这里君王执道的立法权与来自人民的公共权力会形成制衡的张力，不然反受天刑、天殃。因此，帛书所言大道本身可以称作人民公权的天平和利剑，是早期中国政治从天道自然出发的政治理性，或者说是以帛书《黄帝四经》的作者为代表的文人墨客假托黄帝之名义对于君王的政治要求。

在宇宙生成的动态活动中，"阴阳"成为帛书《黄帝四经》的重要推

---

① 余明光：《黄帝四经新注新译》，岳麓书社，2016，第44页。
② 余明光：《黄帝四经新注新译》，岳麓书社，2016，第44页。

动因素。《说文解字·阜部》曰："阴，暗也。水之南，山之北也。"段玉裁注曰："暗者，闭门也，闭门则为幽暗。"《说文解字·阜部》讲："阳，高明也。"段注亦云："暗之反也。"① 阴阳最初的意思与太阳相关，是动态流动的而且是对立相反的，是一种由日光所带来的时间性的明暗变化，有暗而有明，有阳必有阴，进而演变为南北方向和天气。有关阴阳这一最初的意思在《十六经·观》中也可看到痕迹：

> 黄帝曰群群□□□□□□为一囷，无晦无明，未有阴阳。阴阳未定，吾未有以名。今始判为两，分为阴阳，离为时四［时］□□□□□□□□□［德虐之行］，因以为常，其明者以为法而微道是行，行法循□□牝牡，牝牡相求，会刚与柔。柔刚相成，牝牡若刑（形），下会于地，上会于天，得天之微。②

宇宙最初混沌为一，无明暗亦无阴阳，阴阳在这里似乎具有明暗的性质。"阴阳未定，吾未有以名。"这意味着阴阳成为形名关系的重要一环，有阴阳而后有四时、刚柔，阴阳和合而成万物。"今始判为两，分为阴阳"，何以说世界成了两？不仅是阴阳化生万物，还隐含着世界万物都成了对立统一的两方，引入阴阳推天道至政治社会生活，也就有了帛书"以阴阳［明］大义"的动态宇宙社会观。《称》篇有完整的探讨：

> 凡论必以阴阳［明］大义。天阳地阴。春阳秋阴。夏阳冬阴。昼阳夜阴。大国阳，小国阴；重国阳，轻国阴。有事阳而无事阴。信（伸）者阴〈阳〉〈而〉屈者阴。主阳臣阴。上阳下阴。男阳［女阴］。［父］阳［子］阴。兄阳弟阴。长阳少［阴］。贵［阳］贱阴。达阳穷阴。取（娶）妇姓（生）子阳，有丧阴。制人者阳，制人者制于人者阴。客阳主人阴。师阳役阴。言阳黑（默）阴。予阳受阴。诸阴者法天，天贵正，过正曰诡□□□［过］祭乃反。诸阴者法地，地

---

① （汉）许慎撰，（清）段玉裁注《说文解字注》，上海古籍出版社，1998，第731页。
② 余明光：《黄帝四经新注新译》，岳麓书社，2016，第147~148页。

[之] 德安徐正静，柔节先定，善予不争。此地之度而雌之节也。①

这里，不仅诸如天地、四时、昼夜等都有其阴阳之序，一切社会政治家庭关系主体以及所对应的职位、序位、言行处事方式都有其阴阳之位，社会一切事务都以阴阳为评判标准，"以宇宙秩序构成论说政治秩序的构成，并使政治秩序成为整个宇宙秩序的体现"②。这种阴阳思想贯穿了整部帛书。《汉书·董仲舒传》言："天道之大者在阴阳。"阴阳思想也构成了董学天道观的核心。余明光指出，董仲舒承继了邹衍的五德终始和五行思想，而其阴阳刑德学说却是受《黄帝四经》影响。③ 这里阴阳的概念在《老子》"万物负阴以抱阳"的基础上，更加具有哲学普遍意义，并全面运用于社会人事。《黄帝四经》的阴阳思想在先秦到两汉的儒学宇宙论创新史上具有重要意义。

二 "迎日推筴"的历法观

帛书《黄帝四经》在探讨了时空的始源之后，进一步考察了主体对于自然时间的感知，这种感知源于对自然世界及现象的觉察并理性化，表现为对于日月星辰、晦明、阴阳、四时的关注，进而形成了人类集体的外在时间意识，也反映了早期中国时间意识的自觉和时空秩序下的政治理性。《经法·论》曰："天执一以明三"，"天明三以定二，则一晦一明。"④ 余明光译注："三"乃日、月、星辰，"二"指阴阳，晦明即夜昼。日月星辰、阴阳、万物皆是"道"化生万物的时间性展开，"万物得之以生，百事得之以成"，都是道化生万物的结果，因而秉承大道之恒律。《经法·四度》讲："日月星辰之期，四时之度，[动静]之立（位），外内之处，天之稽也。"⑤ 日月星辰、四时的周而复始，是天道运行之结果。刘文英说：

---

① 余明光：《黄帝四经新注新译》，岳麓书社，2016，第263~264页。
② 刑雨：《"以阴阳明大义"：试论帛书〈黄帝四经〉刑德之治的理论建构特征》，《管子学刊》2022年第1期。
③ 余明光：《黄帝四经新注新译》，岳麓书社，2016，第492~495页。
④ 余明光：《黄帝四经新注新译》，岳麓书社，2016，第102~103页。
⑤ 余明光：《黄帝四经新注新译》，岳麓书社，2016，第95页。

"原始人最早的时间观念，大概起源于昼夜的划分。"他指出金文中"日"字就是画太阳代表白昼和一日，而纳西象形文就是借月亮的形象表示"夜"这个字，古埃及文中用星星来表示"夜"。① 然而不同的早期文明对于时间的记录，比如日、周、月、年、季节等划分，都存在很大差异，甚至是"武断的选择"，例如，埃及人会根据尼罗河涨落来划分自然年，并以尼罗河泛滥等记录重大政治事件，美索不达米亚人的"日"概念从日落算起，而商代每天的概念从夜晚或黎明开始②。《说文解字·夕部》解释"夜"曰："舍也，天下休舍。"③ 所以人类对于自然时间的感知就是以日、月、星辰、草木④、动物、河流等作为外部参照物。

当古人能够对自然时间形成自觉并掌握其规律后，就会形成包括天干地支、节气在内的早期历法系统，这代表了人类对于时间的认识水平的提升，其主要功用是满足早期的日常生活和农业生产需要。而《黄帝四经》对于时间的认知不仅体现在对日月星辰、四时的测算和天文历法的探讨上，已由直观上升到了形而上的抽象思维，"日月星辰之期，四时之度，［动静］之立（位），外内之处，天之稽也。"⑤（《经法·四度》），日月星辰按照轨道和周期运行是天道之使然，"凡论必以阴阳［明］大义"⑥（《称》），"阴阳"也由时空上是否向阳的意思提升为万物的评判标准，落至以黄帝为首领的政治权力当中，时间的自觉和历法的创设掌控即顺应了天命和天时。"上知天时，下知地利，中知人事"（《十六经·前道》），以黄帝为核心的观测天象、阐释时岁、考定星历的机构就是王权合法化的代言者，以黄帝为核心的政治活动都会依据天时也就是秉承"道"。

从历法与政权的关系而言，历法时间既来自自然时间，也与政治时间

① 刘文英：《中国古代的时空观念》，南开大学出版社，2000，第4页。
② 〔加〕布鲁斯·G. 崔格尔（Bruce G. Trigger）：《理解早期文明：比较研究》，徐坚译，北京大学出版社，2014，第431页。
③ （汉）许慎撰，（清）段玉裁注《说文解字注》，上海古籍出版社，1998，第315页。
④ 刘文英：《中国古代的时空观念》，南开大学出版社，2009，第8页、10页。刘文英在此书中谈到，畜牧民族和狩猎民族主要采用草木和动物纪年法，汉族也有过草木纪年的痕迹。南北朝时期，突厥仍然"不记年历，唯以青草为纪"。动物纪年，主要以禽兽胎孕为标志。东汉时，北方乌桓族"见鸟兽孕乳以别四季"。
⑤ 余明光：《黄帝四经新注新译》，岳麓书社，2016，第95页。
⑥ 余明光：《黄帝四经新注新译》，岳麓书社，2016，第263页。

有重要联系。《十六经·立〔命〕》说"数日，曆（历）月，计岁，以当日月之行"①，言黄帝根据日月来制定时间历法。《十六经·立〔命〕》讲的是黄帝建位立国的过程，旨在塑造最高权力主体的理想人格和阐释权力的合法性，而在建立王权之际创制历法也意味着建元改制。美国考古天文学家安东尼·阿凡尼（Anthony Aveni）指出："所有早期文明的政府都会体制性地控制时间刻度。"② 黄帝的王权"受命于天，定立于地，成名于人"，创设历法掌控自然时间就是执道的体现，相反违背自然的时间秩序，则会"不顺〔四时之度〕而民疾"（《经法·论》），因而掌握四时规律是得民心之道。《经法·论》进一步指出，"〔天〕定二以建八正，则四时有度"。昼夜、阴阳、春夏秋冬四时都源于"道"而产生于"天"，作为"执道者"的君王得天道即能够对于时间形成自觉去知晓历法，这也是王权合法化的表现之一。《十六经·顺道》篇黄帝与大臣力黑回溯远古而谈治国之道，"大庭氏之有天下也，不辨阴阳，不数日月，不志四时，而天开以时，地成以财。其为之若何？"这里明确提出把握阴阳、知晓日月运动和四季变化对于君王管理天下的重要性。

《史记·五帝本纪》中有关于黄帝创制历法和重视农业生产的记载，黄帝"获宝鼎，迎日推筴"，并"时播百谷草木"③。裴骃《集解》引晋灼曰："筴，数也，迎数之也"，再引瓚注曰"日月朔望未来而推之，故曰迎日"；司马贞《索隐》注曰，"黄帝得著以推算历数，于是逆知节气日辰之将来，故曰推策迎日也"；张守节《正义》曰，"黄帝受神筴，命大挠造甲子，荣成造历是也"。刘文英指出，"从黄帝开始，应看作中国历法最初的酝酿阶段"④，他认为黄帝时期尚不具备成熟的观测记录的文字和工具，只会积累有关历法的相关知识。也有学者从考古发现研究说，黄帝考定星历是 380 年间整个黄帝族的研究成果，而不仅仅是轩辕氏一

---

① 余明光：《黄帝四经新注新译》，岳麓书社，2016，第 142 页。
② 转引自〔加〕布鲁斯·G. 崔格尔（Bruce G. Trigger）：《理解早期文明：比较研究》，徐坚译，北京大学出版社，2014，第 431 页。
③ （汉）司马迁撰，（宋）裴骃集解，（唐）司马贞索隐，（唐）张守节正义《史记》第 1 册，中华书局，1959，第 6 页。
④ 刘文英：《中国古代的时空观念》，南开大学出版社，2009，第 16 页。大概到尧的时代，才有历法的初行。

代所为。① 另《史记·孝武本纪》也记载："（黄）帝得宝鼎神筴，是岁己酉朔旦冬至，得天之纪，终而复始。于是黄帝迎日推筴，后率二十岁得朔旦冬至，凡二十推，三百八十年，黄帝仙登于天。"② 虽然史料不甚翔实，但可以推测的是："迎日推筴"属于重要的政治事件，《史记》中几次记录，并且与"宝鼎"、"神策"和"登天"相关联，意味着历法与王朝政治的重要联结，历法既是对于王权政治的确认，也同时形成对于君王权力的约束；黄帝或者是以黄帝为首的一代代集权性政府共同参与了早期历法的创立和完善；而迎日、占月、造甲子等天文造历方法在黄帝时期得到运用，这与《黄帝四经》中黄帝作为领导者"数日、曆（历）月、计岁"重视时间观念，并对时间的测算日益精确化系统化以满足当时农业生产是吻合的。加拿大学者布鲁斯·G. 崔格尔也同时阐释了政府作为权力机构与通晓天文气象自然时间规律的关联性，"历法解释天象周期、季节和生命轮回，并将其和人类活动联系在一起。日夜交替、月圆月亏（影响日落之后的光亮程度）都是自然世界的重要特征，政府活动和计划都得受制定于此"③。这种关联性体现在政府未来安排都得受制于当下天象季节历法，因而"未来"决策都取决于对于"现在"的审察，具体到帛书中的早期中国，时间的影响将具体渗透在经济、政治、军事、司法等多方面。

三 "重时守极"的工夫论

《黄帝四经》通过"观古索无"而将"道"放到"时间"中去理解，"道"既表现为时间始源的恒"一"，呈现为阴阳有"序"、日月星辰有

---

① 胡义成指出，黄帝族考定星历不是一蹴而就的，而是经历了几十代人接力的测试和修正过程。其意是指，在长达380年时间里，一批黄帝们一代接着一代，不断领导专家团队测试提升已在使用的黄历置闰准确性，包括每隔19年，就会碰到"冬至"日同时也是"朔日"的情况，各位黄帝在这一天要亲自会同专家测试和提升黄历置闰精准性，力求"正闰余"。参见胡义成《黄帝考定星历的具体时间和过程》，《武陵学刊》2019年第4期。
② （汉）司马迁撰，（宋）裴骃集解，（唐）司马贞索隐，（唐）张守节正义《史记》第2册，中华书局，1959，第467页。
③ 〔加〕布鲁斯·G. 崔格尔（Bruce G. Trigger）：《理解早期文明：比较研究》，徐坚译，北京大学出版社，2014，第431页。

"期"、四时有"度"、动静有"时"的宇宙图式，也映射出重"时"守"极"的社会政治秩序。中国哲学的时间观，注重内在时间和外在自然时间的合一。内在时间即修身的内在修养，达通自我而能通感天道，与天时相契合，达至内外时间的统一。帛书言君王"持正守静""虚静无为""贵柔守雌"即修身而能执守大道，最终实现内外时间的统一。

第一，"时""极"在《黄帝四经》中多指天道中的恒律、法则，在这个层面"天时""天极""天当""天理""天度""天期"等都具有类似含义，"时"和"极"也可译为推天道以明人事的社会政治之理。例如，"上知天时，下知地利，中知人事"（《十六经·前道》），"不尽天极，衰者复昌……故唯圣人能尽天极，能用天当"（《经法·国次》），"抱凡守一，与天地同极，乃可以知天地之祸福"（《十六经·成法》）。

第二，在处理政治关系、军事关系和人际关系方面，"时""极"在时间意义下表现为"时机""时度""极度""度数"。"过极失当"（《经法·国次》），"极"在这里指的是极度，当政治行为失当，就会引发"天刑"、不合"天极"，使得政治行事失败。"动静不时，种树失地之宜，则天地之道逆矣"（《经法·论》），这里的"时"是一种外时间概念，更强调农业生产是否尊重农时。《经法·君正》篇对于"时""宜""节"与土地经济政治教化的关系有如下精彩的阐释。

> 人之本在地，地之本在宜，宜之生在时，时之用在民，民之用在力，力之用在节。知地宜，须时而树，节民力以使，则财生，赋敛有度则民富，民富则有佴（耻），有佴（耻）则号令成俗而刑伐（罚）不犯，号令成俗而刑伐（罚）不犯则守固单（战）战（胜）之道也。①

土地是民之本，更是人之本，君王应该保护人民享有土地的所有权，并使用民时而合理适度地收取赋敛，这是实现人民富足的经济举措，进而人民富足是政治教化法令得以实施的前提和决定性因素，"民富则有佴

---

① 余明光：《黄帝四经新注新译》，岳麓书社，2016，第69~70页。

（耻）"，"衣食足而刑罚必"，人民富足而后才能保证法度的正常推行，实现社会正常运行而君王"无为"。"时""宜""节"都强调君王下达政令要有"度"。国家政治安排都得受制于天象季节历法，因而历法也都由当权政府制定和公布。对于君王而言就是合理分配农时和国有土地，对于人民而言，土地是其根本，而自身也享有自身的内在时间，因此人民对于自身时间分配与国家政令的农时就会形成冲突，即个体时间与政治时间的矛盾，这就是君王合理分配农时征收赋敛需要追求"时度"的内在原因。

另外，《黄帝四经》还强调在过去、现在和将来的不同时间境域下，即事态发展的不同阶段，主体应进行不同的准备，"时""极"在这里更是一种对于未来态势的提前的智慧判断，旨在把握"先机"和预知"后果"，言国君需要具备提前把握先机和后果的智慧和治国能力，学会规避事后的危机。《称》曰："时极未至，而隐于德；既得其极，远其德，浅致以力；既成其功，环复其从，人莫能殆。"这里正是将时间分为"时极未至""既得其极""既成其功"三个阶段，而国家在三个阶段应该修其德、广其德、隐其功，及时把握事态发展阶段，才能使自己立于不败之地，这里的先机就是"修德待时"，避免成功后盈满而衰就要隐德。

那么为什么需要重时守极呢？《经法·道法》开篇试图从人性论之四害问题来谈"法"之重要性：

> 生有害，曰欲，曰不知足。生必动，动有害，曰不时，曰时而
> □。动有事，事有害，曰逆，曰不称，不知所为用。事必有言，言有
> 害，曰不信，曰不知畏人，曰自诬，曰虚夸，以不足为有余。①

那么四害具体指的是什么？是生害、动害、事害和言害，当然不是人性本身和人情人欲有错，而是反对欲望和行为处事的失当，余明光释"事害"的"不称"为"不合时宜"②，曹峰认为四害可以用"动静关系"③

---

① 余明光：《黄帝四经新注新译》，岳麓书社，2016，第44页。
② 余明光：《黄帝四经新注新译》，岳麓书社，2016，第46页。
③ 曹峰：《〈黄帝四经〉法思想的人性论基础——兼论〈经法·道法〉的逻辑结构》，载陈鼓应主编《道家文化研究》第30辑，中华书局，2016。

来阐释，因而引发四害的原因，应该是"不足之欲"、"不时之动"、"不称之事"和"不当之言"。所以，"过极失当"和"动静不时"之"极"与"时"是个体、集体及国家组织行为不合时宜的评价根源。法本身也是为了规避这种"过极失当"和"动静不时"的四害问题。

第三，"时"本身还有如前所释的自然时间之意，即年份、时节、季节的意思，这个时候"时"不是天道本身，而是天道宇宙生成模式的一个环节；自然时间还用于表示政治行为的秩序次第。《十六经·观》云："黄帝曰群群□□□□□□为一囷。无晦无明，未有阴阳。阴阳未定，吾未有以名。今始判为两，分为阴阳，离为四时。"① 这里的"时"具备天道的特征，具有时节、时序、顺序的意思，强调个体和国家政治行为的时序性。《十六经·观》云："春夏为德，秋冬为刑。先德后刑以养生。"② 帛书还将四时与政治治理之德赏刑罚相关联，并提出应该采用"先德后刑"、刑德并用的政治、社会、司法治理方略。

《经法·君正》还用自然时间的年份来强调治国的秩序次第：

一年从其俗，二年用其德，三年而民有得，四年而发号令，[五年而以刑正，六年而]民畏敬，七年而可以正（征）。一年从其俗，则知民则。二年用[其德]，则民力。三年无赋敛，则民有得。四年发号令，则民畏敬。五年以刑正，则民不幸。六年[民畏敬，则知刑罚]。七年而可以正（征），则朕（胜）强适（敌）。③

国家初建应当从民俗、任贤人、富其民、发号令、用刑法、使民敬畏，七年而民可战敌国也，这呈现的是从安民、富民到治民、用民的治国理政的工夫次第，囊括了经济、军事、政治、法律上的具体措施。

第四，"极"有极限、边界、界限之意，在时间意义上更是具有"极而反""终而复始"的内涵。时间在这个层面既是线性而无限绵延的，又

---

① 余明光：《黄帝四经新注新译》，岳麓书社，2016，第147~148页。
② 余明光：《黄帝四经新注新译》，岳麓书社，2016，第152页。
③ 余明光：《黄帝四经新注新译》，岳麓书社，2016，第64页。

有两极而循环复始的趋势，表现出事情向相反方向发展的态势。《黄帝四经》因为预设了"天道环周"（《十六经·姓争》）的宇宙论，"观前以知反"（《称》），与"时"的时机时序相比，"极"具有"终而复始"的意思，推天道明人事，社会政治亦有两极之道。关于此层含义，《黄帝四经》文本中随处可见：

> 极而反，盛而衰，天地之道也，人之李（理）也。（《经法·四度》）
> 一立一废，一生一杀，四时代正，冬（终）而复始，（人）事之理也。（《经法·论约》）
> 极而〔反〕者，天之性（尘）也。（《经法·论》）
> 绝而复属，亡而复存，孰知其神。死而复生，以祸为福，孰知其极。（《经法·道法》）①

"盛衰""立废""绝属""亡存""死生""祸福"都不是永恒的而是会相互转换的，"孰知其极"，这里给出的策略是"应化之道，平衡而止"。

那么个体和国家如何"平衡"呢？即利用两级之道达至平衡。

其一，要运用应化之道调整自身，在恰当的时机变换策略以把握事态，"功成而止""夺而有予"，时机到了要及时行动，"当断不断，反受其乱"；在身体修养和治国理政方面，提出了"持正守静""修德待时""虚静无为""贵柔守雌"的工夫修养和为政态度，不为始不弃时并胥时而动，这既是应化平衡之道，也是君王修身而洞察天道的方法。《经法·论》言："静则平，平则宁，宁则素，素则精，精则神。至神之极，〔见〕知不惑。帝王者，执此道也。是以守天地之极。"② 这是言帝王修身的境界工夫，即通晓天地之道寻求帝政的方法。《称》言："圣人不为始，不专己；不豫谋，不弃时；不为得，不辞福，因天之则。"③ 这也是圣人守雌节的表现。《十六经·雌雄节》讲："先者恒凶，后者恒吉。"④ 帛书作

---

① 余明光：《黄帝四经新注新译》，岳麓书社，2016，第 693、123、105、49 页。
② 余明光：《黄帝四经新注新译》，岳麓书社，2016，第 106 页。
③ 余明光：《黄帝四经新注新译》，岳麓书社，2016，第 239 页。
④ 余明光：《黄帝四经新注新译》，岳麓书社，2016，第 189 页。

者提出了"雌雄节"的概念，始治国、处事、修身的两种思维方式。"宪傲骄倨，是谓雄节；［昂湿］恭俭，是谓雌节。夫雄节者，涅之徒也。雌节者，兼之徒也。"① 雌节指的是谦逊恭俭守弱后其身的治国之术和修身处事之道，雄节指的是张扬傲慢刚愎先其身的理政之方和修身处事之道。运用雄节处事治国是凶，可能荣归但影响寿命且危险将至；而运用雌节处事治国是吉，会避险而利禄后至且延年益寿。"以刚为柔者活，以柔为刚者伐。"（《经法·名理》），守雌节正与重柔思想一致。"赢极必静，动举必正"（《经法·亡论》），面对事态发展，要及时转换战略战术和调整动静关系，值得注意的是，《黄帝四经》在这里提出作战时当自身处于道德和实力高点，要避免衰者复昌，应该"禁伐当罪当亡，必虚（墟）其国"（《经法·国次》）；懂得把握事态发展的时机，个人国家都勿要失度，"如燔如倅，事之反也；如遥如骄，生之反也。凡物群财，超长非恒者，其死必应之"（《经法·名理》）。

其二，顺应事物发展态势，使对方处于两极位置，而迫使我方自身处于有利态势。《十六经·正乱》中讲黄帝与蚩尤的战争，强调的正是等待内容盛而衰转变时机。蚩尤"骄［溢］阴谋"，因此黄帝战蚩尤是顺天道而战，"吾将遂是其逆而僇（戮）其身"。而"民生有极"，当实力悬殊不敌对方之时，"单（战）数盈六十而高阳未夫"，在战术战略上应该等待时机，满足其骄淫之心，"［吾］将因其事，盈其寺，軵其力，而投之代"，让不义之国内部开始颓废瓦解，"以其民作而自戏也，吾或使之自靡也"，待其骄纵而内部人民反抗，而能一举而破。

因此，时间在《黄帝四经》中不仅仅具有内在的流动性，更贯穿了其整个政治哲学。《黄帝四经》以"一"即"道"为宇宙始源，一分为两，"以阴阳明大义"，整个宇宙社会呈现出动态的对立统一性，而形成阴阳有"序"、日月星辰有"期"、四时有"度"、动静有"时"的宇宙图式，也推演形成重"时"守"极"的社会政治秩序，最终"观古""索无"以明"道"。所谓"抱道执度"的"度"既是法度，更可为"时度"。因而帛书从天道出发，天道及其所代表的天时、历法观念既是君王法权的授予

---

① 余明光：《黄帝四经新注新译》，岳麓书社，2016，第189页。

者，也是君王治国管理的制约者，帝王需要"修德待时""胥时而动""平衡而止"才可实现"天下可一"，这个"一"既是政治社会的一统，更是回归时间上的始源之"一"即道，最终达成内外时间的统一。在宇宙论上预设了"道生法"的生成模式，法本身之权威性即便是帝王也依然不容动摇，这正是中国古代天道观念对于王权的守护与制约。这也是早期中国哲学内外时间合于道的显现。因而时间意识背后恰乃《黄帝四经》艺术的政治理性之所在。

从政治哲学的视野看"全过程人民民主"

汪日宣[*]

（武汉大学哲学学院，武汉）

摘　要："全过程人民民主"是"中国式现代化"的政治成果。在政治存在层面，"全过程人民民主"构建了以"人民代表大会制"为主体的制度体系，形成了普遍合作和共享的权力秩序，在政治治理中发挥了强大的效力，极大地改善了中国人民的存在条件。"全过程人民民主"实现了政治效果上的"良政善治"，力证了其作为政治存在的合理性与高效性。在政治正当层面，"全过程人民民主"的正当性体现在权力来源、使用与传递三个方面。其制度体系的构建与政治治理的全过程贯彻了"人民"作为"掌权者"的价值、理性与意志，完成了对民主理念、政治平等与人民参与的实践与实现。

关键词：政治存在；政治正当；政治哲学；全过程人民民主

民主是现代政治的基本理念与制度形态，世界各国在追求并实现现代化的过程中形成了符合自身国情的民主制度。无论是"议会制"，还是"总统制"，都是民主制度的模式之一。民主制度的多样性意味着：民主并没有绝对统一的制度模式，只有基于民主理念和具体社会的制度设计。作为民主政治的中国模式，"全过程人民民主"既体现了民主政治的基本理念，又反映了中国社会历史发展的需求以及中国政治的实践经验与智慧，

---

* 汪日宣，武汉大学哲学学院博士研究生。

是一个兼具民主政治一般性与特殊性的政治制度，是"中国式现代化"的政治成就，也是"中国式现代化"实现的制度保证。从政治哲学的视野考察"全过程人民民主"，主要从"民主"的一般性与特殊性角度考察"全过程人民民主"作为政治存在的"合理性"与"正当性"。

一　政治存在与政治正当

（一）政治存在

政治存在是关于政治的存在论定义，是哲学对政治存在方式与存在条件的追问。由此来看，古今关于政治存在的定义，大致可以分为伦理学与政治学两种范式。政治存在的伦理学范式是中西古典政治的共同理解，即从道德和价值出发揭示政治存在的目的。在这一范式中，政治存在被视为普遍道德理想实践与实现的场域。政治与道德是一体两面的关系，两者具有内在的统一逻辑。政治存在的政治学范式则是现代政治的基础共识，即从政治权力出发揭示政治存在的方式。在这一范式中，政治存在的本质就是政治权力的系统性活动。将政治从道德和价值中分离出来是现代政治与古典政治的分水岭，也是政治现实主义与政治理想主义或政治乌托邦的界限。尽管这一工作被认为是从自马基雅维利开始的，随后的马克斯·韦伯、哈罗德·拉斯韦尔等人又强化这一理论，但这种理论自觉，从汉语哲学的经验来看，实际上可以追溯到先秦法家。政治的伦理学定义与政治学定义初步揭示了政治存在的目的与方式。

进入现代政治后，政治存在呈现出诸多具体的政治现象。根据对不同政治现象的分析，大致产生了以国家、制度、决策、分配、管理和经济等为核心来定义政治存在的理论。① 它们从不同侧面揭示了政治存在的内容。

---

① 具体来看，"制度说"（或国家说）侧重于国家的静态形式，认为政治是一系列的国家制度与运作，主要代表有美国政治学家迦纳。"分配说"将政治定义为在社会范围内关于价值物的权威性分配，主要代表有大卫·伊斯顿等。"管理说"则将政治定义为对人类社会公共事务的管理，代表人物有孙中山、奥肖克特等。马克思主义政治观认为政治是经济的集中表现，并在阶级社会中表现为阶级斗争的内容。关于政治的更（转下页注）

概言之，"国家"是政治存在的主要单位，国家通过对"权力"的"制度化、秩序化"来实行对社会公共事务的"管理"与社会公共价值物的"分配"。关于政治的诸定义揭示了政治存在的复杂性和深刻性，有助于我们进一步追问政治现象背后的存在论根源。

（二）善在原则

在关于政治存在的诸定义中，孙中山先生曾精简地指出了最一般的政治活动："政就是众人的事，治就是管理，管理众人的事便是政治。"①尽管在政治学的定义上，我们可以将它划分到"管理说"中，但是这一表述将有助于我们切入并追问政治的存在论基础。

"众人"是组成共同生活或共同体的全体成员，"众人之事"本质上就是共同体成员的存在之事，即每个人如何改善自身存在的问题。人之所以形成共同体生活，荀子的"明分使群"与"群居合一之道"，以及亚里士多德关于"人是政治的动物"与"共同善"的论述都已有过透彻的分析。概括地说，共同生活是人的存在方式，只有在共同生活中才能实现每个人自身存在的改善。在存在论上，共同生活表达为人的共在存在，是每个人存在的先验条件，也是人的一般存在方式。共同生活或共在存在的实质是人与人之间普遍有效的合作（利益创造）与共享（利益分配）。人们一方面通过普遍有效的"合作"创造共同增益，另一方面又通过合理正当的"共享"将共同增益转化为个体增益，从而维护共同体与个体存在的增益循环。如果共同增益始终无法合理正当地转化为共同体成员的个体增益，那么共同体的合作也将失去动力，共同生活也将难以为继。因此，共同体成员的个体增益始终是共同体存在的根据和目的，始终是共同生活的意义所在。换言之，实现共同体成员的"善在"就是共同体存在或政治存在的根本条件。因此，我们将促进人的共在存在进而实现每个人的"善在"称为政治的根本目的，并将其概括为"政"的"善在原则"。

（接上页注①）多定义可参看张明澍《政治是什么》，《政治学研究》1987年第5期；李元书《什么是政治——政治涵义的再探讨》，《学习与探索》1997年第5期；以及王浦劬主编《政治学基础》，北京大学出版社，2018，第一章。

① 《孙中山选集》下卷，人民出版社，2011，第719页。

在政治中，"善在原则"首先必然表现为"民生、民利"，即普遍且持续地改善民生、发展民利。中国古典政治将其概括为"兴利除害"或"为民谋福"，这是极为深刻的政治智慧。其次表现为"政治理想"，即人的最佳善在状态。无论是孔子的"大同世界"，还是柏拉图的"理想国"或马克思的"共产主义"，其实质都可视为对"善在原则"最完满状态的理想预设。

（三）秩序原则

为了管理好"众人之事"，进而实现"善在"的政治目的，就必须构建起众人普遍认可且高效的"合作与共享"的秩序。

管理的本质是权力的秩序化运行。无论是被动的管理（即统治），还是主动的管理（即自治），权力始终是政治的核心，这是现代政治的基本共识。没有权力就无法构建社会生活的秩序，也无法管理事务。权力来源于"众人"的普遍认可与通力合作，然而，获取权力本质上要以实现众人的"善在"为基础。权力是秩序化的暴力或强力，因而始终保留了其强制属性。但不同的是，秩序是权力区别于暴力的本质定义。秩序化的内涵是理性化、价值化、规范化。因此，不同形态的政权会根据自身的价值序列与理性考量，规范化地构建不同的权力秩序或权力结构。

对于权力秩序而言，"合理"与"高效"是秩序的存在条件。不合理的秩序会因内在的矛盾而崩溃，而低效的秩序则会被其他高效的秩序淘汰替代。无论哪种类型的秩序失败都意味着权力向暴力的退化，都意味着政治的崩溃。因此，对于任何以"善在"为目的的共同体而言，权力秩序始终是管理共同体的基础，权力秩序的运行好坏决定了共同体及其成员的生死存亡。我们将权力秩序对政治存在的决定性作用，概括为"治"的"秩序原则"。

因此，我们认为，在存在论上，政治是以实现人之善在为根本目的的、秩序化的权力活动。首先，"善在"的目的原则与"秩序"的基础原则构成了政治存在的条件。这一定义与密尔在《代议制政府》中对理想政治制度的描述具有可沟通性，密尔认为理想的政治制度应当具有"秩序"

与"进步"两个方面。① 不同的是，"善在"与"秩序"是政治的存在论条件，而不仅仅是理想制度的要求，是一个现实主义的要求而非理想主义的状态。其次，善在以个体善在的数量为逻辑优先的单位，而非以集体综合的进步量作为计算单位。最后，善在原则不仅包含了对人物质存在条件的改善，还包含对人精神存在条件的改善。

（四）政治四象限

政治的"善在原则"与"秩序原则"共同定义了政治存在的方式与价值，构成了对一般政治普遍有效的评价性原则。也就是说，无论何种政治形态，无论掌权者是谁，政治都必须构建起合理有效的权力秩序（秩序原则）来保证共同体的普遍合作与正当分配，进而实现共同体成员的存在论改善（善在原则）。根据这两个核心原则，我们划分出"政治四象限"以评价政治存在的好坏优劣：①满足秩序原则，却不满足善在原则的是"劣政劣治"，这意味着秩序原则的无效性；②满足秩序原则，且满足善在原则的是"良政善治"，其能达到的最佳政治状态就是"治世/天下大治"；③不满足秩序原则，却满足善在原则的是自然主义与无政府主义的美学想象，其本质是对政治的消解或解构，所以是"非政治的"；④不满足秩序原则，且不满足善在原则的是"乱政、乱世"，其本质是政治的破坏或崩溃，即礼崩乐坏、天下大乱，所以是"无政治的"。

"政治四象限"所揭露的意义在于：①任何形态的政治如果不能实现"良政善治"，不仅没有正当性可言，并且最终都会走向灭亡；②同类形态的政治中，越能实现"良政善治"的政治就越具有优越性。因此，对于民主政治而言，其政治存在的第一基础不是够不够民主，而是够不够政治。并且，理论上越能够实现"良政善治"的民主政治形式则越具有优越性。

（五）政治形态

政治形态是政治存在的不同历史形态或具体形式，其区分取决于政治权力的"主人"。孙中山先生关于政治的定义省略了"主语"，即"谁"

---

① 〔英〕密尔：《代议制政府》，汪瑄译，商务印书馆，1984，第17~36页。

来"管理众人的事"。"主语"的不同决定了政治形态及其政治哲学（包括意识形态）的不同。所谓"主语"用政治话语来说就是"掌权者"。孙中山与牟宗三关于"政权"与"治权"的区分能够有效地帮助我们理解"掌权者"的身份内涵。"掌权者"是一种多维复合的身份：首先是政权的"建立者"（掌握政权），其次是政权的"治理者"（掌握治权），最后还是政权的资源配置与利益分配的"最先优享者"（掌握分配权）。

根据"掌权者"的身份的不同，我们可以将人类历史上诸多政治形态划分为神主（权）政治、君主政治、贵族政治、民主政治。每种形态的政治都大体内含了"打天下"、"得天下"、"治天下"到"享天下"历史与逻辑，其中任何一个环节的崩坏都会导致政治形态的崩溃。尽管任何形态的政治都必须以促进共同体成员的"善在"为目的，但是不同的"掌权者"决定了共同体成员"善在"的优先顺序与配置比重，以及相适应的权力秩序与价值秩序的结构。因此，谁掌权，谁决定政治。

（六）政治正当

政治哲学的核心问题是权力正当性的问题，政治哲学是对政治权力（power）来源、使用与转移的正当性及其理想世界（目标）等核心问题进行系统思考的一门学问。① 简单地说，就是关于政治权力的价值与理念的学问。因此，不同的政治形态蕴含着不同内涵的政治哲学。

具体来看，首先，关于政治权力来源的正当性。关于权力来源正当性，君主政治采用"天命—民心"相结合的论证方式，也会采用异化后的"禅让制"论证方式。现代民主政治则主要采用基于"契约论"的"人民授权""人民同意"的论证方式。权力来源的正当性分为"历史正当性"与"治理正当性"。前者只能证明权力来源的初始正当性，后者则证明权力来源的后续正当性。权力来源的初始正当不意味着一劳永逸的永久正当。正义革命建立起政权后，后续权力的来源正当性就要在其后不断的政治治理中去验证与生成。

其次，关于政治权力使用的正当性。君主政治的权力使用要符合仁

---

① 吴根友：《政治哲学新论》，《江西社会科学》2009年第11期。

政、德政、爱民如子，反对苛政、暴力施政，提倡教民、化民等条件。现代民主政治的权力使用要直接或间接地反映人民的意志，保障人民的自由、平等与权利，依宪行权，依法行权等。

最后，关于政治权力转移的正当性。权力转移分为"横向"的"最高权力转移"，以及"纵向"的"权力分配"两个层面。在最高权力转移层面，君主政治主要采用"世袭制"，而现代民主政治则主要采用基于人民普遍有效参与的"选举制"。在权力的纵向分配上，君主政治与民主政治具有可沟通性，比如从科举制到公务员选拔制度。

政治正当始终与政治存在密切相关。政治存在是政治正当的基础，只有保证了政治的存在，才有基于不同政治存在形态的政治正当理论。因此，当我们考察"全过程人民民主"的时候，首先应当考察其作为政治存在的"良政善治"，然后考察其作为民主政治的理念与价值，后者则属于政治正当的内容。

二　民主的理念与价值

（一）民主的理念与价值

在民主政治中，人民是"掌权者"。从"掌权者"的视角看，美国林肯总统关于民主的定义——民有、民治、民享——最好地揭示了民主理念的三个层次。其完整的逻辑在于：人民通过正义革命建立政权，政治权力为人民所共有，既共有则不可不共治，既共治则其成果不可不为人民所共享。

民主的三个层次缺一不可。

（1）民有是民主的根本。人民是政治权力的"建立者"和"所有者"，政治权力都源于人民、归属人民。人民拥有平等的政治权利。权利平等可以简单地理解为每个成员平等的分享对共同体的主权；或政治权力通过宪法和法律平等地分配给每个政治共同体的成员。因此，对于民主政治而言，"平等"始终是民主的价值所在。它使得人民免于特权或专制集团的压迫与威胁。

（2）民治是民主的本质。民有只有真正落实为民治才是真正的实有，否则只是名义上之虚有。中国古典的民本理念虽然反复申明民有、民享之意，却不知民治而始终托之于君治。故其大弊则常使君王凌驾于人民之上而难以束缚，及其君为祸剧烈激起民变，则革其旧君而再造新君，由此陷入治乱兴替的历史循环而难以自拔。民本区别于民主的关键在于民治不立，故使得民有、民享陷入权力的虚有而无力自保。① 因此，民治是民有的必然逻辑与实质形式。民治具体表现为人民始终一贯地参与国家政治权力秩序的建构与运用。

（3）民享是民主的目的，是民治的成果。民主的所有成果由全体人民共享，其核心是权力、权利与利益的分配方式，其目的是普遍、正当、有效地实现全体人民的善在。从政治存在上看，越能让人民普遍共享民主的政治成果，越能改善全体人民的存在，则该民主政治就越具有正当性与合理性。

（二）民主的实质

对于任何"掌权者"而言，都必然要使其意志贯穿于政治活动的始终，否则就是对其自身的否定。人民作为"掌权者"是身份复杂的庞大集体，如何使人民的意志贯彻于政治活动始终是根本性的问题。唯一解决办法只能是广泛且深度有效的"人民参与"。只有人民始终有效地参与政治活动才能真正贯彻其意志。因此，进一步地说，民主（民治）的实质和关键就在于"人民参与"。

在这里，科恩的"人民参与理论"能够提供很好的帮助。科恩认为："民主是一种社会管理体制，在该体制中社会成员大体上能够直接或间接地参与或可以参与影响全体成员的决策。"② 他根据人民参与的情况列举出衡量民主的三个尺度，即"广度、深度、范围"。首先，民主的广度实质是社会成员中参与决策的比例。其比例受社会规模、性质以及社会问题

---

① 梁启超曾表述过相似的观点。他认为："美林肯之言政治也，标三介词以概括之曰：of the people、by the people、and for the people，译言政为民政、政以为民、政由民出也。我国学说，于 of，for 之义，盖详哉言之，独于 by 义概夫未之有闻。申言之，这国为人民公共之国，为人民共同利益故乃有政治。"梁启超：《先秦政治思想史》，商务印书馆，2016，第 8 页。
② 〔美〕科恩：《论民主》，聂崇信、朱秀贤译，商务印书馆，1988，第 10 页。

性质的影响。其次，民主的深度指的人民参与是否充分，这是一个程度问题。民主的广度优先于深度。民主的深度由参与决策问题的性质决定。最后，民主的范围分为最高权力范围与有效权力范围，并且不能混淆。在不同的范围内实行不同广度和深度的人民参与。[①]

因此，对于民主政治而言，在政治权力秩序的设计上首先要贯彻人民作为"掌权者"的价值、理性与意志。以权力秩序的方式保障"民有、民治、民享"，并确保每个人的"政治平等"。其次要最大程度地符合"人民参与"原则，让人民的意志在权力秩序的运行中发挥决定性作用。越能够实现这些原则的民主政治，就越具有正当性。

三 从政治存在看"全过程人民民主"

（一）全过程人民民主的政治制度

无论何种形态的政治，只有在"良政善治"的象限内才有资格谈论正当性。因为，只有保证了政治存在，才有资格探讨该政治存在于特定形态政治中的正当性程度。这一点在 20 世纪民主化浪潮的退却中得到了最好的印证。诸多国家效法西方民主政治，导致了自身政治的崩溃。因此，对于民主政治而言，首先是够不够政治，其次才是够不够民主。崩溃的"政治"即使再"民主"也毫无意义，更别谈什么政治正当性了。中国共产党对此有着深刻的认识。《中国的民主》曾指出："好的民主一定是实现良政善治的，一定是推动国家发展的。"[②] 要实现"良政善治"首先要创建合理高效的合作与共享的政治秩序。

政治秩序的核心是政治制度。政治制度的建构一方面要保证权力运行的合理高效，从而避免政治秩序的崩溃；另一方面要遵循"掌权者"的意志、理性与价值秩序。前者保证了全过程人民民主的政治存在，后者保证了全过程人民民主的政治正当。本节主要强调前者，后者则在下一节着重说明。

---

① 〔美〕科恩：《论民主》，聂崇信、朱秀贤译，商务印书馆，1988，第 12~31 页。
② 《中国的民主》，2021 年 12 月 4 日，中国政府网，https://www.gov.cn/zhengce/2021-12/04/content_5655823.htm。

全过程人民民主构建了以普遍合作与共享为目的的，全面、完善、合理、有效的政治制度，形成了以"人民代表大会制度"为根本制度，以"政治协商制度"为基本制度，以"民族区域自治制度、基层群众自治制度"为重要制度，以"爱国主义统一战线"为法宝的制度体系。这些不同层次的政治制度，能最大限度地凝聚起中华民族的智慧和力量，保证了中国政治发展的稳定有序。与议会制、总统制等民主政治制度相比，以人民代表大会制为根本制度的制度体系更能实现"普遍共识"与"强力合作"，实现权力秩序运行的合理高效，从而有效地保障中国民主政治的存在。中国民主政治制度体系的合理性与有效性，除了政治科学的解析与论证，更直接地体现为对人民"善在"的不断实现与推进。

（二）全过程人民民主的人民善在

首先，政治存在的善在原则体现于民生和民利层面：中国人民从食不果腹，到全面消除绝对贫困，全面建成小康社会；从一穷二白到 GDP 总量跃升至全球第二，人均 GDP 巨幅增长，并有望在 2035 年达到中等发达国家水平等。此二者是对民生、民利层面善在原则的最直接的证明。此外，在各种天灾人祸中，中国的制度优势可以最大限度地发动国家力量竭尽全力保护和挽救人民的生命，给人民以巨大的安全感，这在抗击新冠疫情中表现得尤为明显。

以上仅仅是列举较具有代表性的方面。国家全方位的快速发展和巨大进步，不仅极大地促进了人民生活水平的提高，还体现在越加完善的社会基础设施和强大的国防科研等方面。这些无不证明了中国民主政治秩序化运行的高效性和合理性。尽管中国民主制度的运行还会有很多新的问题，但历史地看，中国始终不遗余力地推动着民生、民利的发展与改善是毋庸置疑且不容诋毁的。因此，撇开历史、撇开实在的政治成就来谈中国民主的正当性是完全错误的。

其次，政治存在的善在原则体现在理想的善在层面。中国的民主政治以实现"共产主义"为最终理想，但是实现最终理想又基于实现多个阶段性理想。在新民主主义革命时期，毛主席提出建立"新民主主义共和国"的理想，并领导人民成功建立新中国。在社会主义革命与建设时期，我国提出"四个现代化"的理想，并成功奠定了中国现代化的基础。在改革开放和社会主义现代化建设新时期，社会主义市场经济快速发展，解决了人民温饱，实现总体小康社会，并向全面小康社会迈进。在中国特色社会主义新时代，国家进一步发展，完成了第一个百年奋斗目标，消除了绝对贫困，全面建成小康社会，并开始向第二个百年奋斗目标迈进。习近平总书记在党的二十大报告中提出："从现在起，中国共产党的中心任务就是团结带领全国各族人民全面建成社会主义现代化强国、实现第二个百年奋斗目标，以中国式现代化全面推进中华民族伟大复兴。"① 报告还指出"中国式现代化"是人口规模巨大的现代化、是共同富裕且公平正义的现代化、是物质与精神文明丰富的现代化、是人与自然和谐共生的现代化、是和平发展且建构人类命运共同体的现代化。② 中国式现代化既是实现第二个百年奋斗目标的方法，也呈现了社会主义现代化强国的理想内容与中国特质。实现第一个百年奋斗目标的奋斗史，及其取得的巨大政治成就，历史性地证明了中国民主政治高水平的"良政善治"。第二个百年奋斗目标与"中国式现代化"的理念则揭示了中国民主政治对"良政善治"的更高追求。

完善、合理、有效的制度体系，及其对人民善在的巨大推进，无不直接证明了全过程人民民主政治制度体系的优越性，以及中国民主政治的"良政善治"，这些政治成就从政治存在的层面为中国民主政治的正当性奠定了基础。

四　从政治正当看"全过程人民民主"

（一）"全过程人民民主"的权力来源正当性

权力来源的正当性分为"历史正当性"与"治理正当性"。民主政治

---

① 习近平：《高举中国特色社会主义伟大旗帜　为全面建设社会主义现代化国家而团结奋斗——在中国共产党第二十次全国代表大会上的报告》，人民出版社，2022，第21页。

② 参见习近平《高举中国特色社会主义伟大旗帜　为全面建设社会主义现代化国家而团结奋斗——在中国共产党第二十次全国代表大会上的报告》，人民出版社，2022，第22~23页。

权力来源的历史正当性源于正义的"民主革命",而治理正当性则来自民主政治的"良政善治"。治理正当性主要体现在"制度建构的正当性"与"制度实践效果的正当性"两个层面。前者考察的是政治治理之体,后者考察的是政治治理之效。

从治理正当性看,"全过程人民民主"在"制度建构"上要贯彻民主政治的价值与理念,保障普遍有效的人民参与。《中华人民共和国宪法》第二条规定:"中华人民共和国的一切权力属于人民。人民行使国家权力的机关是全国人民代表大会和地方各级人民代表大会。人民依照法律规定,通过各种途径和形式,管理国家事务,管理经济和文化事业,管理社会事务。"① 国家宪法规定所有人民享有平等的政治权利,人民通过"人民代表大会制度"享有人民对国家的主权。

人民代表大会是全过程人民民主的根本制度,是中国的政体。人民代表大会实行乡、县级的直接民主,与市、省、国家级别的间接民主。国家主席等由全国人民代表大会通过民主选举产生,并由人民代表大会及其常务委员会对其实行任免、监督等,以此保障人民对国家权力体系的掌握与监督,即制度上确保"民有",实行"民治"。在制度比较层面,与西方民主制度相比,无论议会制还是总统制,都与人民代表大会制度一样实行"代表制民主"。在"代表制"层面,人民代表大会的代表选举不仅采用授权代表制,还采用责任代表制。《中华人民共和国宪法》第七十六条规定:"全国人民代表大会代表应当同原选举单位和人民保持密切的联系,听取和反映人民的意见和要求,努力为人民服务。"第七十七条规定:"全国人民代表大会代表受原选举单位的监督。原选举单位有权依照法律规定的程序罢免本单位选出的代表。"② 在代表来源层面,人大代表来自人民,从横向来看,来自各地区、各民族、各方面、各阶层;从纵向来看,全国、省、市、县、乡五级都有人民代表大会,具有广泛的代表性。截至2020年底,全国共有人大代表262万名,其中县乡两级人大代表占代表总数的94.5%。一年一度的各级人民代表大会会议,乡、县、市、省、全国

① 《中华人民共和国宪法》,人民出版社,2018,第8页。
② 《中华人民共和国宪法》,人民出版社,2018,第38页。

自下而上、逐级召开，使得人民群众意愿和呼声能够真实反映、向上传递。① 人民通过人大代表实行政治权利，人大代表为人民发声。

可以说，五级人民代表大会以根本性的制度确保了全过程人民民主的制度正当性、权力来源与权力转移的正当性。另外，在制度实践效果的正当性层面，全过程人民民主不断推进和实现人民的"善在"，满足人民日益增长的美好生活需要，实现发展成果由人民共享，实现中国民主的"良政善治"。这不仅证明了全过程人民民主制度体系的合理性与高效性，同时也证明了其制度实践效果上的正当性。这些实在的政治成就有力地证明了以人民代表大会制度为主体的全过程人民民主的正当性和有效性，也保证了中国共产党长期执政的正当性。

（二）"全过程人民民主"的权力行使正当性

如何合理正当地使用政治权力是政治正当性的重要内容。《中国的民主》指出："评价一个国家政治制度是不是民主的、有效的，主要看……全体人民能否依法管理国家事务和社会事务、管理经济和文化事业，人民群众能否畅通表达利益要求，社会各方面能否有效参与国家政治生活，国家决策能否实现科学化、民主化。"② 权力行使的正当性：一方面是政治决策过程的正当性，即政治决策要践行"民主价值"和"人民参与"；另一方面是政治执行过程的合法性与正当性，即依宪用权、依法用权、公权公用。

政治是一个连续不断的动态的决策过程，而非一蹴而就的静态存在。《中国的民主》指出："好的决策，反映人民意愿，保障人民权益，增进人民福祉。"③ 政治决策包括了行政决策、立法决策、军事决策等，涉及政治生活所有的问题领域。政治制度是相对静态的稳定的，而政治决策

---

① 《中国的民主》，2021 年 12 月 4 日，中国政府网，https://www.gov.cn/zhengce/2021-12/04/content_5655823.htm。

② 《中国的民主》，2021 年 12 月 4 日，中国政府网，https://www.gov.cn/zhengce/2021-12/04/content_5655823.htm。

③ 《中国的民主》，2021 年 12 月 4 日，中国政府网，https://www.gov.cn/zhengce/2021-12/04/content_5655823.htm。

则是相对动态的变化的。前者是根据民主的价值与理念构建的稳定的制度骨架和权力器官，后者则要以民主的价值与理念发动全身神经与肌肉去应对和处理政治治理过程中的无限问题。因此，相比于政治制度，政治决策往往更为直接地体现了民主政治价值与理念的实际效果。由于军事决策的特殊性，其一般很少涉及人民参与，因此，最重要的是立法与行政决策。

全过程人民民主在政治决策上实行"开门立法"与"开门问政"，保证民主价值与人民参与贯彻到立法与行政的各个环节。《中国的民主》指出："评价一个国家政治制度是不是民主的、有效的，主要看……全体人民能否依法管理国家事务和社会事务、管理经济和文化事业，人民群众能否畅通表达利益要求，社会各方面能否有效参与国家政治生活。"① 在立法决策中，全过程人民民主坚持"开门立法"，以各种形式积极主动地促进并保障人民在法律"立项、起草、调研、草案公布、修正论证、立法评估与反馈"始末环节广泛、有效、深度参与。在行政决策中，全过程人民民主坚持"开门问策"，以各种形式促进并保障人民在政策"启动、研究制定、草案公示、最终确定、决策评估"等全过程环节的广泛、有效和深度参与。无论立法决策、行政决策还是政策决策，都始终保证了"全过程"的"人民参与"和"人民检验"，贯彻了人民实践作为检验真理的标准，保持了作为执政党的中国共产党对于社会发展动态过程的一种真切的、真理性的认识，努力做到在执政、行政过程中少犯错误，甚至不犯错误，杜绝了西方民主政府成立后普通人民无法再参与政治决策的难题。西方社会虽然有表面的新闻监督，但由于新闻机构的公司化，资本操纵下的新闻自由也是虚伪的。因此，相比于西方民主政治，中国民主制度的一个巨大优势就是：以"全过程"人民参与的方式来保障不同民主范围中的政治决策的正当性与合理性，保证人民自治在连续政治决策中的实现。

除此之外，全过程人民民主还强调民主决策的科学优先性，即"科学加权民主"。国家制度是不是民主的、有效的，标准之一就是"国家决策

---

① 《中国的民主》，2021 年 12 月 4 日，中国政府网，https://www.gov.cn/zhengce/2021-12/04/content_5655823.htm。

能否实现科学化、民主化"①。换言之，国家决策首先要具有科学性，然后再具有价值性。对于人民认识不够充分的不够科学合理的方面，必须实行基于科学真理的修正。一方面避免民主决策的错误，另一方面避免出现西方政治那样不顾科学真理的政治正确和政治荒诞。

全过程人民民主强调政治权力合法行使的正当性。宪法、制度、法律以及实践程序确定后，政治权力必须依照制度秩序、法律秩序以及实践秩序行使。中国民主评价体系的标准包括"权力运用能否得到有效制约和监督"，还"要看制度和法律规定了什么样的政治程序和政治规则，更要看这些制度和法律是不是真正得到了执行"②。依宪执政、依法行政、依法执法，是党和政府权力行使过程正当性的基本保证。各级党政机关、政府，在法律范围内文明执法、行规，是保持中国共产党长期执政的重要方面。

（三）"全过程人民民主"权力转移的正当性

权力转移分为"横向"的"最高权力转移"，以及"纵向"的"权力分配"两个层面。《中国的民主》指出："评价一个国家政治制度是不是民主的、有效的，主要看国家领导层能否依法有序更替，……各方面人才能否通过公平竞争进入国家领导和管理体系。"③ 前者强调的是最高权力横向转移的正当性，后者强调的则是权力纵向转移的正当性。

最高政治权力的横向转移在不同的政治形态中采用不同的方式。在君主政治中，最高权力的转移主要采用"世袭制"与异化后的"禅让制"。在民主政治中，则主要采用人民依宪、依法、普遍参与的民主"选举制"。在中国的民主制度中，最高权力的转移，由人民代表大会的最终选举所决定。《中华人民共和国宪法》第六十二、六十三条与七十九条规定中华人

---

① 《中国的民主》，2021 年 12 月 4 日，中国政府网，https://www.gov.cn/zhengce/2021－12/04/content_5655823.htm。
② 《中国的民主》，2021 年 12 月 4 日，中国政府网，https://www.gov.cn/zhengce/2021－12/04/content_5655823.htm。
③ 《中国的民主》，2021 年 12 月 4 日，中国政府网，https://www.gov.cn/zhengce/2021－12/04/content_5655823.htm。

民共和国的主席、副主席由人民代表大会经民主选举产生，受人民代表大会的任免与监督。① 五级人民代表大会的层层递进，使得最高权力的横向转移在最大广度、深度和范围上实现了人民参与和民主价值，在制度与实践程序上保证了最高权力转移的正当性。

在政治权力纵向转移上，中国的民主政治除了选举制度还有选拔制度，即公平公正公开的公务员选拔制度。尽管在全过程人民民主的实践中并没有强调该制度，但是作为中国政治制度不可缺少的一环实质上构成了全过程人民民主的内容。政治权力的纵向转移或分配具有中国式的民主化方案与法律程序。我国古代的"科举制"是权力纵向转移中最有价值的政治创举之一。全过程人民民主继承了"科举制"的政治智慧，极大地发挥其公平选才的价值理念并在民主政治中进行调适，创造出现代公务员选拔制度。为了保障国家公职人员的知识水平与工作能力，公务员选拔制度，实行有限定条件的人民参与，从而直接在人民中选拔贤能人才进入从中央到地方各级政府担任政治公职。这种以公平考试和自由选择为主的直接性的人民参与，补充了民主选举与民主协商的人民参与形式。从政治正当性上来看，公务员选拔制度是"人民参与"的最佳形式之一，它在根本上实现了机会平等与人民参与。

结　语

政治正当性是一个程度问题，现实的民主政治中越是能够依宪、依法贯彻人民作为"掌权者"的价值、理性与意志，越能实现民主的价值与理念，就越具有正当性。从政治哲学的视野来看"全过程人民民主"，"全过程"是具有政治存在合理性与正当性的全过程，是贯彻"民主价值"和"人民依法广泛有效参与"的全过程，是贯彻"平等、自由、法治"的全过程。它一方面实现了"良政善治"的政治存在状态，奠定了民主政治正当性的基础；另一方面基于民主的价值理念构建民主制度、设计政治实践程序，进而通过不断扩大深化实质有效的"人民参与"，保障人民民

---

① 《中华人民共和国宪法》，人民出版社，2018，第29、31、39页。

主权力运行全过程的正当性。

全过程人民民主是中国政治现代化的重要成果。它不是完成时，而是不断前进和完善的现在进行时和将来时。尽管全过程人民民主取得了巨大成就，但是仍有诸多不足和问题，尤其是多级的间接民主所蕴含的理论与实践的危险。另外，从"掌权者"的角度来看，人民作为"掌权者"的重要标志在于人民有否决权。如何通过制度和法律，保障人民对政府官员渎职、不当决策与不当立法的否决权是实现"全过程人民民主"的重大问题，同时也是当今世界所有民主政治的最大问题。与人民点头的权利一样，人民摇头的权利及其有效性，也值得重视。

意义建构维度的中国式现代化转型窥探

——以邹容家书为中心

安宇洋*

（中山大学政治与公共事务管理学院，广州）

摘　要：物质进步与道德观念的错位，是中国现代化过程的内部张力之一。从意义建构维度看，中国现代化过程可以视为思想着的个人从原有的意义世界中脱嵌并重塑自身之所是的过程，包括"神圣价值"的剥落与世俗价值的胜利两个阶段。"神圣价值"的剥落主要是出于思想的内部张力，世俗价值的胜利在于渗入新的"神圣价值"之中。清代中后期经学体系的分裂暗含第一阶段的动力，这为邹容从旧的意义世界中脱嵌提供了可能，表现为家书中"义理"的两种状态的区别。而邹容自身思想的矛盾导致他选择"献身精神"作为新的"神圣价值"，并促使他最终走上革命道路。现代化就体现为"神圣价值"内涵由超越向世俗、由神圣向人道的转变。

关键词：意义建构；现代化；邹容；神圣价值

"现代化"本身是一个具有相当地域性内涵的概念。[①] 而"现代化"的拓展，如果抛却以物力衡量"文明"与否的话语修辞，那么也无非是西方的坚船利炮在世界版图上横冲直撞的后果。总的来说，西方的扩张既是

---

* 安宇洋，中山大学政治与公共事务管理学院硕士研究生。

① 关于这一问题，沟口雄三就曾指出，"现代化"原本只是西欧的历史现象，却随着西欧力量在全世界的扩张而逐渐变得"全球化"。参见〔日〕沟口雄三《中国前近代思想的屈折与展开》，龚颖译，生活·读书·新知三联书店，2011。

物质力量的竞胜，也是资本增殖的本性，而原先中世纪的一切"温情脉脉的面纱"，在资本主义的扩张下都被撕破。① 然而，倘若物质文明果真具有终极意义上的"正当性"，那么与前现代社会的告别就不应当被视为冷漠地离开，而毋宁是跟随世界进化潮流的明智之举。在这一点上，历史唯物主义为这一"优胜劣汰"的法则提供了哲学推理上的佐证。② 然而，只要我们一联想到中西交通之于中国历史自身的意义，就不会将彼时中国的精英群体视为受某种内在"目的论"驱使的"历史意志"的人格载体，而毋宁认为，对于历史中的个体来说，接受现代化的过程本就是意义世界与本体双双断裂的过程。

一 中国现代化的独特面向："意义世界"的断裂与重塑

中国传统的根本性价值观抱定对主体的先验本体的承诺，并将某些特定的"善"观念视为主体发展的终极目标。③ 因此，中国近代转型的深刻之处就在于，维系主体的某些"善"的观念及深层的价值关怀，已经不可挽回地改变了，那些界定主体是其所是的形而上依据与主体赖以维系的"善"的观念之间，已不可挽回地断裂了。

首先，中国自身的历史情境与思想脉络塑造了知识分子们的"此在"。历史情境的连续性内含了有清一代学术思想的发展脉络，儒家知识分子们正是借此认识与建构着他们所托身的意义世界，并确立起对"此在"的理解，④ 进而才获得对作为主体的自我的定位。因此，只有从历史情境的连

---

① 马克思、恩格斯：《共产党宣言》，人民出版社，2018。
② 参见杨耕《重建中的反思：重新理解历史唯物主义》，北京师范大学出版社，2017。
③ 参见张灏《梁启超与中国思想的过渡（1890—1907）》，崔志海、葛夫平译，中央编译出版社，2016。
④ "此在"这一概念的提出受到阿尔弗雷德·韦伯著作的启发。在他看来，主体、此在与基督教体系是理解西方文明自身发展动力的线索，新兴城市各阶层想要在基督教框架中自由地表达和塑造自我，就要恰当地理解基督教的实质，重塑他们的"此在"。因此"此在"表示一种主体在基督教体系（或其他某种思想资源）中塑造自身所理解的世界图景。宗教改革的动力就蕴藏在主体逐步改造旧的"此在"而塑造新的"此在"当中。参见〔德〕阿尔弗雷德·韦伯《文化社会学视域中的文化史》，姚燕译，上海人民出版社，2006。

续性出发，也就是在他们赖以界定自身之所是的"此在"中，我们或可窥见知识分子个体生命与其所依托的意义世界的完整性；而人为地从历史时空中划定某个节点，凸显与塑造时代的断裂感，却只能扭曲知识分子所感受到的"此在"的状况。不难理解，嘉道以后社会危机频发时，从考据纸堆中起身复兴经世理想，从词章训诂中重振程朱正统，这是早在中国近代前夜就已经开始的社会思潮。[①] 因而也只有在对接经世思想复兴的潮流中，才能建立起完整连贯的自"皇朝经世"到"自强、求富"的历史叙述。

正因如此，从近代前夕知识分子所理解的"此在"出发，我们将直面两个截然不同却纠缠不清的场景：一方面是王朝循环中每每降临的末世危机，另一方面是"亘古未有之变局"的中西交通。尽管今人早已将后者视为更根本的危机的源头，但对于最早接触西方世界的知识分子来说，只有将应对后一个危机的努力置于解决前一项根本危机的范畴内，二者才具有了可以对比的连贯性意义。[②] 也就是说，只有将应对中西交通的变局纳入解决王朝末世危机的努力之中，才足以对接这些知识分子历来所服膺的经世传统，并促使他们利用已有的知识和话语资源改造现实世界。

其次，只有在中学自身的完整性与融贯性全面瓦解后，西学的进入才成为可能。自宋代以来的"新儒学"，经过历代思想家的建设，早已成为贯通宇宙与个人的宏大叙事。精微的心性修养，壮阔的出仕报国，抑或是追求超越的天人合一，在前现代自然科学发展的水平上，无一不能在"理"的框架内得到安顿。所谓"理一分殊""民胞物与"，个体成圣的追求既是出于伦理本体的必然要求，也为人的现实努力指明了方向；而"心无本体""心性合一"，既肯定了吃穿日用中也蕴含着成圣成贤的希望，又为个人生活的多种可能性留出了空间。这样，个人的灵魂秩序在"理"

---

① 参见王继平《晚清湖南学术思想史》，湘潭大学出版社，2016。

② 对近代伊始中西交通之际中国知识分子的思考与反应的历史研究，需要回到中国前近代历史语境中来理解。关于这一问题，黄宗智与罗志田等都有所涉及，参见 Philip C. C. Huang, "Theory and the Study of Modern Chinese History: Four Traps and a Question," *Modern China*, Vol. 24, No. 2, 1998, pp. 183-208；罗志田《权势转移：近代中国的思想与社会》，北京师范大学出版社，2014。

的世界中得以伸展和安顿。①

因此，西学对中学的替换从一开始就不是渐次突破，而是包含了全面瓦解的潜质。在这一意义上，一时难以改变的是众多深深嵌入"理"的思想体系的知识精英对个体完整性、融贯性的执着。当真正的生存危机降临，即理学思想所根植的宇宙观由于近代科学知识传入而全面瓦解之后，必然是理学宇宙观所笼罩的现实世界不得不屈服于威斯特伐利亚体系。直到此时，原先那种个体安顿于"理"所笼罩的意义世界的完整性才不可避免地被摧毁了，只不过这并非自内而外扬弃的结果。

沿着这个逻辑，本文所关注的中国的现代化，根本上是思想着的个人从原有的意义世界中脱嵌并重塑自身之所是的过程。现代中国知识分子的过渡应当回到宋代新儒学的思想体系中来理解，而只有植根于阴阳五行的宇宙观全面瓦解，才有空间接受西学的深层知识体系。直到此时，我们从中国的思想资源与历史情境中找出了历史运动的最终承载者，也即本文所要讨论的"主体"。

因此，本文以邹容的两封家书为中心研究时代变迁，并不只是研究思想领域的现代化，而是关注以邹容为代表的这一类主体所经历和感受的现代化过程，以及他在这一过程中对意义世界的理解与建构，否则就可能将研究的"主体"定位为观念或思想本身，而非"思想着的人"。前者提供了非历史的绝对价值，而后者则体现出世俗的、人道主义的关怀，从前者向后者的转变，是政治哲学区别于政治神学而保持自身独立性的关键。②需要指出的是，思想领域的变迁固然重要，但思想本身的矛盾运动更多具有背景性、提示性功能，而不能代替主体自身的历史运动过程。具体来说，儒家思想，特别是在前近代居于主导地位的"新儒学"试图为所有服膺其下的知识分子提供一种绝对主义道德观，并辅以玄学式的论证。这种理论风格固然表明，以"入世"为鹄的之世俗理论在中世纪依然免不了被宗教浸染，以致具有某种准宗教政治神学的色彩。但这一后果不仅在

---

① 这一点体现得最明显的当属阳明学。关于这一问题，可参见杨国荣《心学之思：王阳明哲学的阐释》，生活·读书·新知三联书店，2015。
② 关于这一问题，参见任剑涛《思想的竞争：政治哲学的身份危机及其克服》，《中国人民大学学报》2021 年第 2 期，第 2~16 页。

实际上与儒学的原教旨不符，而且在中西交通的背景下更面临着理论自身的内在张力——超越倾向与世俗倾向的紧张，这一紧张提示了主体历史运动的可能趋向。

二　义理的两种状态：旧的"意义世界"的脱嵌

本文拟以邹容的两封家书为材料，分析他所处的意义世界的变迁，以及他如何以思考和行动回应时代的变迁。[①] 第一封家书写于他参加 1901 年四川官费留学生考试之后，他刚获得官费留学资格，即将回家收拾行装前往日本。第二封家书应当写于 1902 年他在上海广方言馆学习时期，此前他被举报"聪颖而不端谨"，失去了官费留学资格，因而他于 1902 年在上海先学习外语，准备自费前去日本。

陈少明等将近代社会引人注目的社会思潮总结为三类：一者为传统经学之没落，二者为"应用佛学"之广泛，三者为西学知识之输入，其中尤以传统经学之没落揭开近代思想变迁之大势。[②] 这些思想资源已经清晰地展现了矛盾与复杂，并以争议纷出的形式呈现在邹容面前。邹容在他的家书中很少直接讨论当时争议歧出的思想，而主要是汇报自己的生活与思想状况：一封信是向兄长报告考取官费留学生事宜，并批评科举无用；另一封信是向父亲反驳华舅对他出洋留学的警告，表明自己前往日本的决心。因此令人着迷的并非邹容家书的纸面内容，而是其潜在的价值取向。因为正是邹容透过纸面的陈述，表明这些思想资源如何呈现于他的心目中，并且他将以何种行动做出回应。

（一）未言明的"义理"：经世其表，义理其里

首先是邹容致兄长的书信。邹容在这封信里的批评之语主要是针对科举、考据、词章三者。他在信中说：

---

① 本文所有邹容家书内容均引自周永林编《邹容文集》，重庆出版社，1983。家书原件现存于重庆市博物馆。
② 陈少明、单世联、张永义：《被解释的传统——近代思想史新论》，中山大学出版社，1995。

近国家多难，而必欲靡费千百万之国帑，以于千百万帖括、卷折、考据、词章之辈中，而拣其一二尤者，于天下国家，何所裨益？于是知其必停。

兄明察者也，切无奔走于词章帖括之中，以效忠于前人；其从事于崇实致用之学，以裨于人心世道也可。①

可以看出，邹容之所以对汉学考据与古文词章提出批评，正是因为它们都不足以应世事，在最终效力上与他所推崇的"崇实致用之学"正相反对。而在他原定于辛丑年赴日留学之际，又听闻云贵两省科举主考官尚未到省，这一消息坚定了邹容科举"必停"的信念。这一切批评议论，都是基于他对"崇实致用之学"的信心。从这方面可以看出，"经世致用"思想已经成为邹容主要关注的话题，并且成为他用来评价其他社会现象的标尺。而且其中明确提出的"卷折、考据、词章"这三类，既应和了西学知识输入背景下"科举无用论"思潮，也从反面照应了"调和汉宋"的主张。这表明，邹容已经感受到了不同的思想主张，但主要还停留在直观感受上面。

在这封信中，邹容言明的是他对传统伦理的信念，而伦理观念正是程朱理学"修齐"理想得以实现的基石。例如他嘱咐兄长替自己尽孝膝前时说：

弟今远游，约五年始能归省，甘旨亦无人奉承，外事更无人支持，偏荆沙无为，不如返渝，仍同两大人居，以代趋承色笑，是则弟之大幸也。近世途艰险，人贵自立……吾兄其熟思之。临书怅怅，几不知流涕之自出也。②

临别之际他对兄长的谏言，对父母的挂怀等，以及行文中的顶格书

---

① 周永林编《邹容文集》，重庆出版社，1983，第39页。
② 周永林编《邹容文集》，重庆出版社，1983，第39页。

写，无一不体现出邹容浸润在伦理世界中。因此，在经世理想与"调和汉宋"的思想资源中，他明确接受经世的同时又暗含着对义理的追求，这是他思想的一个特点。

然而，这恰好是邹容思想的矛盾之处：具有消解宋儒经典力量的经世理想何以能够与他朴素的义理观共存？"调和汉宋"作为一项贯通学术、修身与致世的人为努力，虽然不能自洽，但秉持一个重要假定：考据所以返本，义理所以修身，二者合力以恢复经典原貌并付诸道德实践，也就是考据与义理在初始意义上共同致力于实现儒家道德理想。邹容此时据义理而反对考据，那么他所凭借的义理从何而来呢？倘若他所凭借的义理只是无本之木，那么他为何会做出据此而非彼的选择呢？

这是因为，在致兄长的书信中，"义理"还处于未言明的状态。邹容在这封信中并未直接讨论义理，而是将"五伦"规范融入文辞、情感之中，再将自我融入"五伦"规范之中，并且由"五伦"的协调勾勒出从兄弟之情到家族之事再到天下国家之念的完整叙事链条。可以看出，在这一套叙述链条中，邹容个人的身份是基于"五伦"而维系的，个人也只有以生命融入伦理规范之中，才能明确自身的地位。因此，邹容未言明义理是因为他未将义理视为身外之物，而是视为一套整全学说，并亲身实践之。尽管此处明言经世，但在邹容的理解中，经世理想只有融入义理才具有现实意义。因此邹容此时所在意的经世，首先被赋予了某种绝对的道德内涵。这表明，宋学主张的以"理"为核心的"神圣价值"还在影响着他的思考，这与求变的内在逻辑是矛盾的。

此封书信隐含的另一个可能引起未来矛盾之处，恰恰是"五伦"之一的"君臣"一节。他在回顾参加留学生考试的场景时说：

> 五月十六日束装晋省，六月十五日谒奎帅，勉励数语，旋命归渝治行装，于八月中旬同往日本。[1]

此处"奎帅"指的是时任四川总督奎俊。奎俊为满洲正白旗人，瓜尔

---

[1]　周永林编《邹容文集》，重庆出版社，1983，第38页。

佳氏，光绪二十四年（1898）出任四川总督，光绪二十六年（1900）署理成都将军，于光绪二十九年（1903）奉调进京。四川总督统辖四川全省的封疆大吏，是四川地方最高的军政长官，奎俊署理成都将军后晋升从一品。邹容在亲见总督时内心充满了激动之情，这种情绪甚至洋溢于整封信的字里行间。他此前从未正式参与科举，更没有资格涉足官僚体系，却能以眇眇之身参与官派留学生考试，并获得总督大人的接见与勉励。在他满怀喜悦之情地向家人转述这一消息时，他作为正在冉冉升起的新知识分子中的一员，已经自觉地臣服于权力所有者之下，自我规训于官僚体系之中。从服膺于未言明的义理角度看，这种态度并不奇怪；但考虑到经今文学派所秉之公羊学"春秋大义"，尤其是其中包含了"夷夏大防"的主张，[①] 这种臣服于当时满族官僚的姿态便是奇特的。这种姿态表明，邹容心目中确实没有区分"义理"的不同面向，否则无法解释这些看似矛盾的主张如何共存；另外也暗示了，邹容思想中已经蕴含了冲突和矛盾，这些矛盾正有待未来引燃。

（二）言明义理之后："献身精神"的彰显

在第二封即致父亲的书信里，邹容不再讨论遥远的北京或是他曾经见到过的官员并以此为傲，相反，邹容对华舅的反驳，以及对谭嗣同的崇拜，都反映出他不再将义理视为一套完备性学说，他认为个人的主体身份也不再需要依赖这套义理而确认。这也就意味着，这套以"理"为核心的"神圣价值"正在邹容心目中被一点点剥落，邹容本人对义理的理解也进入了一个新的层次。但是，"神圣价值"的剥落不是一蹴而就的，而且也并非所有的"神圣价值"都被剥落了。这是因为，他在这封信中对华舅的反驳和对谭嗣同的崇拜，清晰展现了两条不同的思想路径，也表明了当面对争论歧出的思想资源时邹容本人的自觉选择。

首先，邹容以自己的思考回答了长期困扰知识分子的一个问题：人面对现实究竟能否有所为？对这一问题的回答是对儒家天命观的明确表态。

---

① 关于公羊学"春秋大义"的研究，可参见陈柱《公羊家哲学》，李静校注，华东师范大学出版社，2014；杨树达《春秋大义述》，上海古籍出版社，2007。

在儒家天命观看来，万事变迁之中都包含"天命"与"人力"的矛盾，前者象征宇宙本身的决定性法则，后者则象征作为主体的人的自由意志。因此对邹容来说，要真正拥抱经世理想，就必须在思想中抛弃前者而接纳后者。他在家书中转述舅父的话说：

> 中国之弱，乃是天运盛衰之理，陈陈相因。前满人盛，今洋人盛，所谓报应。张刘亦伟人，尚无奈何，天下汝一人岂能挽回？士农工商皆为衣食计耳。汝将英文读好，即吃着不尽，何必别生他念。①

显然，舅父的话语中蕴含浓厚的宿命论色彩，至于儒家所讲的"人能弘道"精神，在饱经世事的成年人那里，其积极的一面早已被消解，只留下碌碌无为的人生态度。但在邹容看来，世道治乱当然与人力有关，否则孔子也不必栖迟道路之上。尤其值得注意的是，他对孔子的称赞，已经体现出"经今文学"的气息：

> 春秋世乱已极，孔子尚困于陈、蔡，奔走风尘。苟世道治乱与人无关，孔子亦可谋其衣食，终老名山也，何为栖迟道路哉？是知不可为而为之，此圣人所以俎豆万古也。②

在这里，邹容对孔子圣人形象的描述，与皮锡瑞在《经学历史》中所说的"经今文学"主张十分类似：

> 经学不明，孔教不尊，非一朝一夕之故，其所由来者渐矣。故必以经为孔子作，始可以言经学；必知孔子作经以教万世之旨，始可以言经学。③

---

① 周永林编《邹容文集》，重庆出版社，1983，第37页。
② 周永林编《邹容文集》，重庆出版社，1983，第37页。
③ 皮锡瑞：《经学历史》，周予同注释，中华书局，1959，第26页。

三者的核心在"尊孔"，手段为"崇经"，目标是"救世"。邹容的这一回应恰好说明，义理的内涵正逐渐展现在他的面前，传统的思想资源内部并非融贯无碍地连接在一起，而是相互矛盾，需要有所选择。考虑到他已经对"调和汉宋"的风气表示出不满，因而在近代思潮涌动的背景下，转向"素王改制说"也并非不可理解。只不过从家书的简短文字中，还不能证明邹容确实服膺于经今文学派的"公羊学"，最多可以说他是受到了经今文学的影响，而"素王改制"之说如此兴盛，甚至在邹容的家书中可见一斑。

其次，邹容对谭嗣同的崇拜清楚表明了他心目中的"圣人之道"，也是对另一个问题的回答：既然人可以有所为，那么应当如何行事？邹容说：

> 人人俱畏死，则杀身成仁无可言。若谭者，可谓杀身成仁也……方正学之恐波及父母妻子，即当为成祖草诏。彼之不计父母妻子者，正以成其仁义耳。要之，仁义所在，虽粉身碎骨不计，乃人之义务也。[①]

邹容自幼便以谭嗣同为榜样，对谭嗣同的崇拜也塑造了他与谭在精神气质上的某些相合之处。在张灏看来，谭嗣同出身官宦之家，深受儒学经典熏陶，接受西方民主思想并非出于富国强兵的功利主义，而是出于"仁"所象征的道德理想主义。更重要的是，谭嗣同临刑不惧的大无畏精神，体现出他特有的"普罗米修斯式世界观"：一方面追求杀身成仁，以自我牺牲全面否定现存秩序，崇尚以鲜血荡涤污秽；另一方面惊叹西方世界的成就，对西方社会心驰神往。[②] 谭嗣同的精神气质与"应用佛学"的流行有密切关系，他本人就是这种思潮身体力行的推广者。陈少明等指出，佛学能够传达近代中国特有的悲观情绪，并将悲惨命运内化为主体的自觉责任和情感体验，破除对个人肉体生存的"执念"，从而培养革命信念。[③] 邹容家书中的这段文字恰好表明，谭嗣同对他影响的最大之处正在

---

① 周永林编《邹容文集》，重庆出版社，1983，第37~38页。
② 关于谭嗣同的苦难经历如何塑造了他的"宗教心灵"与"烈士精神"，可参见张灏《烈士精神与批判意识——谭嗣同思想的分析》，广西师范大学出版社，2004。
③ 陈少明、单世联、张永义：《被解释的传统——近代思想史新论》，中山大学出版社，1995。

于杀身成仁的精神。在谭嗣同身上，这种精神是由于对"应用佛学"的体认和经历苦难意识的涤荡；而在邹容本人这里，他并没有这方面的思想来源，现有的文本证据也不能支持他在留学前曾研读过佛学经典。然而，仅仅是谭嗣同为变法而牺牲的事迹本身，就足以起到震荡人心、开启心智的作用。在邹容看来，舍生取义不仅是践行道德理想的最高形式，而且为仁义献身这一行为本身，就是儒家所提倡的"仁义所在"。因此可以认为，"献身精神"正是他所选择的与经世理想相协调的"神圣价值"。

这两封书信共同表明，把握义理的两种状态之间的区别是理解邹容建构"意义世界"的关键。具体来说，当义理未言明时，邹容只不过是义理的不自觉的承受者，而当义理言明之时，他已经自觉意识到传统义理的复杂性，并在谭嗣同气质的感召下，最终选择了"献身精神"作为指引自己行动的"神圣价值"。因此可以认为，邹容从身处的旧意义世界中脱嵌是出于思想内部的原因，更具体地说，"义理"自身的张力宣告了新儒学整全神话的破产。

三 走向革命前夕：新的"神圣价值"的落实

前文已经分析过，从主体出发的现代化过程完整地来说应当包括"神圣价值"的剥落与世俗价值的胜利，但邹容在思想争论中却毅然决然认定了一套"神圣价值"。从思想形式上说，这果真意味着现代化过程的"回闪"（backlash）吗？倘其如此，我们似乎是在暗示邹容此处认定的"神圣价值"与之前以"理"为核心的"神圣价值"具有等同的思想效力。然而，此处的"神圣价值"是否果真同程朱理学一样具有逻辑自洽的完备性呢？

细致分析可知，情况并非如此。这是因为，当邹容将"献身精神"作为"神圣价值"时，这一价值观只是为他提供了一种行事方式，而非程朱理学式的意识形态"硬核"，也就是只具有形式价值，而不具有实质价值。因此，这里的神圣价值还处于半悬置的状态，其"硬核"还未明确下来。这就造成两方面后果。一方面，因为邹容还放不下"神圣价值"这种思维推理形式，特别是当他列举谭嗣同、方孝孺的事例时透露出一种倾向：终极目标的实现超过了保全生命本身。这一倾向之中蕴含着否定现实而走向革命的最初动力：既然相较于实现终极目标，保全生命只是次要的，甚或是为终极目标而献身也在所不惜，那么，由献身而走向暴力革命就具有手段与逻辑上的连贯性。另一方面，既然"神圣价值"的"硬核"还未明确，那么邹容未来的思想趋势之一，就是为"神圣价值"形式寻找一个新的"硬核"，而世俗价值取得胜利的契机就在于渗入新的"硬核"之中。因此"硬核"的转换是旨在求变的经世理想取得思想主导地位的关键，而只要新的"硬核"一经确立，便同样在"神圣价值"的思想形式作用下具有了绝对的意义。因此不难理解，邹容后来的著作中为何出现鼓吹"革命万能"的倾向。从思想张力到否定现实，再到鼓吹"革命万能"，这条激进化的路径正是前文所说邹容心目中"神圣价值"的思想形式与求变理想之间矛盾的结果。

问题是，确立新的"硬核"对于主体的现代化有何意义呢？这又回到本文一开始对现代化的界定：既然现代化过程被理解为主体与意义世界"脱嵌"并"重塑"其所是的过程，那么"神圣价值"就为主体建构了这样一个意义世界，并成为这个意义世界的"内核"。因此完整的叙述逻辑是，新的"硬核"落实了新的"神圣价值"，而新的"神圣价值"又建构了新的"意义世界"，主体的现代化本质上就可以理解为意识形态"硬核"的转变。但这马上又产生了另一个问题：如果近代与前近代分野的标志是主体所处意义世界的变迁，而这本质上又依赖于"神圣价值"及其"硬核"的转换，那么这种推理形式不就是暗示说，"现代性"这一概念同样陷入了政治神学式的完备性神话中了吗？

张昭军指出，经世理想是一把双刃剑：其中既蕴含有现代化的可能，又承担着护卫封建道德的趋向。例如张之洞，他在身体力行经世致用的同时，要求一切学术终究要服务于大经大法所载之"道"，一旦经世致用的张力触及道德主体的地位时，便会退回"中学为体"的立场。① 因此，对于经历了思想张力而最终锚定"神圣价值"的邹容而言，问题的关键不在于有没有这样一个意识形态的"硬核"，而在于找寻一个什么样的"硬核"。就其都具有某种价值观"硬核"来说，"近代"体现的是与"前近

---

① 张昭军：《传统的张力——儒学思想与近代文化变革》，吉林人民出版社，2004。

代"的不同之处，而非某种"更高秩序"。更进一步说，世俗取向的价值观就其具体内容来说当然不是"神圣性"，但如果我们考虑到这一价值在近代以来所占有的地位，那么我们应当承认，这一价值确是"神圣的"，其作用就在于为人们的思考与行动提供绝对指引。

因此，前近代"神圣价值"所蕴含的思维推理形式依然有效且重要，而"神圣价值"内涵由超越向世俗、由神圣向人道的转变才是更关键的部分。就邹容本人的思想世界来说，在他写作家书两年以后出版的《革命军》虽然有鼓吹"革命万能"的嫌疑，但其"神圣价值"的内涵已经根本不同于家书中流露出的传统义理，而是主张人人平等的天赋权利观，这才是他的著作思想解放意义之所在。

结 论

尽管邹容的传世文献中最著名的是他那本名为《革命军》的小册子，但这部大作不可能"横空出世"，特别是就其思想世界来说，我们更有必要从其早年经历中，反思其革命思想何以如此激进与狂热。鉴于邹容的遗存文献，特别是《革命军》出版之前有重要意义的文本仅此两封家书，因此从这两封家书入手分析其思想世界的变迁，不仅对完整理解《革命军》的内涵，而且对展现邹容所经历的现代化过程或许有启发。

在本文看来，思想世界的现代化，表现为主体以其思想和行动回应时代并建构意义世界的努力。因此，一种观察现代化过程的视角不妨从"主体"出发，理解其所处的意义世界的深刻变动。同时，由于意义世界的主体建构性特征，就尤其需要注意思想的内部张力对主体所处意义世界的完整性的深刻挑战；而思想之流变，也可能成为主体从原有意义世界中"脱嵌"并"重塑"新的意义世界的内部动力。

"想象"在政治生活中的位置

——对卢梭与海德格尔的比较

朱懿明*

（湖北大学哲学学院，武汉）

摘　要：卢梭认为，政治生活中的公民，本质上是仿效者。公民通过仿效榜样，从自然整全出发，最终达到社会效用的标准。仿效则有赖于想象，想象是指向自我与他人关系的活动。因此，想象概念在卢梭政治哲学中扮演重要角色。由于对透明性的强制要求，卢梭的想象理论无法克服自我与他人关系中的障碍与阻遏。海德格尔彻底扭转了卢梭的透明性理想，认为真理就存在于差异性的本质关联中，以一种迂回的策略终于赢获了克服自我与他人之间障碍的可能。于是，想象不再是对另一现实之物（他人）的仿效，而是一种交互关系。如此，海德格尔的想象概念帮助我们重塑了政治生活的基石。当然，无论是卢梭还是海德格尔对本真性理想中交往何以可能这个问题的处理，都为一种更高更充分的现代政治生活中的交往奠定了本体论基础。

关键词：本真性；想象；卢梭；海德格尔

卢梭为政治哲学在现代走向本真性范式奠定了基础。对于完整的存在而言，与上帝或善的理念保持接触，不再是最重要的；我们开始视自己为居有内部深度的存在物，我们必须与我们自身内部的存在感受保持接触，

这才是通向正确行事的道路。① 《忏悔录》所揭示的正是卢梭如何被迫脱离被视作完满存在的原初自然整全，将社会整全视作替代手段，不断接近完满的存在的真理，而最终又宣告失败。卢梭便孑然一身，落寞地回归自然整全之路。由于对透明性的强迫要求，卢梭不能忍受在自我与他人的关系中无法克服的障碍。想象在指向他人的活动中遭受挫折，同时将我与他者、与我自身联结起来的真实同一性难以实现，卢梭只能转而诉诸出神之境意义上的整体性想象，所体验到的内在独特性，作为完满的存在的真理的补偿。受卢梭《爱弥儿》的影响，康德曾经写了一部关于人性的著作《论优美感和崇高感》②，强调了人自身的内在价值。在批判哲学时期，康德背弃了这些纯粹感性直观的现象描述，转向了先天原理的建构。如果说在这一时期康德仍然坚持卢梭的教诲，那么仅仅在于他始终想要沟通特殊和一般、自然和自由。经过阿伦特的阐释，相较于卢梭，康德政治哲学中的想象概念，在处理自我与他人关系时，提供了一个更为精妙的版本。然而，阿伦特的康德政治哲学阐释所暗含的交互主体性立场是不可能发生在康德的先验哲学体系中的。事实上，卢梭政治哲学中无论是关于自然整全的理想，还是关于社会整全的努力，在康德的主体性哲学中均被遗忘了。阿伦特极力渲染康德哲学中的他者伦理，试图从其文本中发掘出"可交流性""社会性"的主题，无非是想要削弱康德关于主体性/主观性的真实主张。但是，阿伦特提示了我们，自然整全的理想与社会整全的理想应该处在一种交互的关系中。对此，海德格尔在他的政治存在论中，向我们揭示了想象活动的交互性。想象获得了完全不同于在卢梭政治哲学中的位置。想象不再是对另一现实之物（他人）的仿效，而向来是一种交互关系。这种交互关系是在源始存在论意义上而言的，它保证了自我与他人始终处在整体当中，自然整全和社会整全在差异中保持同一。差异是就其各自具有本己本质来说的，同一则是指彼此相互让渡本己本质方能"居有"（er-eigner）本己本质。如此，海德格尔的想象概念帮助我们重塑了政治生活的基石。

---

① 参见〔加〕查尔斯·泰勒《本真性的伦理》，程炼译，上海三联书店，2012，第33、34页。
② 参见〔德〕伊曼努尔·康德《论优美感和崇高感》，何兆武译，商务印书馆，2001。

一 范式的转变：本真性的政治

"你应当成为你所是"，这句格言几乎成为现代人的生命誓言。① 这句格言是在呼唤我们获得独特性吗？那么，说出自身的真理，这可能吗？卢梭的回答是肯定的。② 同时，这位日内瓦公民将这一原则带进了政治生活。自我保全导致城邦的出现，但是，卢梭做了反思，"自我保全不能作为起点，因为它已经预设了生命是好的；只有生命是好的，自我保全才是好的"③。因此，对于卢梭而言，即便在公共生活中，甜蜜的、幸福的生存感觉本身才是最高的原则。"我现在要做一项既无先例、将来也不会有人仿效的艰巨工作。我要把一个人的真实面目赤裸裸地揭露在世人面前。这个人就是我。"④ 卢梭"史无前例"的"事业"就是要毫不留情地揭露"内心"⑤ ——描述原初的生存感觉，因为真理就在水晶般通透可见（transparent comme le cristal）的内心里面。韩炳哲认为，这便是卢梭的心之专制，而且，卢梭对"透明"的要求预告了一种范式转变，后果是"完全透明的道德必然会转变为暴政"⑥ ——"透明的英雄之举是想要撕下面纱，把一切照亮，驱走黑暗，这导致了暴力"⑦。

> 为了让人们学会自我评判，我想努力让他们至少能有一个可资比照的范例；每个人都可以既认识自己，也认识他人，而这个他们就是我。

---

① 刘擎：《没有幻觉的个人自主性》，载〔加〕查尔斯·泰勒《本真性的伦理》，程炼译，上海三联书店，2012，中文版导言第 1 页。
② 〔瑞士〕让·斯塔罗宾斯基：《透明与障碍：论让-雅克·卢梭》，汪炜译，华东师范大学出版社，2019，第 387 页。
③ 〔美〕施特劳斯讲疏，〔美〕马克斯编订《卢梭导读》，曹聪译，华东师范大学出版社，2022，第 597 页。
④ 〔法〕让-雅克·卢梭：《忏悔录》，范希衡译，人民文学出版社，1982，第 3 页。
⑤ 〔德〕韩炳哲：《透明社会》，吴琼译，中信出版集团，2019，第 72 页。
⑥ 〔德〕韩炳哲：《透明社会》，吴琼译，中信出版集团，2019，第 74 页。
⑦ 〔德〕韩炳哲：《透明社会》，吴琼译，中信出版集团，2019，第 74 页。

是的，就是我，也只可能是我……①

　　卢梭把自己树立为"榜样"（Christopher Kelly 语）——作为一个特例，但是，本真性的真理在卢梭眼里真的只是一项单边特权吗？卢梭赞同榜样人生在政治生活中的作用，"哲学进程依赖缓慢的推理，政治进程则凭借立时的征象。在最完美的政治共同体内部，榜样人生为完整的真理做出了最为重要的描绘"②。发挥榜样人生的政治道德功能则须发挥"想象"的作用。如此，想象便在政治生活中扮演了至关重要的角色：想象承担起了个人与政治社会的联系。

（一）脱离自然的时刻

　　对于卢梭而言，本真性的理想与起源探寻是密不可分的，他首先讨论了想象力与政治生活的起源之间暧昧的关系。成为自身，就是自然天性本真地在场。本真性的理想首先是一个人全部的自然真实。生活在自然状态中的自然人不需要想象力，"其实，即使不用历史上的那些不可靠的记载作佐证，种种迹象也表明野蛮人是难以有不作野蛮人的企图和方法的；这一点，谁看不出来呢？他的想象力不能给他描绘什么，他的心也不要求他做什么"③。正是想象力将一种纯粹的自然需要转化成一种文明化的激情④，于是，人开始脱离自身，生活在自我之外。在政治生活中，正是想象力使得公民想要成为他人、效仿榜样，"青年人一看到别人的时候，便没有一次不联想到他自己，并且把自己同他们加以比较。因此，在看过别人之后，他就想知道他在他们当中将处在怎样的地位"⑤。既然，想象意味着对榜样的仿效——在这个意义上，想象和说服只是政治选择活动的不

<hr>

① 转引自〔瑞士〕让·斯塔罗宾斯基《透明与障碍：论让-雅克·卢梭》，汪炜译，华东师范大学出版社，2019，第390页。
② 〔美〕克里斯多夫·凯利：《卢梭的榜样人生——作为政治哲学的〈忏悔录〉》，黄群等译，华夏出版社，2009，第59页。
③ 《卢梭全集》第4卷，李平沤译，商务印书馆，2012，第245页。
④ 〔美〕克里斯多夫·凯利：《卢梭的榜样人生——作为政治哲学的〈忏悔录〉》，黄群等译，华夏出版社，2009，第98页。
⑤ 《卢梭全集》第6卷，商务印书馆，李平沤译，2012，第388页。

同侧面——那么，想象即脱离自我，脱离自身的自然真实。在卢梭看来，脱离自身是公共生活的前提条件，而效仿榜样则是公共生活的典型样态：无论是效仿苏格拉底，还是追随卡托——两者都意味着脱离自然天性。正是在这个意义上，《忏悔录》作为政治哲学，在这里就旨在说明文明人如何丧失了自然性，以及他们如何才能克服这种脱自然化。①

（二）本真性的更高更充分模式

克服"脱自然化"要求实行本真性的更高和更充分的模式。如果说《忏悔录》呈现的是自然状态不断遭受破坏的历史，是对原初的自然整全一去不复返的扼腕叹息，那么《爱弥儿》让我们看到的是可以在社会中发展的、得到恢复的本真性理想的更高和更充分模式②——卢梭也在《忏悔录》中一再暗示，让-雅克本可以像爱弥儿那样成为生活在文明社会的自然人。虽然，卢梭努力实现社会整全而非自然整全的努力最终落空了③，但是，他仍然向我们展示了一条道路：用社会整全的标准替代自然整全的标准——在卢梭那里，这一道路是由想象力所引发的，当他失望地同时也是自负地退回到自然整全的生活中去时，想象力的作用完全变成"虚构"一个"世外桃源"。必须在社会整全中重新发现我与自身的同一性——对于卢梭而言，我与自身的同一即真理——以此作为公共生活的出发点，"我对我的同一性的发现，并不意味着我独自创造了它，而是说，我通过与他人的、部分公开、部分内化的对话，订立了这个同一性。这就是为什么内在生成同一性之理想的发展，赋予了认同一种新的和关键性的重要性。我自己的同一性根本上依赖于我与他人的对话关系"④。自我们脱离自然状态的那一刻起，便不再可能重新回到原初的自身同一的真理中去，而本真性的更高更充分模式则要求我们考虑我与他人的对话关系，同一性

---

① 〔美〕克里斯多夫·凯利：《卢梭的榜样人生——作为政治哲学的〈忏悔录〉》，黄群等译，华夏出版社，2009，第92页。
② 参见〔美〕克里斯多夫·凯利《卢梭的榜样人生——作为政治哲学的〈忏悔录〉》，黄群等译，华夏出版社，2009，第100页。
③ 〔美〕克里斯多夫·凯利：《卢梭的榜样人生——作为政治哲学的〈忏悔录〉》，黄群等译，华夏出版社，2009，第239页。
④ 〔加〕查尔斯·泰勒：《本真性的伦理》，程炼译，上海三联书店，2012，第59页。

理想表现为个人整全与社会整全的关系。自我和他人二者都不是最终的目的，而只能相互作为达到社会整全的中介。换句话说，自我和他人在追求社会整全的运动中相互共属。整全的本真性理想必须依赖某种中介运动，甚至自然状态作为假设也只是起到中介作用①，帮助我们认识整全。卢梭在阐述其描述从纯粹自然状态过渡到当前社会状态的方法时，便明确指出："两件被认为真实的事实，是由一系列未知的或被认为未知的中介事件联系起来的，如有历史可寻，应由历史来提供那些起联系作用的事实，如无历史可考，则由哲学来确定那些能起联系作用的类似事实。"② 纯粹的历史知识并不就是真实的、整全的自我知识，偶尔还需要借助于哲学知识和道德知识来拣选那些能够使纯粹的历史知识联系起来，并最终成为真实的、整全的自我知识的中介事件。当卢梭的目标从个人整全转移到社会整全，那么，必然会面临一个严肃的问题：如何理解自我与他人之间的那些事件。即是说，如何用哲学知识和道德知识来回答和处理自我与他人的关系。

二 分裂：透明与障碍之间

（一）在"双重昂扬"与"双重衰微"之间

卢梭很早就察觉到，自我与他人的关系陷入了某种困境："自爱"的双重错觉。文明人的模仿几乎不可避免，而卢梭不会允许公民在模仿中丧失自然整全性，虽然在这里卢梭所追求的已经不是原初的自然整全性，而是企图借助社会整体重新恢复自然整全性。"嫉妒和仿效之间，存在着这样的差别：仿效促使我们提高到他人的水平，而嫉妒使他人下降到我们的

---

① 克里斯多夫·凯利认为，自传同样可以作为某种合理的中介。参见〔美〕克里斯多夫·凯利《卢梭的榜样人生——作为政治哲学的〈忏悔录〉》，黄群等译，华夏出版社，2009，第57页。

② 此处为更贴合语境，译文转引自〔美〕克里斯多夫·凯利《卢梭的榜样人生——作为政治哲学的〈忏悔录〉》，黄群等译，华夏出版社，2009，第45页。另可参见《卢梭全集》第4卷，商务印书馆，2012，第268页。

水平。"① 这种自我与他人比较的逻辑如下：仿效使自我消失于他者，嫉妒让他者被自我吞没。前者，会因为终将认识到个人意识而成为"暂时性依赖"，重新成为你自己。同时，"仿效赋予所有公民某种共同的渴望，使他们齐心团结。仿效作为另外一种〔不同于嫉妒作为一种带有敌对意味的〕模仿，在公民丧失了自然完整性之后，把他们联合在一个社会整体里面"②。但是，无论是仿效还是嫉妒，二者都使公民丧失了自然整体性和自然独立性。公民在仿效和嫉妒中疏离自我，生活在自身同一的真理之外。卢梭企图用社会整全的标准替代自然整全的标准，但是，这两个标准之间具有明显的等级界限——正因如此，自然整全的标准与社会整全的标准二者能够同时存在又避免矛盾。卢梭向来所考虑的只是如何使得社会整全接近自然整全。换句话说，如何借由社会整全，回归自然整全。

困难在于，我们既无法认识他人，又无法真正理解自己：

人以自己为衡量一切的尺度。也正因为如此，我们总因过分看重自己而产生双重错觉：或是把我们在处于他们的地位时我们会怎么行动的动机强加给他们，或是在这同一种假设下，不知已处于和自己的处境很不相同的另一处境中，对自己的动机做了错误的解释。③

对此，卢梭在《道德书信》的另一处做了更为直白的论述：

我们既看不见他人的灵魂，因为它把自己隐藏了起来；也看不到我们自己的灵魂，因为我们没有精神之明镜。④

① 〔美〕克里斯多夫·凯利：《卢梭的榜样人生——作为政治哲学的〈忏悔录〉》，黄群等译，华夏出版社，2009，第30页。
② 〔美〕克里斯多夫·凯利：《卢梭的榜样人生——作为政治哲学的〈忏悔录〉》，黄群等译，华夏出版社，2009，第30页。
③ 出自卢梭的《道德书信》，转引自〔美〕克里斯多夫·凯利《卢梭的榜样人生——作为政治哲学的〈忏悔录〉》，黄群等译，华夏出版社，2009，第54页。
④ 转引自〔瑞士〕让·斯塔罗宾斯基《透明与障碍：论让-雅克·卢梭》，汪炜译，华东师范大学出版社，2019，第17页。

卢梭的最终目标从来不是社会整全，而是自然整全，社会整全只是卢梭退而求其次的选择——卢梭始终只作为一位"次政治"的共同体成员①参与公共生活。因此，在暗中，他始终以自然整全的标准来考量社会整全。自然整全的标准即如水晶般透明的心灵及其生存感受，而自我与他人的关系始终无法克服最后的障碍。对此，为了展示他不断地欲求社会整全的努力以及这些努力的挫败，卢梭在《忏悔录》集中笔力表现他的朋友们与戴莱丝母亲的古怪关系。②反过来说，卢梭不断地欲求社会整全的努力之所以失败，正是因为他无法忍受透明性要求在自我与他人的关系中无法克服的障碍。

于是，卢梭陷入了"双重昂扬"与"双重衰微"之间的极度矛盾。卢梭在欲求社会整全的努力中不可能得到似自然整全那般所给予他的满足。卢梭只能在"想象"中获得自我与他人的关系。最终，"一方面，卢梭与其同类的关系不再是一种真实的交流，而是无益的对峙、顽固的对立。另一方面，存在的感受构成一种完满的、自足的幸福，对这种幸福的享受来说，其享受对象'完全内在于自身之中'：卢梭对他人已不再抱有任何期待，他'沉浸于他自己的本质之中'。从此，意识不再按照双重关系的标准和谐地存在于世。它彻底藏身于两极状态中的一端，除了它自己以外，它不再了解任何事物"③。藏身于两极状态中的任一端，一方面表现为，卢梭将自己视作具有单边特权的榜样，"他人必须认识他，才能更清楚地认识自己；他们必须评判他、判他无罪，才能最终达到'自我评判'"④；另一方面，卢梭将最终的审判权从"先生们"那里收回，交给了上帝。在《忏悔录》开篇，他便是这么做的：

---

① 笔者认为，无论是卢梭还是海德格尔，除了少数情况是极激进地参与政治活动，更多地是以"消极避世"态度面对公共生活。他们常常以参观者的身份关心政治，却又热爱隐居生活。因此，称卢梭为"次政治"的共同体成员。
② 〔美〕克里斯多夫·凯利：《卢梭的榜样人生——作为政治哲学的〈忏悔录〉》，黄群等译，华夏出版社，2009，第244页。
③ 〔瑞士〕让·斯塔罗宾斯基：《透明与障碍：论让-雅克·卢梭》，汪炜译，华东师范大学出版社，2019，第542页。
④ 〔瑞士〕让·斯塔罗宾斯基：《透明与障碍：论让-雅克·卢梭》，汪炜译，华东师范大学出版社，2019，第391页。

我已经敞开了我的心扉，让你亲眼看它是什么样子。永恒的上帝啊，请你把我的千千万万个同胞都召集到我跟前来听我的忏悔；让他们为我的卑劣行径叹息，让他们为我的怯懦无能而感到羞愧；让他们每一个人都在你的宝座前像我这样真诚地揭示他们的内心，然后由你指定其中的任何一个人来告诉你，看他敢不敢说："我比这个人好。"①

卢梭虽然将最终审判权交付给了"永恒的上帝"，但是，他预设了上帝将判决他无罪，将赞许他追求自然整全的努力。一方面，卢梭赋予了"先生们"以单边特权，即只要他们愿意，就可以对自己横加指责，他甚至享受这种指责；另一方面，卢梭又以上帝的绝对目光收回了"先生们"一切评判自己的权力，即单方面宣称来自他人的裁定是错误的。但那个超越的普遍法庭是卢梭预先为自己设定的，于是，双重关系成为双重错觉，"纯粹的人类经验绝不会碰到这样的判决"②。在卢梭那里，"交流问题的病理根源就在于，他需要依靠绝对的极限条件，即便这条件是绝对负面的"③。他不需要中间状态，也不需要转化的过程，只消仰仗一个极限条件向另一个极限条件的跳跃。为此，卢梭甚至故意造成他人对自己的误解。透明与障碍同时获胜，这表现为两极状态中的任一端的"双重昂扬"。

可是，没有自我与他人的区分，又怎么可能获得自我的确定性呢？卢梭还是离不开外部世界，只不过他将自己对于外部世界的需要压抑到了最低的限度：从他人转移到自身所处的自然环境。自我和外部世界融合于一种轻飘飘的共通状态（自我尚未发展为个人同一性的意识，而在外部世界当中也尚未出现他人）④：

---

① 《卢梭全集》第1卷，李平沤译，商务印书馆，2012，第16页。
② 〔瑞士〕让·斯塔罗宾斯基：《透明与障碍：论让-雅克·卢梭》，汪炜译，华东师范大学出版社，2019，第525页。
③ 〔瑞士〕让·斯塔罗宾斯基：《透明与障碍：论让-雅克·卢梭》，汪炜译，华东师范大学出版社，2019，第524页。
④ 〔瑞士〕让·斯塔罗宾斯基：《透明与障碍：论让-雅克·卢梭》，汪炜译，华东师范大学出版社，2019，第537、538页。

被剥夺其他一切情感的存在感受自身即是一种令人满足和安宁的珍贵感受;一个人仅凭它就足以体会其存在的宝贵和美妙,只要这个人能从自身当中清除掉一切感官印象、凡尘杂念,它们会不断分散我们的存在感受,搅扰它在这世间带给我们的那份甘美享受。①

但是,自我与外部世界的区分却实际存在,"无论是精神活动还是世界之在场,它们都未被彻底消除,而只是被压缩为一种极端微妙的状态。存在的感受正是从这种双重衰微中涌现出来,它近乎一种双重的虚无化,但终究没有落入静寂之地与乌有之乡"②。"双重衰微"的理论证明,卢梭仍然苛责完全的透明性在自我显现过程中俨然受损,转而追求最虚空的状态、纯粹的直接性,笃信其也是最充盈的状态。于是,消除自我,走向世界与自我存在的轻飘飘的共通状态,最终,既没有外部世界,更没有他人,也没有自我。"双重衰微"中自我与世界的关系不再是现实的双重关系,而是对整体性的想象。

无论是"双重昂扬"抑或是"双重衰微",在这两种双重关系中,他人始终处于深渊彼岸,关系断裂而祈求补偿。正是"双重衰微"中涌现出来的存在的感受使得卢梭感觉得到了一种补偿,心醉神秘地沉浸在对于整体性的想象之中——这正是《忏悔录》中让-雅克的最终命运。换句话说,卢梭最终又借助想象体验到了象征的统一性③,但是,毋庸置疑的是,他此时已经远离政治、远离公共生活,想象不再指向社会整全的本真性理想……

(二)反对分裂

斯塔罗宾斯基正确地利用了黑格尔的批评,"〔美好的灵魂〕自以为把握到它面前的对象,然而这对象其实还是它自己。当它设想整体性

---

① 转引自〔瑞士〕让·斯塔罗宾斯基《透明与障碍:论让-雅克·卢梭》,汪炜译,华东师范大学出版社,2019,第539页。

② 〔瑞士〕让·斯塔罗宾斯基:《透明与障碍:论让-雅克·卢梭》,汪炜译,华东师范大学出版社,2019,第538页。

③ 参见〔瑞士〕让·斯塔罗宾斯基《透明与障碍:论让-雅克·卢梭》,汪炜译,华东师范大学出版社,2019,第543页。

时，它所想到的不过是它自己的透明，而这最终也就是它自己的虚空、脆弱的无效状态：'作为意识，它被分裂成自我与对象的对立状态，这对象对于它来说乃是本质；然而这对象恰恰是一种完全的透明，是它的自我，而它的意识不过是关于它自身的知识。全部的生命和全部的精神本质性都返归到了这个自我之中。'① 美好的灵魂创造了一个纯洁的世界，这世界就是它的言语以及它直接听到的言语回音。但是'在这种透明的纯洁性中'，它会'像消散于空气中的无形水雾一般消逝无踪'。它丧失了全部的实在性；当它在自身当中消耗殆尽时，它便在一种极端的抽象中蒸发消逝了。黑格尔的矛头无疑指向诺瓦利斯，但同样也通过诺瓦利斯而指向了《遐思录》中的卢梭；在黑格尔眼中，透明性即自我之丧失，它是对同一性原理'我＝我'的无效的重复断言"②。只有坚持差异，我们才能真实地有所作为。既然必须坚持差异，那么我们究竟该怎么看待差异呢？如何可能弥合关系的任一端彼此之间的断裂呢？因为，想象是弥合关系的任一端彼此之间断裂的活动，换句话说，即我们如何重新思考想象？

卢梭提示我们，"在浪漫主义时代自我感觉和感觉到属于自然是联系在一起的，或许不是一个偶然的事件"③。只不过，在现代，我们需要一种更强烈的、更内在的联系来补偿。④ 但是，更强烈的、更内在的联系并不意味着同一。于是，一种恰当的态度应该是，首先将个人整全与社会整全之关系当作基本问题来思考，而防止向两端滑落。一种"高"文化的超然理性或主观满足，往往来自一些蹩脚的诗人和严厉的道德家；同时，现代性的全盘批评者、复古主义者和积极乐观的加速主义者，则结成了一个联盟：出于不同的目的，却协力一致地维持着一个低级和肤浅的本真性理想，封锁住自我，防止向自我之外的联系和跳跃。这两者都割裂了个人整

---

① 转引自〔瑞士〕让·斯塔罗宾斯基《透明与障碍：论让-雅克·卢梭》，汪炜译，华东师范大学出版社，2019，第544页。

② 〔瑞士〕让·斯塔罗宾斯基：《透明与障碍：论让-雅克·卢梭》，汪炜译，华东师范大学出版社，2019，第544页。

③ 转引自〔加〕查尔斯·泰勒《本真性的伦理》，程炼译，上海三联书店，2012，第111页。

④ 〔加〕查尔斯·泰勒：《本真性的伦理》，程炼译，上海三联书店，2012，第111页。

全与社会整全的实在性联系。① 人与人之间的差异具有重要的道德意义，人与人之间的差异及其对话，同时是个人整全与社会整全的发生场所。自我的理想与共同体的理想都是在对话关系中得到塑造的。那么这样一种对话关系究竟又是怎么样的呢？

三 让渡：天空与大地之间

（一）康德版本的失败

康德为卢梭的政治哲学提供了一个更为精妙的先验哲学版本。而按照阿伦特的解读，我们可以看到，卢梭这种具有政治意味的想象理论在康德那里得到了进一步的发展。"正是想象力这一官能，既为认知提供了图示，也为判断提供了范例"②，阿伦特在题为"想象力"的研讨课笔记中借助这一论断阐释了其"康德政治哲学讲稿"中所述及的"范例有效性"概念。"在《纯粹理性批判》中，想象力服务于知性；而在《判断力批判》中，知性则服务于想象力"③，这句话对于阿伦特意味着，在沉思生活中，想象力从属于知性，而在实践生活中，想象力才是更为重要的，它统摄着知性。阿伦特在实践生活中所强调的"范例有效性"正是卢梭赋予榜样人生在公共生活中的政治道德功能——对于卢梭而言，公民本质上是仿效者，公民通过仿效榜样，从自然整全出发，最终达到社会效用的标准。"这个'范例'是且始终是一个特殊物，一个在其特殊性中揭示了那种不如此就无法被界定的一般性的特殊物"④，正是想象力使得我们逐渐在特殊物中看到了不只针对一个情形才有效的东西，而是一般有效的东西，且

---

① 笔者认为，卢梭的自然整全理想突出表现为对个人整全的追求。因为卢梭自然整全理想内涵复杂，也包含着非个人的、整体性的诉求，所以本文有些地方用更为具体的个人整全来区分。

② 〔美〕汉娜·阿伦特：《康德政治哲学讲稿》，曹明、苏婉儿译，上海人民出版社，2013，第123页。

③ 〔美〕汉娜·阿伦特：《康德政治哲学讲稿》，曹明、苏婉儿译，上海人民出版社，2013，第128页。

④ 〔美〕汉娜·阿伦特：《康德政治哲学讲稿》，曹明、苏婉儿译，上海人民出版社，2013，第117页。

无须经过任何由普遍规则出发而进行的推演。为了朝向不同的个人整全之间的"可交流性"开放，康德并没有止步于此，他同时强调，个人的逻辑官能想要做出正常的、正确的判断，必须植根于共同感觉（common sense）。共同感觉/共同体感觉则依赖于"被扩展了的心智"，"被扩展了的心智"又与想象力密切相关。离开了共同感觉，没有交流，我们的逻辑官能同样可以运作，但可能会引发种种疯癫的后果，因为逻辑官能已经自绝于那种仅当他者在场才能有效、才能被证实的经验。① 而实践生活中的经验莫不如是。在这里，我们可以看到，康德反过来强调了个人整全同样依赖于社会整全，个人整全与社会整全之间的关系不再似卢梭那般具有严格的等级。在这个双向关系中，想象力发挥了至关重要的作用。

阿伦特的康德政治哲学解读看起来为卢梭处理特殊性和一般性、个人整全和社会整全的关系提供了一个更为精妙的版本。在这个意义上，康德政治哲学的成功之处，在于坚持由主体出发，而非消灭自我，进而借由想象力的作用，使别人的立场重现，不断综合别人的立场，从而越来越普遍化，达到真正的世界公民立场，即实现社会整全的理想；同样，卢梭想象理论的康德版本之所以是失败的，恰恰在于仅仅从主体性的立场出发，"《判断力批判》作为一部先验哲学作品，所关注的问题，仅仅是人们判断的可能的有效性，而可经验得到的社会性与判断的有效性既无瓜葛，也对之无贡献"②。将审美判断的做出奠定于某一社会基础上，即，为个人整全寻找社会整全意义上的基础，决非康德的意图，因为这将会给人类的自律性造成极为严重的伤害。另外，由于持主客体二分的立场，事实上，康德将卢梭的自然整全理想也遗忘了。

阿伦特已经走得足够远了，只不过她关于"想象力"的这些思考与康德本人的立场并不一致：

　　想象力自身让我们能够以适当的视角来看待事物：让我们把过分

---

① 〔美〕汉娜·阿伦特：《康德政治哲学讲稿》，曹明、苏婉儿译，上海人民出版社，2013，第96页。
② 〔美〕汉娜·阿伦特：《康德政治哲学讲稿》，曹明、苏婉儿译，上海人民出版社，2013，中文版前言第10页。

切近的东西放置于一定的距离之外，以便我们能够不带成见和偏见地看清它、理解它；也让我们可以弥合深远的鸿沟，直到我们能够看清、理解一切离我们太过遥远的东西，仿佛它们就是我们身边的事物一样。"疏远"某物以及"弥合"与他者之间的鸿沟，正是知性对话的一部分。[1]

阿伦特在这段话中所暗含的交互主体性立场是不可能发生在康德的先验哲学体系中的。阿伦特极力渲染康德哲学中的他者伦理，企图从其文本中发掘出"可交流性""社会性"的主题，无非是想要削弱康德关于主体性/主观性的真实主张。但是，阿伦特提示了我们，自然整全的理想与社会整全的理想应该处在一种交互的关系中。

（二）海德格尔的差异理论

卢梭的意识给自己建构了两个世界，在这两个世界之间仰仗极限条件的跳跃，"一个世界无法挽回地分裂，另一个世界顷刻间变得尽善尽美"[2]。两个世界并不处在一种平等的交互关系中，相反，一个世界的价值压制着另一个世界的价值。卢梭沉浸在对于那个尽善尽美的虚构的世界的整体性的想象之中，无论在哪个世界，他都无所作为。两个世界的理论同样存在于海德格尔的哲学中，他在《哲学论稿（从本有而来）》第192节中向我们揭示了想象在两个世界的构想中的位置。

海德格尔的想象并非主体性的康德式想象，并非在主体状态中的海德格尔对不在场的存在者进行想象[3]：

> 作为自行遮蔽的敞开状态之建基，此-在向针对"存在者"的通常

---

① 出自阿伦特《知性与政治》一文，最早刊发于1953年的《党派评论》，转引自〔美〕汉娜·阿伦特《康德政治哲学讲稿》，曹明、苏婉儿译，上海人民出版社，2013，第143页。

② 〔瑞士〕让·斯塔罗宾斯基：《透明与障碍：论让-雅克·卢梭》，汪炜译，华东师范大学出版社，2019，第543页。

③ 罗益民：《撕裂的艺术：海德格尔〈艺术作品的本源〉研究》，知识产权出版社，2022，第18页。

目光显现为不存在的和虚构的。实际上：作为开抛着-被抛的建基，此在乃是想象领域的最高现实性——假如我们以此并不只是把想象理解为一种心灵能力，也不只是把它理解为一种先验的能力（参看康德书），而是把它理解为一切美化（Verklärung）回荡于其中的本有本身。

"想象"乃是澄明本身之生发。只不过，"想象"，即 imaginatio，是根据对 ὄv［存在者］和存在者的直接觉知的视位来命名的名称。由此出发来考虑，一切存有及其开启就都只是一种添加到一种所谓确凿之物上面的构成物（Gebilde）。但在这里一切都是颠倒的，在通常意义上"虚构的"始终是所谓"现实的"现成之物，它被想象出来，被带向闪耀，而得以进入澄明之中，进入"此"之中。①

想象，既不是一种心灵能力，也不是一种先验的能力，而就是本有本身，只不过我们以对存在者的直接觉知的视位来命名它，这是一种不恰当的命名。因为这种命名会造成一种误解：想象成为一种添加到一种现成之物上面的构成物。显然，作为本有本身的想象才是更为源始的。正是通过将想象理解为一切美化回荡于其中的本有本身，海德格尔向我们揭示了想象活动的交互性。那么，什么是本有本身呢？

海德格尔在《哲学论稿（从本有而来）》第 11 节中给出了"本有"的最直接定义："在历史性的人最内在急难的极端视界内的存有之本现的可靠光亮。"② 本有大概有两种含义：其一，本来就有，即存在向来存在，而不存在总是不存在；其二，有本己（自己），即存在居有自己的本质，而不需要向存在者索取根据。但这还并不是本有这一概念的全部内涵，而只是海德格尔以"本有"代"存在/存有"时想要突出强调的两个方面。本有的光亮显示为急难（Not），这表明本有的澄明始终"处于与某个急需物（etwas in Not）的关联中"③，急需意味着缺乏和否定，即本有作为本

---

① 〔德〕马丁·海德格尔：《哲学论稿（从本有而来）》，孙周兴译，商务印书馆，2012，第 330 页。
② 〔德〕马丁·海德格尔：《哲学论稿（从本有而来）》，孙周兴译，商务印书馆，2012，第 35 页。
③ 〔德〕马丁·海德格尔：《讨论班》，王志宏、石磊译，商务印书馆，2018，第 355 页。

己本质的显现总是将某种异质性的东西纳入自身的本己理解当中。本有的照亮处于此在的历史性当中。此在的历史性在《存在与时间》中被描述为"此在的演历（geschehen）的存在建构"①，之后海德格尔则依凭"演历"的德语词源，将其进一步刻画作"存在的发生事件"，而所谓"存在的发生事件"即"既解蔽又遮蔽的双重运作"。在"让……存在"的参与中使存在者存在的同时，始终自行遮蔽着的、永远自身引退的存在，在一种知白守黑的思想叙事中向我们道说着真理的历史，也即存在的发生历史。彭富春认为这样一种既差异又同一的双重关系贯穿海德格尔全部思想中三个不同的主题，即世界的世界化与世界的弃绝、历史的发生与历史的褫夺、语言的言说与语言的玄默。② 总的来说，海德格尔的差异理论可以表述为：差异的任一方以自己的方式映射着另一方的现身本质，同时又以自己的方式映射自身，以此进入整体性整全的本己之中。差异的任一方居有自己本己的现身本质，而又使之进入整体性整全之下的相互转让之中。向来属己的，而为了进入本己又必须失去本己，在让渡本己的本质中，又居有本己的本质，如此正确地进入属己的本质化和属他的本质化间的环化中去。为此，与卢梭不同，海德格尔以一种迂回的策略终于赢获了克服自我与他人之间障碍的可能。

卢梭认为："想象力对自爱心的贡献非同小可。当我们认同某人时，实际上认同我们对他人的一种想象而非他人的直接存在。在洛夏泰尔手稿的前言中，卢梭提到，'自爱心的双重错觉'阻碍了我们理解自己与他人，他认为我们按照自己的情感去诠释他人的行为，按照我们自己的情感建构一种对他人情感的想象，因此，我们获得一种关于他人的虚假图像。"③由于透明性的要求，在卢梭看来，"按照自己的情感去诠释他人的行为""按照我们自己的情感建构一种对他人情感的想象"不可能获得整全性的真理，而只能获得一种虚假的图像。海德格尔首先翻转了卢梭的真理观。

① 〔德〕马丁·海德格尔：《存在与时间》，陈嘉映、王庆节译，生活·读书·新知三联书店，1999，第24页。
② 参考彭富春《无之无化——论海德格尔思想道路的核心问题》，上海三联书店，2000。
③ 〔美〕克里斯多夫·凯利：《卢梭的榜样人生——作为政治哲学的〈忏悔录〉》，黄群等译，华夏出版社，2009，第97页。

理解的任务不是将他人带入绝对的透明之中，也非将他人复归绝对的不透明，而是让其进入透明与不透明的空间之中。① 这意味着，在海德格尔看来，真理绝不是绝对的透明，而是在"主体相互呈现自己并且在各种差异中仍然与它们自己保持一致"② 的过程中交相辉映。我们当然只能"按照自己的情感去诠释他人的行为"、只能"按照我们自己的情感建构一种对他人情感的想象"，"你的经验总是被联系到自己，那是因为根据有限性"。③人不可能摆脱他自己的解释处境，即"在世界之中存在"。世界对我有所限制。人不可能克服障碍，达到绝对的透明，正是因为人始终生活在世界之中。正是在这各自具有自身本质，又相互映射、相互让渡本己本质的游戏中，自然整全与社会整全走向了同一，但它们又始终保持着差异。各自具有自身本质，又相互映射、相互让渡本己本质的游戏正是本有本身。而想象作为"一切美化（Verklärung）回荡于其中的本有本身"，即这一游戏活动的诸具体感性形象与诸实际承载者，其表现形式是多变的。

于是，在海德格尔的政治存在论中，"想象—仿效"这一政治行为获得了完全不同于卢梭政治哲学中的意涵。想象不再是对另一现实之物（他人）的仿效，而向来是一种交互关系。这种交互关系是从源始存在论意义上而言的，它保证了自我与他人始终处在整体当中，自然整全和社会整全在差异中保持同一。差异是就其各自具有本己本质来说，同一则是指彼此相互让渡本己本质方能居有本己本质。如此，海德格尔的想象概念帮助我们重塑了政治生活的基石，重释了现代理想更高更充分的本真性模式。无论是卢梭还是海德格尔对本真性理想中交往何以可能这个问题的处理，尚且只涉及次政治生活，换句话说，只涉及公共生活或者源始政治处境；然而，从卢梭到海德格尔，一种更高更充分的本真性模式为处理现代政治生活中交往何以可能问题奠定了本体论基础。

---

① 参见〔美〕詹姆斯·里瑟尔《诠释学与他者的声音：重读伽达默尔的哲学诠释学》，李建盛译，北京大学出版社，2021，第 22 页。
② 转引自〔美〕詹姆斯·里瑟尔《诠释学与他者的声音：重读伽达默尔的哲学诠释学》，李建盛译，北京大学出版社，2021，第 25 页。
③ 〔美〕詹姆斯·里瑟尔：《诠释学与他者的声音：重读伽达默尔的哲学诠释学》，李建盛译，北京大学出版社，2021，第 26 页。

何种正义是理解共同富裕的伦理基底？

——基于马克思的正义批判

程子如*

（华中师范大学马克思主义学院，武汉）

摘　要：共同富裕集中体现了社会主义的社会正义观，在以往的理论探讨当中，人们往往从分配正义的视角切入予以理解，相对忽视了生产劳动本身所蕴含的价值性问题。而在马克思看来，不但正义本身作为意识形态具有附属性，而且分配领域的正义观念与社会生产方式存在依赖关系，因而无产阶级所追求的正义始终要到关系人的本质的生产劳动领域中寻求。基于马克思对正义的批判，共同富裕不只涉及物质或精神财富的合理分配，而且从根本上指向以劳动正义为核心的人的发展问题，要求不断变革劳动条件以促进人与人之间发展机会的平等。以劳动正义理解共同富裕，是对共同富裕所蕴含的人学向度的凸显，有利于扬弃公平与效率的张力，从本质上澄清对共同富裕的"平均主义"误解及其与"福利国家"政策的区别，为新时代共同富裕的推进提供有效的理论支撑。

关键词：共同富裕；分配正义；劳动正义；马克思

共同富裕作为社会主义的本质要求与中国式现代化的重要特征，是我们党带领人民进行社会建设的持久性目标，具有广泛而深刻的理论内涵与伦理意蕴，集中体现了中国特色社会主义对社会正义的理解与追求。然而，由于

---

*　程子如，华中师范大学马克思主义学院硕士研究生。

正义理解的相对性以及共同富裕内涵的丰富性，人们切入共同富裕的正义视角也是多元的。只有深入分析既定思路的理论实质，并回到马克思对正义的历史批判与内涵转换当中去，才能更为准确地理解共同富裕的正义逻辑。

一 以分配正义理解共同富裕的理论实质

在长期的实践发展与理论研究当中，人们对共同富裕的理解越来越具有科学性与现实性，共同富裕不是同步富裕、同等富裕成了广泛的共识。无论是在对共同富裕的内涵与逻辑的考量上，还是在对实现共同富裕的挑战与路径的分析上，人们总体上都倾向于从效率和公平的角度理解共同富裕的意涵指向。但是，在二者的关系当中，由于效率所代表的"富裕"占据基础性地位，似乎在人们心中其具有天然的正当性，因而人们往往倾向于在"共同"问题上做文章，即将共同富裕视作一种对充足的生产生活资料进行合理分配的应然状态。这体现出人们对以生产力发展为基础的分配正义的追求。然而，以分配正义的伦理逻辑理解共同富裕，实质上是片面化地理解了生产和分配的矛盾关系，相对忽视了对作为共同富裕之物质基础的生产劳动的价值批判，从而导致仅仅突出了富裕的客体性维度与物性价值。分析与澄清这一理解路径的理论实质，有利于我们更加明晰共同富裕的价值指向。

对共同富裕的一般理解总是围绕公平与效率的关系展开。虽然人们普遍认同二者是辩证统一的，但落实到具体发展问题上，由于生产力作为总体结构的基础具备根本性与全局性的意义，人们往往忽视了对生产效率本身的价值性反思，转而仅从分配问题上对共同富裕进行理论探讨与现实设计，将共同富裕视作对大力发展生产力所创造出来的富足的生产与生活资料进行的分配与再分配。无论是在对共同富裕的内涵与逻辑的考量上，以马克思《哥达纲领批判》中的分配正义观为共同富裕提供现实启示，指出共同富裕的实现必须以按劳分配为主导①，还是在诠释共同富裕的现实挑

---

① 冯霞、简智荣：《〈哥达纲领批判〉的分配正义观对新时代共同富裕的启示》，《社会主义研究》2022 年第 4 期。

战与困境上，将推动共同富裕取得更为明显的实质性进展的阻碍概括为
"在于现实发展的不充分与不平衡"，提出应着重解决"后富"问题与改
变相对贫困的现状，发挥第三次分配的作用①，抑或是提出推动共同富裕
的实践路径是建立缩小收入分配差距、推动区域协调发展的机制，在分配
领域兼顾效率和公平②，这些研究实质上都是聚焦于分配维度去理解共同
富裕的内涵、挑战与实现路径。尽管有部分学者充分肯定了生产力的发展
在共同富裕中的前提性地位与决定性作用，但此种思路也只是将生产与劳
动作为共同富裕的"物自体式"的物质前提，为生产赋予无可置疑的正当
性，并未对生产劳动本身是否具备合理性进行正义性批判，或者对生产与
共同富裕之间的内在关系进行进一步的理论分析。不可否认的是，分配的
正义性是共同富裕的内在要求，只有通过合理有效的分配，共同富裕才能
成其"共同"。党的二十大报告也将分配制度视作促进共同富裕的基础性
制度。但是，共同富裕也不仅仅涉及客体的分配问题，更涉及人作为主体
的自身发展问题。将共同富裕视作简单的劳动产品、物质财富的占有与配
置问题，是对共同富裕的丰富内涵的狭隘化解读，相对忽视了对共同富裕
之物质基础（即生产劳动）的价值批判，也无法实现共同富裕对人学向度
的深刻价值追求。因此，分配正义无法为共同富裕提供坚实的正义基础，
以分配正义理解共同富裕，是对共同富裕的主体向度的忽视。

  以分配正义理解共同富裕，是对富裕的客体性维度与物性价值的突
出，忽视了人的发展需要。分配实质上是一个经济范畴，它指涉的是社会
总产品按生产要素的贡献（如土地、资本、劳动力、数据等各种生产要素
在生产过程中的贡献）"在土地、劳动和资本所有者之间进行的分配"③。
马克思在《1857—1858 年经济学手稿》中提出，"分配关系和分配方式只
是表现为生产要素的背面。个人以雇佣劳动的形式参与生产，就以工资形
式参与产品、生产成果的分配"④。因而分配总是与经济资源的配置与占

---

① 刘旭雯：《新时代共同富裕的科学意蕴》，《北京工业大学学报》（社会科学版）2022 年第 3 期。
② 罗明忠：《共同富裕：理论脉络、主要难题及现实路径》，《求索》2022 年第 1 期。
③ 梁小民等主编《经济学大辞典》，团结出版社，1994，第 73 页。
④ 《马克思恩格斯文集》第 8 卷，人民出版社，2009，第 19 页。

有相关。从分配维度去理解共同富裕，即是将共同富裕理解为一种应然的、正义的分配方式。但是，只要共同富裕还是一个分配的合理性问题，那么这个合理性就只能始终处于平均和差异之间的中庸状态，从不同的立场出发，总会产生出不同的对物质资料、物质财富占有的合理性的诉求，从而陷入平均主义与自由主义的拉锯与互补之中。分配正义的视角实质上是从客体维度去理解共同富裕的，它关注的是人的对象化成果即劳动产品而忽视了人自身，是对共同富裕又一重误解。同时，分配正义着重关注财富占有比例合理与否，关注劳动产品的配置与占有，而非劳动者内在能力的自我实现，相对忽视了劳动者因天然的生理差异而导致的个性与需求上的差别。这体现出的仍是对物性权利的侧重。马克思在《哥达纲领批判》中指出："平等就在于以同一尺度——劳动——来计量……这种平等的权利，对不同等的劳动来说是不平等的权利……要避免所有这些弊病，权利就不应当是平等的，而应当是不平等的。"① 因此，对于具有差异性的劳动者而言，分配的平等造成的却是另一种意义上的不平等。共同富裕旨在实现人们共同的发展利益，旨在保障人在劳动中获取平等的自我实现的机会的权利，这种"共同的"发展利益的实现必须建立在对劳动者不同的个性发展与个性化需求的满足之上，这种需求的满足是建立在劳动过程的正义性前提之上的，仅靠在分配领域中实现劳动产品的占有与配置的平等是无法达成的。因此以分配正义理解共同富裕，走向的是对"物的平等"与"物性的正义"的维护，忽视了劳动者的不同发展需求与自由自主的主体地位，也忽视了共同富裕的主体向度，将分配正义作为理解共同富裕的正义根基，是对共同富裕的深深误解。

二　从分配正义到劳动正义：马克思对正义内涵的历史转换

重新理解共同富裕的伦理基底，需要我们返回到马克思对正义的历史批判与内涵转换当中去。马克思基于唯物史观对正义进行了深刻的前提性

---

① 《马克思恩格斯选集》第3卷，人民出版社，2012，第364页。

批判，既指明了正义作为意识形态而具有的历史性与相对性特征，也明确了正义尤其是分配领域的正义观念对社会生产方式的依赖。基于对正义的本质性把握，马克思既批判了同时代小资产者寻求分配正义的局限性，也强调了无产阶级的正义观立场，从生产劳动这一关涉人的发展的根本领域出发阐明了社会正义的现代内涵，为我们把握共同富裕的社会主义本质提供了重要的理论基础。

基于唯物史观的基本原理，马克思揭示了正义作为一种意识形态的抽象性与附属性，从而指明了判定正义与否的根本标准。"正义"单从词语本身的意义来讲有双重含义：既是合理性的代名词和象征，表达了对事物的"正当性"的肯定与认可，又可以指涉某种具体的应然诉求和主张，引申出各式各样的正义标准。但是，在唯物史观的视野当中，正义无论是作为象征还是实际诉求，它归根结底都是作为抽象的社会意识形式而存在的，本身缺乏具体而明确的外延。这也就意味着，"正义"概念本身具备空洞含糊与相对主义的性质。对"正义"本身进行概念分析并不能获得具体的指向与评价，而只有结合具体语境才能生发出不同的实际内容。马克思通过揭示诸种正义内涵的历史性与相对性指明了这一点。他指出，在封建社会中，等级制是社会正义的体现。而在资本主义社会，正义的首要含义则是"天赋人权"与人人平等的自然法权，"所以，关于永恒公平的观念不仅因时因地而变，甚至也因人而异"①，"永恒正义"不过是资产阶级无视历史与现实的基础所进行的虚构。正义的相对性根源于其意识形态性，即其并非能够独立自在的实体存在，而始终与一定的社会基础联系在一起，正义始终是一定社会条件和社会领域当中的正义。在此基础上，马克思结合唯物史观的基本原理阐明了作为意识形态观念的正义理念对生产方式的从属性。在《资本论》中马克思写道："生产当事人之间进行的交易的正义性在于：这种交易是从生产关系中作为自然结果产生出来的。这种经济交易作为当事人的意志行为，作为他们的共同意志的表示，作为可以由国家强加给立约双方的契约，表现在法律形式上，这些法律形式作为单纯的形式，是不能决定这个内容本身的。这些形式只是表示这个内容。

① 《马克思恩格斯选集》第3卷，人民出版社，2012，第261页。

这个内容，只要与生产方式相适应，相一致，就是正义的；只要与生产方式相矛盾，就是非正义的。在资本主义生产方式的基础上，奴隶制是非正义的；在商品质量上弄虚作假也是非正义的。"① 这充分说明了正义内涵并非一成不变的，是否正义的标准在于是否与同时代的生产方式相符合。马克思指出，"只要与生产方式相适应，相一致，就是正义的"② ——分配正义取决于生产方式，生产方式的演进必须要符合历史必然性时，这个判断作为不涉及任何具体内容的正义形式，同"欠债还钱天经地义"等具体的正义主张是截然不同的。后者是关涉到正义的具体的判断标准、原则，前者则是不涉及任何具体内容的正义形式。马克思对"正义"形式的界定为判断具体的正义主张本身是否合理提供了明确正当的标准，也为人们的道德表达找到了摆脱相对主义的根据（即符合具备历史必然性的生产方式的原则必然是正义的）。

马克思对正义的原则性审视成为其抨击同时代的一些小资产者所持有的各种抽象的、错误正义观的有力武器，深刻揭示出在分配领域寻求正义的局限性。分配正义的实质在于诉求分配的正当合理，是着眼于物质精神产品并且要求它们在人与人之间合理分配。但是，在马克思看来，既然作为意识形态的正义从属于生产方式的发展状况，而分配本身又是由生产所决定的，那么在分配领域追求正义的行为显然也是肤浅而不彻底的。在《哥达纲领批判》中，马克思着重批判了拉萨尔对所谓"公平的分配"的诉求，将其视为向资产阶级生产方式的让步与退却。在马克思看来，分配正义作为一个历史概念，不同时代的分配正义的内涵并不相同，一种分配方式是不是合理的、正义的，取决于其是否符合所属时代占主导地位的生产方式。分配正义的内涵随着不同时代的不同的生产方式的变化而变化，彰显出鲜明的历史性与相对性，并不存在空想社会主义者所设想的统一的适用于各个时代的分配正义，没有一般的分配及其正义问题的内涵表征。在封建社会，同农奴与地主的人身依附关系相适应的租税制分配关系是正义的，在资本主义社会，同雇佣劳动关系相适应的工资制是正义的。以此

---

① 《马克思恩格斯文集》第7卷，人民出版社，2009，第379页。
② 《马克思恩格斯文集》第7卷，人民出版社，2009，第379页。

逻辑，马克思追问道，在资本主义社会中，现行的分配（在不违背目前的生产方式情况下）难道不是唯一"公平"的分配吗？① 既然分配是否正义取决于是否符合生产方式，那么资本主义生产方式下的资本对雇佣劳动的剥削，资本家雇佣工人、工人出卖自身劳动力就是一种双方同意的自由的"公平"交易，工资作为雇佣劳动的报酬就是一种公平的分配，这种分配正义不正义在何处呢？既然在资本主义私有制下的分配正义是为资本对雇佣劳动的剥削服务的，那么拉萨尔所诉求分配的正当合理，要求"公平分配劳动所得"的实现的可能在何处？这种对分配正义的诉求只是在私有权与所有制所附带与决定的产品份额问题上进行徘徊与拉扯，却忘了在资本主义雇佣劳动的生产方式下，无产阶级在分配领域能够争取到的份额永远少于他所"应得"的那份，即永远少于他所付出的劳动量。就此而言，分配正义的不彻底性根本在于它掩盖了资本主义生产过程、生产方式的不正义，即忽视了无产阶级所遭受的不正义与不公平在于资本主义生产方式本身所隐藏的剥削。所有在资本主义私有制下对分配正义的追求都是在就私有制下的分配现象谈论现象本身，没有触及问题的实质，即资本主义的不正义性并不表现为一种分配不正义，而在于生产方式、生产过程雇佣劳动中的不正义，只要雇佣劳动依旧作为资本主义劳动关系中的唯一关系，那么"公平分配劳动所得"对于无产阶级就永远无法实现。既然资本主义的生产关系已经越来越无法容纳生产力自身的发展，既然资产阶级与无产阶级的矛盾已经尖锐到不可调和的地步，那就说明资本主义生产方式已经丧失其正义性。在这种境况下，就应切实推动生产领域中对生产方式的变革，而不是沉浸在对各种分配正义的空谈之中。

经过对分配正义的本质性批判，马克思明确要求正视资本主义生产方式的不正义性，始终从生产劳动这一更为根本的领域去把握与定位无产阶级的——因而也是更为普遍而彻底的——正义诉求。生产劳动不仅是社会由以生成的基础性活动，而且是人的类本质。因此，劳动正义不仅决定着社会生活其他领域的正义性，而且还关系着人自身的发展空间。在马克思看来，劳动正义的实现首先在于实现人在生产过程中的非异化，即劳动对

---

① 参见《马克思恩格斯选集》第 3 卷，人民出版社，2012，第 361 页。

人来说不再是异己的存在，而是重新回归确证和发展自己的本质的活动。劳动正义即生产过程中的正义及其现实表征，它是劳动前提、劳动关系、劳动过程的三重正义，既是对人类得以安身立命的本质性活动（即生产）的存在态势与生产方式的正义确证，又是对现有的劳动资料占有主体、劳动关系实质平等和劳动过程合理性的正义检审与价值追问。首先，劳动正义是对劳动资料占有主体的正义确证，资本主义是建立在对生产资料的非正义掠夺之上的，资本主义国家对外通过开辟世界市场对其他国家（如非洲、印度等落后国家）进行血腥、暴力的征服、掠夺与殖民以完成最初的财富的原始积累，对内通过对本国内的财富、资源、土地的疯狂攫取从而不断占有生产资料。马克思通过对资本主义私有制中原始积累整个过程的揭露，指出了资本主义劳动资料持有前提与占有主体的不正义。因此，马克思提出消灭私有制，建立共产主义社会，实现劳动资料公有，以此实现真正的正义。其次，劳动正义是对劳资关系中的实质平等的确证，资本主义私有制下的资本与劳动之间的关系看似是公平与正义的，但是一旦跳脱此种形式平等，回溯劳动者一无所有的原因与其被迫出卖自身劳动力的全部过程，就会发现劳资关系中充斥着实质的不平等。在生产领域，劳资关系中实质的不平等则表现得更为赤裸，劳动者需要生产出远超自身劳动力价值的产品才能获得微薄的薪资，这种对劳动者剩余价值的剥削在资本主义社会中司空见惯。最后，劳动正义是对劳动过程中人的本质力量的确证，劳动作为人的本质力量的外在彰显与自我确证，是人的基本存在方式。但是在雇佣劳动之中，人通过劳动创造出来的产品反过来成为与人敌对的异己的存在，在劳动中，人不是通过劳动确证自身的存在，而是否定自己。在《德意志意识形态》中，马克思恩格斯这样描述这种劳动异化："人本身的活动对人来说就成为一种异己的、同他对立的力量，这种力量压迫着人，而不是人驾驭着这种力量。"① 这种异化的劳动是对人的自由的戕害。肯定劳动作为人的本质力量的本体性地位，反对异化劳动与无尽剥削，保证人在生产中的主体性地位，这是对人的生存权与发展权的充分肯定，也是劳动正义的核心特质。

---

① 《马克思恩格斯文集》第 1 卷，人民出版社，2009，第 537 页。

三　共同富裕：以劳动正义为核心的人的发展问题

　　基于马克思的正义批判理解共同富裕，共同富裕不只涉及物质或精神
财富的合理分配，而且更根本地指向人与人之间在确证与发展自身本质力
量的劳动中所达成的正义条件与关系，是对现实的个人的生存与发展需要
的肯定与支持。就此而言，共同富裕的劳动正义根据，就其本质意涵而
言，体现为对人与人之间平等的发展机会的追求；而就其外延指向来说，
还体现为对劳动本身所涉及的不同条件的变革与重塑。

　　根据马克思对正义的批判性考察，共同富裕所具备的伦理内涵不应被
限于分配的视野，而应被理解成以劳动正义为核心的人的发展问题。在马
克思看来，劳动不只具有经济学中的生产的意义，而且其作为"人以自身
的活动来中介、调整和控制人和自然之间的物质变换的过程"① 是人对自
身自然潜力的发挥和确证。所谓工业是"人的本质力量的公开的展示"，
"工业的历史和工业的已经生成的对象性的存在，是一本打开了的关于人
的本质力量的书"②，人的劳动形式能够进步到什么程度，人本身也就发
展到什么程度。在此意义上，生产劳动不只是人类生活的"基础"，而且
覆盖并决定着人类生活的全部。生产不只是作为决定正义的外在根基，而
是正义能否实现的根本场域。生产力的发展不应当仅通过外在的物质财富
进行表征，它更是内在的人的发展能力跃升的象征。财富，富裕，乃至共
同富裕，根据马克思的思路，都不能只从客观的物质财富积累与占有比例
的角度去理解，而是应当从主体的人的发展状态的角度去理解。劳动正义
正是对人与人的主体性价值能否得到较为平等的发挥与精进的关注。以此
观之，共同富裕也不仅仅是外在的物质条件的充足与平均分配，而且是人
的内在能力的共同进步，实质上是以劳动正义为核心的对人的生存权与发
展权的肯定。其中"共同"不意味着拥有相同的财富水平，而在于共同
的、满足人的发展愿望的发展空间；"富裕"也不应该从作为劳动对象和

---

① 《马克思恩格斯选集》第2卷，人民出版社，2012，第169页。
② 《马克思恩格斯文集》第1卷，人民出版社，2009，第193、192页。

劳动结果的物质、精神产品方面去理解，而应该从人的"生产力"（即人的本质力量、对象化能力、创新能力）来理解，它不仅涉及基于商品交换的财富分配问题，而且涉及生产活动、生产方式是否符合人的发展利益的问题。对共同富裕的追问，不仅要从"生产方式的进步是共同富裕的基础"与"生产力为共同富裕所创造出充分的物质前提"这一意义上去审视生产，还需要深入生产本身、关注其内在的正义性、理解生产与共同富裕的辩证关系。因此，以劳动正义作为理解共同富裕的正义根基，共同富裕的实现首先应当立足生产过程中正义的实现。这种生产过程中的正义性着重于劳动前提正义（即发展机会的正义）。

以劳动正义理解共同富裕，需要超越单纯的物质性视角，发掘其内蕴的人与人之间的发展机会正义。[①] 所谓发展机会正义，首先指的是劳动者享有均等的发展机会、获得相对平等的发展处境。因而人与人在劳动中不再是作为片面的工具而存在，而是拥有自由地选择从事各种劳动的权利，并在劳动中感受到自身本质力量的发挥与精进。在资本主义社会中，生产资料的不均等占有造成发展机会的实质不均等现象的出现，资本家通过占有绝大部分生产资料，从繁重的体力劳动中获得解放从而享有"自由选择从事何种劳动发展自身能力"与"个性化能力的充分实现的特权"，无产阶级拥有的仅仅是出卖自己劳动力的自由。共同富裕作为社会主义的本质，坚持社会主义生产资料公有制，反对剥削阶级对生产资料的垄断与不均等占有，共同富裕的实现要求建立合理的劳动保障制度，保障每位劳动者平等地享有发展机会的自由、获得相对平等的发展处境的自由。另外，"共同"并不意味着"平均"或"同一"，平等的发展机会也并不等于完全一致的发展机会，因此共同富裕所要追求的发展机会正义同时又是对劳动者个体个性化能力与个性化需求的满足，实现对劳动者根据自身能力和素质自由自觉地选择从事何种劳动权利的保障。共同富裕所要保障的是劳动者凭借自身能力、兴趣选择不同劳动与活动范围的权利，力求推动劳动者个性化发展能力与个性化需求的实现，使劳动者在劳动中自由自觉选择并且获得自身存在与发展。在《德意志意识形态》中，马克思恩格斯对这

---

① 这当然并不意味着对物质精神产品的忽视，在后一个意义上，它们是人得以发展的基础。

种画面进行了形象的描述："任何人都没有特殊的活动范围，而是都可以在任何部门内发展，社会调节着整个生产，因而使我有可能随自己的兴趣今天干这事，明天干那事，上午打猎，下午捕鱼，傍晚从事畜牧，晚饭后从事批判，这样就不会使我老是一个猎人、渔夫、牧人或批判者。"① 综上所述，以劳动正义理解共同富裕，共同富裕应当是实现发展机会全民共享、全面共享、共建共享、渐进共享的富裕。此种发展机会正义的实现建立在对劳动条件正义的捍卫之上。

以劳动正义理解共同富裕，共同富裕是对劳动正义的保障。劳动条件正义是对劳动中环境条件、关系条件、活动条件是否具备正义性的价值审阅，是人能力得以发展的重要前提。它关涉到劳动者在劳动过程有无受到环境约束、是否拥有平等的劳动关系、是否具备自由自觉性。共同富裕所需要构建的劳动条件正义首先应当建立和谐的环境条件，即维护公平公正的社会环境、制定合理的劳动制度、创造适合劳动者成长的空间。在《德意志意识形态》中，马克思恩格斯旗帜鲜明地指出，"个人是什么样的，这取决于他们进行生产的物质条件"②。从中我们可以窥见和谐有序的社会环境对劳动者发展的重要作用。宽松、和谐、有序的劳动环境有利于全社会形成对劳动与劳动者的尊重与赞扬的氛围，有利于提高劳动者的地位，增强劳动者在劳动中的获得感与自我创造性。其次应当持续推动平等的劳动关系条件构建，平等的劳动关系是劳动正义的重要价值主张，共同富裕不仅意味着客观物质财富的充分发展，更意味着在各种形式的劳动关系中维护劳动者人格的平等、捍卫劳动者的尊严、守护劳动者主体地位。共同富裕拒斥的正是资本主义雇佣劳动中剥削与被剥削、压迫与被压迫、奴役与被奴役的劳资关系。健康平等的劳动关系条件的构建需要逐步降低劳动关系中的不平等的水平，减少不正义的劳动现象的发生，保证劳动者在劳动过程中的主体地位。最后应当极力维护劳动者活动条件的自由自主性。"个人怎样表现自己的生命，他们自己就是怎样"③，自由的劳动活动

---

① 《马克思恩格斯文集》第1卷，人民出版社，2009，第537页。
② 《马克思恩格斯文集》第1卷，人民出版社，2009，第520页。
③ 《马克思恩格斯文集》第1卷，人民出版社，2009，第520页。

条件是人获得解放的重要标志，是劳动条件正义的核心要义，也是衡量劳动条件正义是否成立的重要标尺，无论是对和谐有序的劳动境况的构建，又或者是对平等正义的劳动关系条件的强调，最终都需要落脚在劳动活动条件中的自由自觉性。在一个劳动者没有自由性与自觉性的社会之中，从事劳动的劳动者从主动的一方变成被动的一方，社会生产将成为沉重的枷锁束缚着劳动者。共同富裕是劳动者在劳动中感受到自身本质力量提升的"富裕"，是劳动者能在劳动中感受到幸福与确证的"富裕"，是劳动者在劳动中获得自身全部的自由的"富裕"。因此，要实现共同富裕，应当确立劳动者的自主地位，实现劳动者在劳动中的自由自觉性，保护劳动者的创造性。共同富裕并不意味着物质财富等比例增长，财富只有对标需求才是真实的，只有切实维护劳动环境条件正义、劳动关系条件平等、劳动活动条件自主，倾听劳动者个性化需求，共同富裕才能是真正的属于人民的、以人民为中心的共同富裕。

四　以劳动正义理解共同富裕的意义

以劳动正义理解共同富裕，是对共同富裕所蕴含的人学向度的凸显。劳动正义指向人的发展正义，是对劳动前提、劳动关系、劳动过程是否具备正义性的价值审阅，其中和谐自由的劳动过程是劳动正义的重要条件，劳动者在其中获得自由自觉的主体地位，进而在劳动中感受到自身本质力量的提升、在劳动中体验到幸福与确证、在劳动中获得自身全部的自由。从劳动正义维度去重思共同富裕，共同富裕是对劳动者在劳动过程中享有的自由自觉的主体地位的坚实捍卫，要求着眼于减少生产过程中不正义现象与不平等关系，倾听劳动者需求，保障劳动者权益，维护健康有序的劳动环境与劳动者的人格尊严。这种理解进路是对人的存在价值的物化评价的脱离，有助于从人的劳动本质的实现与发挥的视角扬弃理解共同富裕内在的公平与效率的矛盾，也有助于从本质上澄清共同富裕与平均主义、福利国家等观念的区别，为新时代继续推进共同富裕提供有益的理论支撑。

以劳动正义理解共同富裕，有利于扬弃公平与效率的矛盾性张力。公平与效率的关系是学界在讨论共同富裕问题时不可逾越的一对范畴。学界通常从生产领域中注重效率、分配领域中兼顾公平出发，将生产中效率的提升作为公平得以实现的物质基础，将分配中对公平的兼顾作为提高生产效率的保证，以此认定二者的对立统一关系。然而，这种对立统一关系在实践当中是异质性事物之间的相互作用，亦即公平和效率总是被置于生产和分配的二元关系当中来理解，这也使得对立相较于统一总是更根本的，二者始终处于无法合而为一的矛盾体当中，具有相互撕扯的张力。只有从劳动正义的视角理解公平与效率，才能为消解这种矛盾性张力提供破题思路。以劳动正义理解共同富裕，实质就是要在理解生产对分配的决定性的基础上，贯彻劳动生产的公平原则，扬弃把生产的提升等同效率的提升、将公平局限于分配领域、忽视了生产本身就具备深切的正义性与公平性的传统观点。这要求塑造健康的劳动环境、保障劳动者享有平等的劳动关系，不断为人自主自觉的劳动活动创造可能空间。健康和谐、自主自觉的劳动过程既有利于维护劳动者在劳动过程中的获得感与幸福感，是劳动公平的重要体现，也有利于激发劳动者的主体意识和创造性与积极性，继而推动生产力的进一步发展。

以劳动正义理解共同富裕，有助于从本质上澄清对共同富裕的"平均主义"误解。长期以来，学界就共同富裕并非"平均主义均富"达成了共识，指出平均主义带来的只能是共同贫困。邓小平同志指出，"过去搞平均主义，吃'大锅饭'，实际上是共同落后，共同贫穷，我们就是吃了这个亏"[①]。这是对过去发展经验的深刻总结，但是关于共同富裕为何不是平均主义以及如何摆脱平均主义仍有进一步理论分析的空间。以劳动正义作为理解共同富裕的伦理基础，揭示了共同富裕与"平均主义"的核心差异。劳动正义旨在将共同富裕的内涵解读为发展机会正义，这既是对劳动者拥有均等机会的充分认可，又是对劳动者的个性化发展与个性化需求的充分肯定，此种共同富裕状态既肯定了人根据自身能力与素质自由自觉地选择从事何种劳动的基本权利，又明确了基于个人发展与自身兴趣，劳动者的生存发展并不必然占有同等资源，其背后是对人的生存权与发展权的充分尊重与捍卫。因此，共同富裕不是物质财富与精神财富的平均分

---

① 《邓小平文选》第3卷，人民出版社，1993，第155页。

配，因为基于劳动者的自身的生存发展需求，并不需要完全一致的资源，应当允许存在一定程度上的贫富差距与张力；共同富裕也并不是贫富差距的两极分化，因为共同富裕还旨在保障劳动者享有同等发展权利、获得相对平等的发展环境；共同富裕更不意味着物质财富与精神财富的等比例增长，等比例的财富增长也意味着贫富差距急速扩大，财富的增长必须与劳动者需求的满足呈正相关，物质财富与精神财富的增长只有满足人的生产需求、发展需求才是真实的、可持续的。

以劳动正义理解共同富裕，也为澄清共同富裕与资本主义"福利社会"的区别提供重要帮助。共同富裕与资本主义"福利国家"政策在表面上是具备一致性的，即二者在客观上都主张通过对分配的再调节来解决两极分化与贫富差距过大的问题。但只有从劳动正义的角度来理解，才能看到二者之间存在的本质性区别。资本主义社会的"福利国家"政策的制定立足于抽象的人道主义，着眼于分配结果的差异性，关注的是作为劳动产品的社会财富的分配比例是否合理，是否会造成社会动荡，因此"福利政策"的实质是从"经济"的角度考量问题，要求对分配领域进行调节以维护既定的资本主义生产关系。而共同富裕本质上代表的是社会主义对正义的真正追求，它关注的是为活生生的个体的独特自我价值的实现提供现实条件。共同富裕着眼的是现实的人本身与生产，通过对生产过程中生产环境、生产关系、生产过程的正义性矫正为劳动者生存权与发展权的保障提供重要助力。因此，以劳动正义理解共同富裕，能够将共同富裕与资本主义"福利国家"政策明确区分开来，为世界反贫困理论与实践提供中国智慧与中国方案。

以劳动正义理解共同富裕启示我们，新时代的经济发展要毫不动摇地坚持以公有制为主体的社会主义道路，坚持以劳动贡献为主导的共同富裕。共同富裕实质上涉及的是以劳动正义为核心的人的发展问题，其中"共同"指向的是人与人之间和谐一致的关系，"富裕"则指向生产活动与生产方式对人的发展利益的符合程度，无论从哪一层面诠释都是建立在对人的生存权与发展权的坚定捍卫之上的，这种对人的发展的深切关注只有在公有制框架之下才能够获得充分保障。在资本主义私有制框架之下，雇佣劳动关系表面所体现的自由平等的交换掩盖了生产资料占有差异所造成的无产阶级的不自由，继而掩盖了实质上的不平等与剥削关系。根据马克思主义的基本原理，对于无产阶级而言，资本主义所有制——作为社会经济基础，作为整个社会——都是不正义的，只有变革全部的生产方式，消灭私有制，在公有制社会中无产阶级的正义才能够实现。因此，以劳动正义理解共同富裕启示我们，公有制框架为拥有真正的正义、获得平等和谐的劳动关系、实现人的自由全面发展提供重要的前提保障。坚持公有制与坚持对现实的个人的关怀是共同富裕实现的必经之路，这种关怀并不是资本主义慈善意义上的关怀（其作为资本主义掩盖不平等关系与现象的手段而存在着），而是建立在对良好的劳动环境、平等的劳动关系、自主的劳动活动的确证之上的。以劳动正义理解共同富裕，要求坚持以劳动贡献为主导的共同富裕，减少劳动过程中不正义现象、保障劳动者权益、守卫劳动者尊严、在全社会凸显劳动者地位与劳动价值，建立以劳动贡献为主导的财富积累机制。

图书在版编目（CIP）数据

政治哲学与中国式现代化：第二届桂子山政治哲学
论坛（2023）文集／熊富标，李婉芝主编.--北京：
社会科学文献出版社，2024.8. --（华中师范大学政治
学一流学科建设成果文库）.-- ISBN 978-7-5228-3967
-7

Ⅰ.D092-53

中国国家版本馆 CIP 数据核字第 2024C6E536 号

华中师范大学政治学一流学科建设成果文库·桂子山政治哲学论坛文集
政治哲学与中国式现代化
——第二届桂子山政治哲学论坛（2023）文集

主　　编／熊富标　李婉芝

出 版 人／冀祥德
责任编辑／周　琼
文稿编辑／周浩杰
责任印制／王京美

出　　　版／社会科学文献出版社·马克思主义分社（010）59367126
　　　　　　地址：北京市北三环中路甲 29 号院华龙大厦　邮编：100029
　　　　　　网址：www.ssap.com.cn
发　　　行／社会科学文献出版社（010）59367028
印　　　装／三河市龙林印务有限公司

规　　　格／开　本：787mm×1092mm　1/16
　　　　　　印　张：18.5　字　数：291 千字
版　　　次／2024 年 8 月第 1 版　2024 年 8 月第 1 次印刷
书　　　号／ISBN 978-7-5228-3967-7
定　　　价／98.00 元

读者服务电话：4008918866